D1602776

Así en Los Pinos como en la Tierra

Así en Los Pinos como en la Tierra

Historias incómodas de siete familias presidenciales en México

Alberto Tavira
Jessica Sáenz
Diana Penagos

OCEANO

ASÍ EN LOS PINOS COMO EN LA TIERRA
Historias incómodas de siete familias presidenciales en México

© 2017, Alberto Tavira Álvarez, Jessica Sáenz Arelle y Diana Penagos Mason

Diseño de portada: Jazbeck Gámez

Fotografía de Alberto Tavira: Jerónimo Villar
Fotografía de Diana Penagos: Arturo Sotelo
Fotografía de Jessica Sáenz: cortesía de Jessica Sáenz

D.R. © 2017, Editorial Océano de México, S.A. de C.V.
Eugenio Sue 55, Col. Polanco Chapultepec,
C.P. 11560, Miguel Hidalgo, Ciudad de Mexico
Tel. (55) 9178 5100 • info@oceano.com.mx

Primera edición: 2017

ISBN: 978-607-527-247-4

Impreso en México / Printed in Mexico

Para Rafaela y Diego, quienes gracias a este libro podrán tener una visión más completa de su abuela cuando crezcan.

DIANA PENAGOS

Para Brando Alcauter, quien a través de sus constantes preguntas sobre mi pasado reivindicó el valor de la memoria. Y por ser un incondicional.

ALBERTO TAVIRA

Para Alex, mi obra maestra y mayor bendición, que esperó muchos años para nacer mientras yo me dedicaba a mi otro amor: el periodismo.

JESSICA SÁENZ

ÍNDICE

Prólogo

En México no existe la monarquía. Hacer una revista nacional del corte del llamado "periodismo del corazón" al estilo de sus antecesoras europeas, fundadoras del género, puede ser un gran reto si no hay realeza que dé a sus páginas esa dosis de poderío. ¿Cómo llenar ese hueco? Ése fue uno de los cuestionamientos que surgieron desde que la revista *Quién*, perteneciente a Grupo Expansión, se encontraba en plena etapa embrionaria, allá por el año 2000.

En ese entonces, los ánimos estaban volcados en el cambio de milenio y, específicamente en el país, la expectativa estaba puesta en la llegada a la Presidencia de la República de Vicente Fox Quesada, el primer mandatario que ocupó la Silla del Águila impulsado por el Partido Acción Nacional, interrumpiendo así la hegemonía de setenta años en la que un priista tras otro "heredaba el trono", y dando lugar a una etapa de doce años de la oposición en el poder.

Nuevo milenio, nueva revista, nuevo gobierno. Este panorama dio paso a que el equipo fundador de *Quién* encontrara el nicho que haría las veces de "monarquía", así, con comillas. Toda proporción guardada, los políticos serían esa "monarquía" que detentaba el poder. Ninguna publicación en México los cubría desde el punto de vista de la prensa rosa. *Quién* se dio a la tarea de mostrar cómo eran ellos y sus familias en la intimidad: sus gustos, pasiones, costumbres… Era bajarlos de las alturas de Los Pinos a su esencia terrenal. Mostrarlos como hombres y mujeres con debilidades como el que más, con ambiciones, manías y vanidades. A falta de sangre azul, era lo más cercano y taquillero que había.

El tiro no estaba errado. El primer gran golpe periodístico y mediático de la publicación fue un reportaje a Cecilia Salinas Occelli en el que ella declaraba: "Me duele que critiquen a mi papá [Carlos Salinas de Gortari]"* Ésa fue la portada que puso en el reflector a la nueva revista del corazón mexicana. Nunca nadie antes había entrevistado en esos términos al hijo de un expresidente de México. La novel revista había encontrado su "monarquía".

Así en Los Pinos como en la Tierra sirve de secuela a una colección de testimonios que se inició con el libro titulado *Quién confiesa. Los secretos mejor guardados de la revista de sociales más importante de México* (Planeta, 2015), donde Diana Penagos, Jessica Sáenz y Alberto Tavira pusieron en papel sus experiencias personales más relevantes con personajes públicos de distintos rubros cuando fueron parte de la redacción de la revista *Quién* (de 2003 a 2010).

Mientras daban forma a esas primeras historias, los tres autores cayeron en la cuenta de que a lo largo de sus años en Expansión habían cubierto prácticamente a todas las familias presidenciales a partir de la segunda mitad del siglo XX y dado seguimiento muy cercano a esa "monarquía": desde los Díaz Ordaz hasta los Peña, con excepción de los Echeverría y los De la Madrid únicamente, con quienes habían tenido muy escaso contacto.

Se percataron de que esas experiencias ameritaban ser recopiladas en su propio espacio. De esta manera nació *Así en Los Pinos como en la Tierra*, en donde narran exclusivamente sus vivencias con el poder político mexicano.

En su calidad de protagonistas de estas historias, Diana, Jessica y Beto no sólo consignan la dinámica de una redacción del llamado "periodismo rosa", sino que desnudan a los políticos que no permitían ver más allá de su imagen pública, pero que los reporteros alcanzaron a percibir como Dios los trajo al mundo: sin poder.

En estas páginas, los tres que escriben dejan claro que, por muy rosa que fuera el periodismo que manufacturaron, no había ingenuidad

---

* Ver "Cómo negociar con un Salinas y no morir en el intento" en este libro.

en las solicitudes de entrevistas; no había casualidades en las coyunturas políticas; no había agenda con los partidos políticos.

Los capítulos correspondientes a las familias presidenciales que aquí aparecen (los Díaz Ordaz, los López Portillo, los Salinas, los Zedillo, los Fox, los Calderón y los Peña) están ordenados cronológicamente de acuerdo con los años en que sus patriarcas gobernaron el país. Como se menciona anteriormente, en el tiempo en el que los autores de este libro formaron parte de *Quién*, los Echeverría y los De la Madrid siempre se cuidaron de mantener un muy bajo perfil, limitando sus apariciones en la revista a algún evento social, un reportaje sin mayor relevancia, y nada más; por eso no hay aquí páginas dedicadas a ellos.

Éste no es un libro oficial; es un atrevimiento de los autores, porque finalmente son periodistas, y como tales, son contadores de historias.

I
LOS DÍAZ ORDAZ

EL DÍA EN QUE UN DÍAZ ORDAZ PIDIÓ CHAMBA EN EXPANSIÓN

"Cuando el teléfono suena es porque agua lleva." Ésa era la adaptación que hacía Alberto Tavira Álvarez del refrán popular en cada una de las ocasiones que Patty García, la asistente de Rossana Fuentes Berain Villenave, lo comunicaba vía telefónica con su jefa. Aquella mañana de 2009, la vicepresidenta editorial de Grupo Editorial Expansión contactó al entonces editor adjunto de la revista *Quién* para pedirle que marcara en su agenda un desayuno al que tendría que acompañarla; sería "con el nieto de Díaz Ordaz, Gerardo". Así lo presentó. No era opcional, así que Beto apuntó la cita para el miércoles 27 de mayo, a las 8:30 horas, en el restaurante Meridiem.

Una vez que colgó el teléfono, la curiosidad recorrió todas sus venas, de arriba hacia abajo, de ida y de venida, hasta sentir que le bombeaba el corazón con la misma fuerza que lo hacen las bocinas de los sonideros de los barrios populares. "¿Qué pitos toca el Díaz Ordaz en esto?", le preguntó su alma de reportero a su sentido común sin más reacción que salir en busca de la respuesta.

Beto Tavira tomó el auricular de su extensión y marcó en el teclado el número de celular de Andrea de la Garza, hermana del entonces recién nombrado titular de la Comisión Nacional de Cultura Física y Deporte (Conade), Bernardo de la Garza Herrera. La había conocido en 2006, poco después de haberse publicado la entrevista de su hermano en *Quién* a propósito de su campaña política como candidato del Partido Verde Ecologista de México (PVEM) rumbo a las elecciones presidenciales de 2006.

17

Desde entonces Andrea y Beto habían cimentado una muy buena relación, sobre todo porque él era el autor de las notas y crónicas de los eventos sociales de la familia, misma que tenía amistad de varios años con distintos miembros del ámbito político nacional y sus familias. Tal era el caso de Gerardo Díaz Ordaz Castañón, íntimo amigo de Andrea. Había sido ella quien se lo había presentado en alguna reunión.

Pero el círculo social de Andrea de la Garza y su esposo José Ariztia no sólo integraba a personajes de la función pública; de hecho, era lo suficientemente amplio como para que incluyera nada más ni nada menos que a Manuel Rivera Raba, CEO de Grupo Expansión y, por lo tanto, máximo patrón del joven Tavira.

En cuanto Andrea tomó la llamada, a preguntas expresas del representante de *Quién*, se fue dilucidando el panorama para Beto: la propia Andrea había sido quien había hablado con Manuel Rivera para pedirle que por favor recibiera a Gerardo Díaz Ordaz, quien a su vez le había solicitado a Andrea que lo ayudara a conseguir una buena chamba.

Ahora sí quedaba claro el numerito. La instrucción que había recibido Rossana Fuentes Berain tenía que ver con hacer una entrevista al heredero de los Díaz Ordaz para ver si se podía colocar en alguna de las áreas de Grupo Expansión. Pero el que ahora no sabía qué pitos tocaba ahí era el propio Beto Tavira.

El día de la cita, Rossana y Beto fueron los primeros en llegar al restaurante, cuyas coordenadas eran de las más envidiadas de la Ciudad de México: a orillas del Lago Mayor del Bosque de Chapultepec. Coincidieron en la entrada, se dirigieron a la mesa que les había sido asignada con vista hacia el atractivo principal del sitio y aprovecharon la espera para hacer estatus de temas pendientes de la revista.

Alrededor de media hora después llegó Gerardo Díaz Ordaz apresurado, agitado, con el pelo mojado y ofreciendo disculpas por la tardanza. Saludó amabilísimo. Siempre sonriente. Como si se hubiera quedado de ver con un par de amigos de toda la vida. Sus ojos hinchados delataban que era otro su reloj biológico para despertar. No era la misma historia de los periodistas, quienes, desde que Grupo Expansión había cambiado sus oficinas al número 956 de la avenida Constituyentes, en la colonia

Lomas Altas, tenían como horario de entrada las ocho cero cero de la mañana.

Contrario a lo que dictan los tutoriales de YouTube sobre cómo ataviarse para una entrevista de trabajo, el joven Díaz Ordaz llegó enfundado en jeans, mocasines sin calcetines y camisa azul cielo desfajada. Todo el *outfit* en diseños conservadores, hechos con buenas telas por prestigiadas marcas. A pesar de que había buen gusto en el vestir, a Beto le pareció que no era precisamente el más adecuado para presentarse en busca de empleo. El hecho de que no se hubiera esmerado en el arreglo, que hubiera llegado tarde y ni siquiera llevara su CV, para Beto sólo podía indicar dos cosas: o Gerardo no estaba tan interesado en la chamba o, por el contrario, había un exceso de confianza en que la conseguiría. Sin embargo, Beto guardó silencio.

Una vez que los tres estuvieron sentados frente a la mantelería blanca y el pequeño arreglo con flores naturales, el mesero se aproximó para ofrecerles café, té y jugo, y tomar la orden de cada uno. Conocedores de las reglas de urbanidad, los caballeros permitieron que la dama eligiera primero. Rossana sacó de su bolso un pequeño sobre, como los de avena instantánea de sabores. Pero la realidad estaba muy lejos de esa referencia. Rossana le indicó al camarero que pidiera en la cocina que vaciaran el contenido del sobre en aproximadamente medio litro de leche *light* y le hicieran un licuado, el cual solicitó que le fuera vertido en un plato hondo para sopa. Lo tomaría con cuchara grande, como ya se le había hecho costumbre.

—¿Gusta un pan de dulce para acompañar su licuado? —le ofreció el mesero inocentemente.

—¡No, no, no! ¡No, gracias! ¡Estoy en un régimen muy riguroso! —contestó Rossana con ese tono de Violette Morris, la colaboradora del ejército nazi de Hitler, que de pronto se apoderaba de ella.

Era muy temprano para hacer preguntas privadas. Tampoco estaban contempladas en el orden del día, pero la curiosidad de Beto era como la letra de la canción "Caballo viejo", interpretada por Simón Díaz: no tenía horario ni fecha en el calendario. Y sin más, pasó al interrogatorio sobre el contenido del bendito sobre. Acostumbrada a contar cualquier simplicidad como si fuera una cátedra en Harvard Kennedy School, la directiva de Expansión explicó, tanto a su subordinado como al miembro de la familia Díaz Ordaz, que se encontraba en un tratamiento en el Centro de Nutrición, Obesidad y Alteraciones Metabólicas del Hospital ABC de Observatorio, el cual consistía en consultas con médicos internistas, nutriólogos y psicólogos que, a través de una larga lista de estudios clínicos, determinaban el grado de obesidad de las personas y el régimen que debían llevar.

Hablar de obesidad mórbida puede ser un tema muy incómodo cuando alguno de los integrantes de la conversación es quien la padece, así que Beto se tragó con su concha de chocolate la solicitud de los detalles de la dieta del ABC y abonó al silencio necesario que dio pie al asunto por el que estaban reunidos.

Rossana tomó el mando de la conversación y comenzó con las preguntas de cajón que se le hacen a cualquier mortal que pide chamba: ¿Dónde estudiaste? ¿Qué sabes hacer? ¿Dónde trabajabas antes? ¿Cuánto pretendes ganar?

Gerardo le habló de sus estudios en Comunicación en la Universidad Iberoamericana, de su trabajo como secretario de Comunicación Social en el PVEM, del breve tiempo en el que fue diputado en la Asamblea Legislativa del Distrito Federal (entre 2005 y 2006)… Conforme iba enumerando sus habilidades, más se alejaban —al menos en los pensamientos de Beto— las posibilidades laborales que pudiera ofrecerle una empresa generadora de contenidos impresos y digitales que, en estricto sentido, no tenía ningún producto especializado en política. No obstante, Gerardo siguió mostrando a sus interlocutores de lo que estaba hecho. Mientras hablaba, Beto no podía alejar de su mente su árbol genealógico: hijo de Eugenia Castañón Ríos Zertuche y Gustavo Díaz Ordaz Borja, quien a su vez fue el primogénito de Gustavo Díaz Ordaz Bolaños, presidente de México de 1964 a 1970, y su esposa Guadalupe Borja Osorno. No daba crédito a que uno de los herederos de un exhabitante de Los Pinos estuviera candidateándose para una vacante inexistente en Expansión. La única razón con suficiente fuerza que se le ocurría para explicarse la decisión de Gerardo de buscar trabajo era que fueran ciertos los rumores de su próxima boda con Leonora Tovar y López Portillo, hija de Rafael Tovar y de Teresa y Carmen Beatriz López Portillo Romano, ésta a su vez hija del presidente de México José López Portillo y su esposa Carmen Romano.*

Lo no dicho por Gerardo durante la entrevista con Rossana sin lugar a dudas era más relevante que lo dicho. A Gerardo Díaz Ordaz se le avecinaba un matrimonio para el que, probablemente, tenía que capitalizarse con los recursos equivalentes al producto interno bruto de Brasil, si quería darle a su mujer el nivel de vida al que ella estaba acostumbrada. Y como oficialmente estaba desempleado, hizo algunas llamadas a sus amigos esperando encontrar el pase automático a una nómina segura. Pero esa hipótesis sólo se gestó en los pensamientos de Beto como un supuesto. Lo cierto es que la idea original de Gerardo para emplearse en Expansión se fue distorsionando como teléfono descompuesto de Gerardo a Andrea, de Andrea a Manuel y de Manuel a Rossana, quien, pretendiendo darle seguimiento a la instrucción de su jefe y con las formas políticamente correctas, le comentó a Gerardo que por lo pronto no había vacantes en los cargos relacionados con su perfil.

La verdad es que no había ningún puesto en todo Grupo Expansión con el perfil político del descendiente de los Díaz Ordaz. Mucho menos había un lugar en el organigrama que satisficiera sus aspiraciones económicas. No obstante, se abrió paso a los acuerdos. Rossana se ofreció a ayudar al heredero del expresidente de la República. Le pidió a Gerardo que le mandara por correo electrónico a Beto una lista de propuestas de temas editoriales con los que podría colaborar de manera externa para *Quién*, sobre todo en la cobertura de eventos sociales. Fue ahí cuando Beto cayó en la cuenta del por qué había sido requerido para esa reunión: sería testigo y el encargado de darle seguimiento a las conclusiones a las que ahí se llegaran.

El nieto de Díaz Ordaz se mostró amable ante la proposición. Se comprometió a enviar el material solicitado a la persona indicada. En el

---

* Gerardo y Leonora se casaron el 27 de febrero de 2010. Ver "Ahí me colé y en tu boda me planté", en este mismo libro.

21

fondo, tanto Gerardo como Beto sabían que eso no iba a pasar. Y no era una cuestión personal, incluso simpatizaban el uno con el otro, simplemente que a ambos les había quedado claro que el trabajo al que hubiera aspirado Gerardo no existía en la empresa.

Luego de un desayuno que no duró más de hora y media, los tres asistentes se levantaron de la mesa, se dirigieron a la puerta de salida y se despidieron cordiales. Beto pasó al baño antes de pedir su coche al *valet parking* del Meridiem. Cuando salió, Rossana ya se había ido; Gerardo apenas subía a un vehículo de lujo, conducido por un chofer perfectamente trajeado que le abría la puerta. La estampa que observó al final le permitió a Beto confirmar su hipótesis: los acuerdos se harían polvo, como el contenido de los licuados de Rossana Fuentes Berain.

"Ahí me colé y en tu boda me planté"

———

"**S**oy más curioso que digno." Esa frase la escuchó Beto Tavira en los primeros años del siglo XXI pronunciada desde el prognatismo del mismísimo cronista de la Ciudad de México, Carlos Monsiváis. A partir de entonces el joven reportero de vocación la arropó con tal vehemencia que, incluso bromeaba, era parte de su propio eslogan de vida. Esa misma curiosidad se volvería una de las máximas del joven Tavira y lo llevaría, en más de una ocasión, a colarse en los cumpleaños, bodas y funerales de los políticos y sus familias.

Ése fue el caso de la "boda del año" celebrada en 2010. Así la bautizó Beto desde el momento en que supo de ella debido a los árboles genealógicos de los protagonistas del enlace: la nieta del expresidente José López Portillo y Pacheco y el nieto del expresidente Gustavo Díaz Ordaz Bolaños. Todo había sido organizado, como lo ameritan estos magnos festejos, con varios meses de antelación. Así que en las primeras semanas de 2010 las invitaciones para el enlace de Leonora Tovar y López Portillo y Gerardo Díaz Ordaz Castañón habían sido repartidas prácticamente en su totalidad. Gracias a esto, la información necesaria había llegado a oídos de Beto Tavira quien, a pesar de que ya había sido ungido por Diana Penagos, editora general de *Quién*, como su editor adjunto y no tenía por qué salir a cubrir eventos sociales, el espíritu de reportero se apoderaba de él con tanta fuerza como lo hacía el demonio de Linda Blair en *El exorcista*.

Pero esta vez no sería fácil. En cuanto Beto supo del evento, habló por teléfono con Gerardo Díaz Ordaz para solicitarle la cobertura de su boda por parte de *Quién*. La respuesta no fue favorable. El novio le explicó que esa exclusiva ya estaba pactada desde tiempo atrás con Lucía Alarcón, la directora editorial de la revista *Caras*, de Editorial Televisa, la competencia directa de *Quién*. Beto no estaba dispuesto a terminar la llamada con las manos vacías y le pidió que al menos le diera algún material gráfico para publicar en la revista de Grupo Expansión; el arreglo de la novia en su casa, por ejemplo. "Ya veremos qué se puede, Beto", dijo Gerardo amable pero sin comprometerse a nada.

Con la intensidad con que se tomaba estos casos, Beto se reunió con Diana para diseñar una estrategia con el objetivo de obtener el mejor contenido posible *in situ* de la "boda del año". De entrada, para el lunes siguiente, durante la tradicional y maratónica junta editorial, la Penagos pidió a su equipo de editoras de sociales que recabaran a través de sus contactos la mayor información posible: la iglesia donde se casaría la pareja, el lugar de la recepción y los nombres de algunos invitados, con el fin de planear la logística para la cobertura del feliz acontecimiento.

La información llegó pronto. Una boda con alrededor de mil invitados pertenecientes a lo más granado de la sociedad mexicana nunca sería discreta. Fue así como supieron que la ceremonia religiosa que uniría en matrimonio a Leonora y Gerardo se llevaría a cabo el sábado 27 de febrero de 2010 en la parroquia de Regina Coeli, ubicada en el Centro Histórico de la Ciudad de México. Posteriormente a ser declarados marido y mujer, la pareja ofrecería un banquete en el patio principal de la Universidad del Claustro de Sor Juana, institución educativa de la que era rectora Carmen Beatriz López Portillo Romano, mamá de la novia e hija del que fuera presidente de México: José López Portillo.

Con la información necesaria sobre la mesa, el equipo editorial y el de arte de *Quién*, incluido el fotógrafo de sociales Rodrigo Terreros, se reunieron con el fin de planear la cobertura partiendo de que Rodrigo debía captar por lo menos las llegadas de los invitados.

"¿Y si te cuelas a la boda, Beto? Al fin que la iglesia es pública y ahí no necesitas invitación", lanzó la pregunta una Diana que conocía perfectamente el espíritu aventurero del integrante de su equipo. "Si no me

lo pedías tú, te lo iba a sugerir yo", respondió éste, a quien más que la vergüenza de llegar a un lugar sin ser requerido, lo que verdaderamente le
preocupaba era que todavía le quedara el esmoquin Givenchy que le había regalado su tía Rosa María Álvarez cuando se había titulado en Cien-
cias de la Comunicación en 2004, es decir, seis años atrás.

Llegó el día esperado. Enfundado en etiqueta rigurosa con zapatos negros de charol recién comprados y el peinado relamido a lo Enrique Peña Nieto, el sábado Beto Tavira descendió de su vehículo sobre la
calle de Bolívar rumbo al número 3 de Regina donde se localizaba la parroquia en la que se realizaría la misa. Un dispositivo conformado por
elementos de seguridad privada, uniformados de la Policía Bancaria e
Industrial, así como policías de la Secretaría de Seguridad Pública del
Distrito Federal con al menos tres patrullas sobre Bolívar le flanqueaban
la marcha.

Eso no amilanó al reportero de la revista *Quién*. Con paso firme
cruzó el camino amurallado por los encargados del orden y, con la seguridad que se requiere en estos casos, se dirigió sin titubear hacia la entrada del templo haciéndose pasar por un invitado más. En la puerta de
la parroquia se encontraba Rafael Tovar y López Portillo, el hermano
de la novia, quien con un impecable frac con moño blanco recibía a los
asistentes. Beto y Rafa se conocían pero no habían entablado amistad,
así que cuando el editor adjunto de *Quién* estuvo frente a Rafa, lo saludó rápidamente, desenfadado, le chuleó el *outfit* y, de inmediato, cruzó
la puerta del recinto religioso para ocupar un lugar que no fuera muy
protagónico pero que le permitiera observar cada escena para realizar su
crónica lo más detallada posible.

Ante la probabilidad de algún reclamo por su asistencia no re-
querida, Beto había ensayado su respuesta: "La casa de Dios es un espacio público y no me puede ser negada la entrada aunque haya un evento
privado, eso dice el semanario católico de información y formación *Desde la fe* editado por la Arquidiócesis Primada de México". Mitad verdad,
mitad mentira, pero era muy probable que este argumento que se había
aprendido de memoria defendiera su derecho a ser espectador del enlace de los herederos de dos familias presidenciales.

Sin embargo, no lo necesitó. Nadie le cuestionó su presencia. Pudo observar en santa paz el arribo y ajuares de los familiares de los novios: los papás de Leonora, Rafael Tovar y de Teresa y su primera esposa, Carmen Beatriz, una de los tres hijos que tuvo José López Portillo en su matrimonio con Carmen Romano, y los papás de Gerardo, Eugenia Castañón Ríos Zertuche y Gustavo Díaz Ordaz Borja, el primogénito que el expresidente Gustavo Díaz Ordaz Bolaños procreó con su esposa Guadalupe Borja. Alberto Tavira no daba crédito del tamaño de las esmeraldas de los aretes y el collar de la abuela del novio, doña Consuelo Ríos Zertuche. Nunca había visto semejantes piedras. Pero, en su calidad de "uno más", actuó como si para él eso fuera normal, como si lo hubiera visto en muchas bodas de la gente bien de toda la vida.

Al rito católico también llegaron Paulina Díaz Ordaz con su mamá Paulina Castañón Ríos Zertuche, quien para entonces ya estaba divorciada de Raúl Salinas de Gortari (hermano del expresidente Carlos Salinas);* la actriz Daniela Castro, esposa de Gustavo Díaz Ordaz, hermano del novio, así como a las damas de honor —vestidas en rojo satinado—, entre las que se encontraban Tatiana y Paulina, hijas del matrimonio de Pascual Ortiz Rubio (hijo del expresidente mexicano del mismo nombre) con Paulina (la otra hija de José López Portillo). En síntesis, ese mismo día emparentaban los Díaz Ordaz, los López Portillo y los Ortiz Rubio…

Lo mejor estaba por venir. Beto Tavira se encontró en la iglesia a una integrante de lo que él llamaba su CISEN (Comadres que Investigan Sobre la Elite Nacional), quien, luego de que el periodista le manifestara su asombro por la convocatoria política, le confesó que a la misa no habían llegado todos los requeridos, pues ella misma había visto la lista de invitados y entre ellos había apellidos de otras familias de expresidentes mexicanos que, junto con los que sí habían asistido, sumaban en total seis familias presidenciales convocadas para esta boda. ¡Sí, seis familias presidenciales!

El protocolo de la ceremonia religiosa se llevó a cabo sin que nadie irrumpiera en la capilla para impedir a todo pulmón que se consumara el

---

* Ver "La furia de Raúl Salinas de Gortari por los nueve divorcios y un funeral".

acto. Fue así que Leonora y Gerardo fueron declarados marido y mujer. La misa había terminado. Los recién casados de inmediato se acercaron al cuadro con la imagen de la Virgen del Refugio que se encontraba al interior del recinto, al pie de la cual ella depositó un ramo de rosas blancas naturales que, dicho sea de paso, no era el mismo con el que cruzó la alfombra roja rumbo al altar del brazo de su papá, Rafael Tovar.

Los dos cogidos de la mano salieron de la iglesia. Leonora y Gerardo se detuvieron unos minutos afuera del templo para dejarse felicitar por los asistentes que, en la mayoría de los casos, querían expresar su emoción en el rostro pero no les era posible debido a los mililitros de toxina botulínica tipo A que había sido inyectada en ellos.

La frase de Carlos Monsiváis comenzó a taladrarle los tímpanos a un Beto Tavira que, enfundado en su Givenchy, abrió las alas hacia su curiosidad sin temor de Dios. Y se apersonó frente a los novios para felicitarlos.

—¿Y tú qué haces aquí? —le preguntó graciosamente sorprendido Gerardo Díaz Ordaz.

—No me invitaron, pero tampoco me dijeron que no viniera —lanzó con un cinismo encantador el joven reportero que, luego de las carcajadas de los novios, les solicitó tomarse una foto con ellos, "Para comprobarle a mi jefa que sí me colé y en tu boda me planté, como dice la canción de Mecano".

No era ni el momento ni el lugar pero, sabedor de que luego vendría la luna de miel, en pleno atrio, Beto aprovechó para pedirles a los recién casados fotos del enlace. "Ya veremos, Beto, ya veremos", volvió a decirle Gerardo para luego atender los brazos extendidos de algunos miembros de su familia.

Beto y la agremiada de su CISEN intentaron conseguir un boleto para el banquete con la esperanza de que a alguien le sobrara, pero no fue posible. No obstante, él, insistente, quiso aplicar la de "se me olvidó mi boleto de la fiesta" y se apersonó en el Claustro de Sor Juana con ese pretexto. Como era de suponerse, no estaba su nombre en la lista de los invitados, así que antes de emprender la retirada, hizo guardia para ver qué políticos ingresaban al lugar. Fue así que vio llegar a Santiago Creel con su esposa Paulina Velasco, al excanciller Jorge Castañeda y al abogado Juan Collado con su esposa, la actriz Yadhira Carrillo, entre otros.

Antes de regresar a casa, Beto llamó por su celular a Rodrigo Terreros, el fotógrafo de *Quién* que había sido comisionado para captar las llegadas de los invitados así como la ceremonia religiosa, donde, por ser espacio público, tomaron sus instantáneas varios de los medios interesados en el evento. Quería saber si Rodrigo había cumplido con su misión. Y así era: el fotógrafo tenía el material gráfico; Beto la información de *insider*. En la estrategia que habían armado con Diana, había quedado claro que no iban a poder tener la exclusiva, pero al menos sí habían conseguido la primicia de la bendición del padre y de la entrega del ramo de la novia a la Virgen del Refugio. Así que esa misma noche, Rodrigo subió las imágenes de la boda a la plataforma digital de la revista *Quién*, con lo cual se convirtió en el primer medio que publicó el evento.

La salida al mercado del número 211 de *Quién*, con fecha de portada del 19 de marzo de 2010, todavía estaba lejana, así que el lunes siguiente de la boda, Beto publicó una detallada crónica en el blog que entonces tenía en quien.com: "Los políticos también lloran". Fue tal el impacto mediático, que un par de días después lo buscó Olga Carranco, del equipo de producción del noticiario radiofónico que tenía Carmen Aristegui en Noticias MVS, para proponerle que contara al aire, con su estilo desenfadado, los pormenores del enlace entre los herederos de los antiguos habitantes de Los Pinos.

Así sucedió. En esa charla, la prestigiada periodista pidió a Beto que le compartiera los detalles del evento pero, sobre todo, que por favor le explicara por qué había calificado al enlace de Gerardo Díaz Ordaz y Leonora Tovar López Portillo como la "boda del año". Su respuesta fue que en casi una década de cronista de sociales-política nunca había visto en una misma fiesta a los hijos, nietos o hermanos de los expresidentes Pascual Ortiz Rubio, Manuel Ávila Camacho, Luis Echeverría Álvarez, Carlos Salinas de Gortari y, por supuesto, a todos los descendientes de las familias anfitrionas de la boda: López Portillo y Díaz Ordaz.

Al regreso de su luna de miel, Gerardo Díaz Ordaz llamó a Beto para decirle que había leído su blog y que le había parecido divertido y atrevido que confesara que se había colado a la ceremonia religiosa para poder escribir su texto en primera persona. Lo felicitó, pero lo mejor fue que le dijo que le daría fotos del banquete en el Claustro de Sor Juana. Sí, las que estaban reservadas en exclusiva para *Caras*, porque "te lo ganaste".

Y así fue como llegaron alrededor de doscientas fotografías de la fiesta de boda de Leonora y Gerardo, las cuales fueron publicadas de inmediato en quien.com. En esas imágenes se podía ver a los empresarios Juan Beckmann, Carlos Autrey y Eugenio López Rodea con sus respectivas esposas, al periodista Jacobo Zabludovsky y su esposa Sarita, al tenor Fernando de la Mora y su mujer Christianne Boudreault, al académico José Carreño* y su señora y varios otros integrantes del medio del espectáculo mezclados con miembros de las familias de mayor abolengo de la sociedad mexicana. Sólo una fotografía le hizo a Beto fruncir el ceño confuso: la de Laura León, mejor conocida como "La Tesorito". Primero pensó que seguramente la actriz y cantante se había colado al festejo, igual que él lo había hecho a la misa, pero después se enteró de que ella era invitada asidua a casa de los Díaz Ordaz para ambientar sus fiestas, que era muy querida por ellos, que era "una de los suyos".

El enlace de los Díaz Ordaz y los López Portillo salió en el ejemplar planeado, el cual, por cierto, llevaba en su portada un tema que cimbró a los lectores de *Quién* con el titular siguiente: "Las familias de Maciel. La historia de las dos mujeres que aseguran haberlo hecho padre", acompañado de una foto del fundador de los Legionarios de Cristo. En interiores presentaba un reportaje basado en la investigación de la periodista Carmen Aristegui sobre los hijos biológicos de Marcial Maciel.

La versión no oficial cuenta que luego de que en la revista *Caras* vieron la cobertura que había hecho quien.com antes que ellos y que confirmaron que los protagonistas habían cooperado, decidieron retirarle a

*José Carreño Carlón es padre de Paulo Carreño King, con quien los editores de *Quién* trataron la cobertura de la boda de Cecilia Salinas Occelli, hija del expresidente de México, Carlos Salinas de Gortari. Ver "Cómo negociar con un Salinas y no morir en el intento".

la "boda del año" el codiciado lugar del tema principal de portada para degradarlo a un simple "llamado". Si a Lucía Alarcón se le encrespó el alaciado, no es posible saberlo. Lo cierto es que en su interior, la revista de Editorial Televisa le destinó páginas y páginas a la unión de los Díaz Ordaz con los López Portillo en las que destacaba la asistencia de personajes del gremio del espectáculo como la conductora Jacky Bracamontes, la actriz Chantal Andere y la cantante Gloria Trevi. Sin duda, la cobertura de *Caras* era digna de despertar el pecado capital de la envidia en la redacción de *Quién*. No obstante, el equipo de Diana Penagos se sentía satisfecho por lo logrado.

Con el paso de los años, Beto se encontraría en diversas ocasiones a Leonora y Gerardo en otros eventos sociales. Inevitablemente le preguntaban si ahora sí estaba invitado o se había colado. El estigma de ser un *party crasher* persiguió a Beto durante algún tiempo en ésta y otras familias, pero el joven periodista hacía oídos sordos pues aseguraba haber leído en alguna parte de la Biblia: "Nunca es tarde para hacer el ridículo".

II
LOS LÓPEZ PORTILLO

Más triste que la propia viuda

Odiaba que le tocara cubrir funerales. Desde que empezó a trabajar como reportera en el programa *Ventaneando* que dirigía Pati Chapoy, Jessica Sáenz Arelle detestaba que entre sus asignaciones estuviera ir a cualquiera de las múltiples agencias funerarias o panteones de la gran Ciudad de México o más allá de sus fronteras a reportar el deceso de alguna celebridad. Eso de tener que acercar el micrófono o la grabadora a personas con el corazón apachurrado y hacerles preguntas acerca de su sentir, se le hacía espantoso y de mal gusto. Cuando entró a trabajar en la revista *Quién*, a finales de 2002, ilusamente pensó que el estar al mando del equipo paparazzi significaba que ya no tendría que ir a reportear muertes, que sólo le tocaría perseguir a los vivos. Qué equivocada estaba.

Eran mediados de febrero de 2004, martes 17, para ser precisos. En la redacción de la revista se vivía un día común y corriente y se acercaba la hora de salida. Sin muchos pendientes, la mayoría de los integrantes se disponía a retirarse. Era una verdadera tortura entrar a las ocho de la "madrugada", pues las oficinas se ubicaban en Avenida Constituyentes, al poniente del entonces llamado Distrito Federal, y no había hora en la que esa vía no estuviera repleta de autos y de transporte público, llenando el aire de esmog. Había que madrugar en serio para poder llegar a tiempo a "perseguir la chuleta". Lo bueno era que la hora oficial de salida era a las cinco de la tarde, *Tea time!*, pero, tristemente, era rara la ocasión en la que la redacción de *Quién* se podía dar el lujo de "salir temprano", y ese día no sería la excepción.

"¡Ya se murió Jolopo!", gritó alguien que estaba checando las últimas noticias. La agencia española de noticias EFE había anunciado en un breve cable que el expresidente José López Portillo había fallecido esa misma tarde. Todos en la redacción saltaron de sus asientos. Prendieron la televisión que supuestamente servía para monitorear las noticias, pero que en muchas ocasiones también se usaba para ver los partidos de futbol del Mundial o los Juegos Olímpicos cuando México disputaba alguna medalla.

Precisamente, era el programa *Ventaneando* el que transmitía en esos momentos un enlace telefónico en vivo con la que fuera la mujer del exmandatario los últimos años de su vida: la actriz y vedette Alexandra Acimovic Popovic, mejor conocida como Sasha Montenegro. Notablemente compungida, la aún esposa del expresidente se quejaba con la Chapoy de que, aunque la noticia del deceso se había difundido ya en varios medios, ninguno de los hijos del primer matrimonio del político había tenido la atención de hablarle para informarle sobre la veracidad de lo que ya había corrido como reguero de pólvora y era la nota de último momento, con todo y que Carmen Beatriz, una de las hijas que López Portillo tuvo con su primera esposa, Carmen Romano, había desmentido la información de la muerte de su padre a través de un noticiario de la cadena Radio Red, diciendo que éste se encontraba en terapia intensiva pero estable y que los doctores les habían pedido que esperaran veinticuatro horas para dar un nuevo diagnóstico.

López Portillo había sido internado en el Hospital Ángeles del Pedregal el día anterior debido a que la neumonía que padecía se le había complicado, lo que había derivado en insuficiencia respiratoria y cardiaca, que fue lo que finalmente lo llevó a la tumba. Por más que la hija trató de calmar las aguas, esa misma noche se confirmó el fallecimiento de quien había sido presidente de México de 1976 a 1982. Inmediatamente se convocó a una junta en la redacción de *Quién* para armar el plan de cobertura. Evidentemente ese *breaking news*, como se dice en el argot periodístico, sería la portada del número 60 de la revista. La adrenalina comenzaba a correr por las venas de todo el equipo, desde fotógrafos y reporteros, hasta diseñadores, redactores, asistentes…

Empezaba a subir de tono ese cosquilleo tan característico que invade a los periodistas cuando están por atestiguar un hecho histórico y al que se hacen tan adictos.

Como en ese momento todavía no había mucha información sobre dónde serían velados ni dónde reposarían los restos mortales del popularmente llamado Jolopo, lo único que se podía adelantar era determinar los reportajes aledaños que acompañarían la nota y que en conjunto reconstruirían una parte de la vida del hombre que sería recordado en la posteridad por frases como "Defenderé el peso como un perro" o "El orgullo de mi nepotismo".

Quién tenía la obligación de cubrir a fondo el suceso, puesto que una de las primeras notas que había reportado en sus inicios, por allá en el verano de 2000, había sido precisamente la boda religiosa de López Portillo con Sasha. Un año después, cuando la pareja ya estaba separada y el político se encontraba ya muy enfermo, viviendo en casa de su hermana Margarita, éste había concedido en exclusiva a la revista una nostálgica entrevista en medio de la polémica familiar en la que estaba envuelto. El expresidente se había sentido tan en confianza, que hasta se le habían salido las lágrimas. Era de todos sabido que José Guillermo Abel López Portillo y Pacheco era un hombre sensible, pues hasta en los informes de gobierno dejaba escapar algunas lagrimitas…

En 2002, cuando el conflicto entre familias (López Portillo Acimovic vs. López Portillo Romano) estaba en su apogeo, Sasha había hablado para *Quién* en respuesta, posando muy orgullosa en su casa, situada en la famosísima Colina del Perro (ubicada en Paseo de los Laureles, en Bosques de las Lomas), y todavía conservando la impresionante belleza que llenaba la pantalla cuando hacía las llamadas películas de ficheras.

Esos artículos serían los que se retomarían y los que tenían que quedar listos esa noche de desvelo y trabajo a marchas forzadas, en espera del material que llegaría una vez que se supieran los detalles del sepelio. Era una de esas noches en las que haría su aparición el Lover, un aparato masajeador que Érika Roa, la editora de política y realeza, guardaba en su escritorio y que pasaba por la espalda de cualquiera que necesitara una apapachadita en momentos de estrés y litros de café. En largas horas como ésas era común escuchar en la redacción el grito de "Eri, sácate el Lover, ¿no?".

En cuanto se reveló que el cuerpo sería trasladado a la capilla tres de los velatorios de la Secretaría de la Defensa Nacional, ya estaba organizado el equipo que haría una cobertura a la altura de la ocasión. Érika, una de esas periodistas adictas al cosquilleo de la nota y quien, como editora de política, había dado el seguimiento a todos los dimes y diretes familiares de los López Portillo, trataba de visualizar qué fotos no podían faltar en la portada. Era su manera de trabajar: ella siempre iba un paso más allá y consideraba los posibles escenarios con los que se toparían y lo que seguramente sucedería. Esa vez, fiel a su costumbre, sobre una hoja de papel para reciclar, dibujaba rectángulos y, dentro de ellos, bocetaba monitos: "Una foto con el féretro al centro, los hijos del primer matrimonio de un lado y los del segundo matrimonio del otro", instruía a los fotógrafos y a los diseñadores. El colmo fue cuando le preguntó a Víctor Ortiz, el editor de foto, si se podrían meter algunas luces para que la foto de portada quedara bien iluminadita. Víctor abrió los ojos como platos. "¿En serio me pide que lleve luces a un velorio masivo como éste?", pensó. Las horas que llevaban planeando el reportaje comenzaban a hacer mella en la mente de los periodistas, con todo y el Lover.

Tras visualizar tres o cuatro opciones de foto para la portada, se procedió a la repartición de los nuevos y modernísimos radios: unos *walkie-talkies* azules, marca Motorola, con los que se comunicarían entre ellos los fotógrafos y los reporteros durante la cobertura.

Se había organizado a los fotógrafos de acuerdo con su especialidad: los de sociales se tenían que concentrar en los personajes de la alta sociedad, políticos y empresarios que asistieran al velorio; los de producción tenían la encomienda de captar aspectos generales, el ambiente, y a Jessica Sáenz y su equipo paparazzi les tocaba reportear lo que pasara dentro de la capilla número tres de los velatorios.

En medio de un mar de curiosos, un nutrido grupo de periodistas, fotógrafos y camarógrafos registraba cada segundo lo que pasaba en ese lugar. Jess se atavió para la ocasión: pantalones de vestir, un saco de piel, ambos de color negro, como dictan las buenas costumbres, y una mascada de tonalidad crema con flores rosas para darle el toque discreto de color. Sabía que el acceso no sería fácil. En esas situaciones, tratar de conseguir una buena imagen, única e irrepetible, puede derivar en una batalla campal.

Cuando se disponía a entrar al área de capillas y vio que una imponente valla de soldados impedía el paso, lo primero que le vino a la mente fue: "Y yo que creía que aquí no iba a cubrir velorios, caray". Regresar a la oficina sin nada y decirle a su jefa que los soldados no la habían dejado pasar no era opción. Necesitaba pensar en alguna argucia con urgencia. Creativa como era en momentos como ése, se le prendió el foco y sacó un pañuelo desechable de su bolsa. Pese al estrés y el miedo que los militares con su cara de pocos amigos le provocaban, logró concentrarse y, rememorando las clases de actuación que alguna vez tomó en el Colegio Regina, dejó que recuerdos tristes sobre muerte de gente cercana la invadieran. Fue así como logró que un par de lagrimitas asomaran por sus ojos, y aunque no fueron suficientes como para que rodaran por sus mejillas, no le costó trabajo hacer cara de compungida cuando se acercó a los soldados con la mirada perdida, su bolsa en una mano y el pañuelo hecho bolita en la otra, cual Libertad Lamarque en una de sus grandes interpretaciones. Se secó suavemente las lágrimas de un ojo y levantó la mirada hacia el militar que estaba frente a ella. "Vengo a la capilla tres", pronunció las palabras con la voz quebrada. Los soldados rompieron filas y la dejaron pasar sin chistar. Uff, primera prueba superada.

Sintiendo que el corazón se le salía del pecho por los fuertes latidos que la invadían, Jess siguió caminando hacia el recinto en donde el expresidente ya estaba siendo velado. El ambiente era mucho más tenso que el de cualquier otro velorio, tanto que no pudo evitar que las piernas le temblaran y la boca se le secara.

El desfile de políticos de la vieja y la nueva guardia, de uno y otro partido, era interminable. Aquello era un crisol en el que se podía cortar el aire con un cuchillo. La política no era su fuerte, pues hasta ese momento se había especializado en cubrir solamente espectáculos, lo suyo, lo suyo, era el *showbiz*, pero a partir de esa nota, le empezaron a encomendar también reportajes en los que la clase política estaba involucrada. "Ni hablar —pensó—, gajes del oficio."

En el concurrido funeral se habían dado cita expresidentes como Luis Echeverría Álvarez, Miguel de la Madrid Hurtado y Carlos Salinas de Gortari, cuya visita a los velatorios había provocado el caos entre los miembros de la prensa; todos querían aprovechar la oportunidad de obtener una declaración suya. Luego supo Jess que la valla de casi cuarenta soldados que le había sacado, literal, lágrimas de los ojos, había sido colocada justo después del revuelo que había causado la llegada de Salinas al funeral.

Por otro lado, estaba la forzada convivencia familiar provocada por las penosas circunstancias. Los problemas entre la familia que tuvo López Portillo con Carmen Romano y la que formó con Sasha Montenegro habían llenado las primeras planas de los medios de espectáculos así como los de política con escandalosos encabezados: que si Sasha había envenenado a sus hijos en contra de sus hermanos mayores; que si maltrataba y humillaba a su marido; que si los López Portillo Romano querían despojarla de la famosa casa en la Colina del Perro que le había sido entregada en donación y que había puesto a nombre de su hija Nabila; que si los hijos mayores habían sacado a su papá de su casa mientras su mujer estaba de viaje para rescatarlo, según ellos, de una vida de golpes y vejaciones; que si lo tenían algo así como secuestrado en casa de una de sus hermanas, decía Sasha, para hacerle *coco wash* y convencerlo de que revocara la donación de la propiedad y se divorciara de ella...

En el momento de su muerte, José López Portillo todavía estaba casado con Sasha Montenegro. Aunque efectivamente había una demanda de divorcio de por medio, ella era legalmente la viuda.

Al filo de la una de la tarde, en silla de ruedas (siempre se quejó de sus problemas de cadera) y ante un gran tumulto, llegó la actriz con unos lentes oscuros que le tapaban la mitad de la cara. Claramente descompuesta, pedía respeto ante el trance que estaba viviendo. En cuanto alcanzó los velatorios, dejó la silla a un lado y caminó hasta la capilla en donde estaba el féretro del que fuera su primer y único marido, el padre de sus dos hijos.

Tratando de ser civilizados, los López Portillo Romano y los López Portillo Acimovic se juntaron en la capilla para celebrar una solemne y privada misa de cuerpo presente a la que solamente tuvieron acceso unas cuarenta personas, las más cercanas a ellos.

Cuarenta y una colada. Sin pensarlo dos veces, Jessica Sáenz se metió rápidamente a la capilla antes de que la cerraran y estratégicamente se paró justo en medio de las dos familias, así, si los de un lado se preguntaban "¿Y ésta quién es?", imaginarían que seguramente venía con los del otro lado y viceversa. Del lado derecho estaban Sasha, Alejandro y Nabila López Portillo Acimovic; del izquierdo, José Ramón, Paulina y Carmen López Portillo Romano. Se sentía esa calma chicha que sí o sí anuncia una tormenta. Sin proponérselo, Jessica era parte de la foto ideal que Érika había dibujado anteriormente en una hoja de papel: "Una foto con el féretro al centro, los hijos del primer matrimonio de un lado y los del segundo matrimonio del otro", recordó.

Tímidamente, por increíble que parezca, se atrevió a sacar una pequeña grabadora (los *smartphones* todavía no eran cosa de todos los días). A eso se le llama ser aguerrido. No quería que se le escapara nada. La encendió y una vez que se aseguró de que funcionaba, la guardó en su bolsa lo más discretamente que pudo pidiéndole a todos los santos que la grabación quedara de una calidad decente para poderla transcribir.

Transcurrió la misa y llegó la hora de la paz. Jess estaba atenta a los detalles. Ubicada ahí, observadora, en medio de todos, se preguntaba qué sucedería en una situación tan incómoda. Alguien tenía que ceder, estaban ante el cuerpo inerte de su padre y esposo. Fue José Ramón quien dio paso a la cordura. Se acercó a Sasha para tomar su mano y murmurar de manera casi inaudible un: "La paz sea contigo". Siguiendo el ejemplo de su hermano mayor, Paulina la besó en el cachete. "Mientras no sea el beso de Judas…", pensó Jess. Claro, eso no lo escribiría en la crónica que se publicaría, se lo guardaría para sí, aunque ganas no le faltaran de soltarlo.

Y la ceremonia llegó a su final. Pero en lugar de terminar con el tradicional "Podéis ir en paz, la misa ha terminado", el padre decidió hacerlo con un "José López Portillo, nos vemos en el cielo". A sus palabras les siguió un profundo silencio, de ésos tan callados que hasta se escuchan.

Se montó la última guardia antes de dejar pasar a los medios de comunicación. Sasha y su hijo Alejandro se colocaron a ambos lados del féretro, pero Nabila, la hija mayor, permaneció en su lugar y, por más que trató de contenerse, no pudo más, a los pocos segundos estalló en llanto.

Aunque apenada por haber sido testigo de ese momento tan íntimo, Jess sentía la satisfacción del deber cumplido. La información exclusiva que había conseguido y las escenas que había presenciado eran oro para el reportaje.

Justo antes de que abrieran las puertas de la capilla para que ingresaran los periodistas, salió rápidamente, disimulando lo más posible, temerosa de que algún colega la reconociera y la echara de cabeza. La seriedad y profunda tristeza que su cara reflejaba (que más bien era terror de ser descubierta) hizo que hasta uno de los fotógrafos de la revista, que tomaba a lo lejos a los personajes que salían, la confundiera con algún familiar del occiso. "No inventes, Jess, te veías hasta más triste que la propia viuda", le dijo más tarde mientras le enseñaba una foto que le había tomado con su lente largo y en la que ella aparecía caminando, con el luto bien puesto en la ropa y, aparentemente, también en el corazón.

Horas más tarde, salió el cortejo fúnebre rumbo al Panteón Militar, ubicado en el kilómetro 21 de la Autopista México-Cuernavaca. José Ramón acompañó a su padre en la carroza. Autobuses del ejército transportaron a varios de los asistentes al entierro.

Por si quedaba alguna duda de los últimos momentos de vida del expresidente, su hijo José Ramón declaró a los medios que su padre: "Murió en paz consigo mismo, con su familia y con su conciencia".

A pesar de haber cubierto una asignación que odiaba, esa misma tarde, Jessica regresó muy contenta a la oficina por lo que periodísticamente hablando había logrado. Ella y Érika Roa serían las encargadas del reportaje. Y aunque la foto visualizada por la editora de política y realeza no fue la portada ni estaba tan "bien iluminadita", sí fue la de apertura del artículo: el féretro cubierto con la bandera nacional en medio y haciendo guardia a los lados los hijos y Carlos Salinas de Gortari.

Para la portada, la editora de arte de ese entonces, Fernanda Aguilar, probó una foto en la que aparecía Sasha en primer plano, llorosa, abrazando a su hijo Alejandro, un adolescente de escasos catorce años, quien ocultaba la cara en el hombro de su madre. La otra opción era poner simplemente un retrato de López Portillo en blanco y negro, en sus años de presidencia, con una expresión que reflejara ese temperamento y personalidad que lo caracterizaron en vida.

Quién tenía como política interna y parte de su código de ética tres premisas principales: no reportar infidelidades, no se trataba de contribuir a deshacer ningún matrimonio; no sacar imágenes desagradables de personajes en estado inconveniente, fuera por abuso del alcohol u otras sustancias, y no exponer a los niños a situaciones que los pudieran afectar, es decir, que se enteraran por la revista de alguna cuestión desagradable de sus progenitores o que ellos mismos aparecieran en imágenes sin autorización de sus padres. Cuidar a los menores de edad era importante para la publicación. La foto de Sasha con su hijo más pequeño en brazos caía en este último rubro y el que se usara o no dio pie al debate.

Blanca Gómez Morera, a la sazón la editora general de la revista, se oponía terminantemente a poner esa imagen en portada. Le dolía el joven huérfano expuesto tan desgarradoramente al reflector. Fernanda Aguilar, la editora de arte, se inclinaba por esta misma postura pero dudaba ante los argumentos de John Reuter, el CEO de Grupo Editorial Expansión, al que pertenecía *Quién*. Era costumbre presentarle dos opciones de portada para su aprobación y en esa ocasión, sin dudarlo, dio su visto bueno a la que mostraba a la madre con el hijo. Él argüía que era una imagen periodística, que la cara del muchacho no se veía y que era una escena pública, captada por las cámaras de muchos medios, que transmitía lo que se vivía en el momento y conectaba con el lector. Blanca arremetía de regreso y replicaba enfáticamente que no porque muchas publicaciones la llevaran, significaba que *Quién* transgrediera su código de ética, y eso que todavía no era mamá. No estaba dispuesta a ceder. Cuando Blanca se subía a un ring y sentía que tenía razón, luchaba hasta las últimas consecuencias y casi siempre salía victoriosa.

41

En el bando que votaba por la foto de Sasha y su hijo se encontraban Diana Penagos, editora adjunta y madre a su vez de un adolescente de catorce años, y Érika Roa, la editora de política de la revista. Nada más de imaginarse a su hijo en esa situación, a Diana se le oprimía el pecho, pero estaba consciente de que la actriz había ventilado sus problemas maritales constantemente en los medios y había dado entrada al morbo, además de que sentía que era su deber reportar como medio el instante *in situ*. La aliviaba un poco el hecho de que el rostro oculto del niño hacía imposible su reconocimiento, era un mínimo de protección contra mirones.

Érika por su parte iba y venía con varios ejemplares de la revista *¡Hola!* —la cual coleccionaba desde pequeñita y era su *role model* del periodismo del corazón—, en los que dicha publicación había puesto en portada a las celebridades y personajes de la realeza deshechas, ahogadas en llanto, en los momentos trágicos de sus vidas, y se los enseñaba a Blanca como ejemplo.

Como no había tiempo para seguir en la eterna discusión de entre lo público y lo privado y el *deadline* estaba encima, John tomó la decisión: "*Come on guys, this is the picture*", ordenó en su lengua natal el gringo. Y se cerró el debate ante la cara de tristeza y frustración de Blanca. La poderosa imagen que transmitía un enorme dolor fue la portada del número 60 de *Quién*.

A la mañana siguiente del cierre, una Blanca ojerosa hizo su aparición en la oficina. No había pegado ojo en toda la noche. El suceso del día anterior la había impactado hondamente. Entre vuelta y vuelta en la cama, no había parado de pensar en el asunto. A la salida del sol, ya había llegado a una conclusión y a primera hora reunió a su equipo para comunicársela: "Quiero decirles que después de pensarlo mucho, me di cuenta de que John tenía razón y yo estaba equivocada. Ésa era la foto de portada y hubiera sido un error no llevarla. Sólo quería que lo supieran". En cuanto soltó esas palabras, su semblante cambió, se relajó, dejaba ir por fin esa obsesión. Seguro que esa noche durmió como un bebé.

Al oír estas palabras, Jess se dio cuenta que muchas asignaciones incómodas seguirían ocurriendo en su carrera periodística, era inevitable, entre ellas seguramente varios funerales.

III
LOS SALINAS

CÓMO NEGOCIAR CON UN SALINAS
Y NO MORIR EN EL INTENTO

Era un *turning point* para *Quién*. Editorial Televisa acababa de lanzar la revista mensual *Caras* para competir directamente con ella. En respuesta, los altos mandos de Grupo Editorial Expansión habían decidido convertir a *Quién* de mensual en catorcenal y lo habían comunicado con una agresiva campaña publicitaria que rompía con los cánones del mundo editorial.

Además estrenaba cabezas. Blanca Gómez Morera tenía apenas unos meses de haber sido nombrada editora general y Diana Penagos Mason acababa de entrar como editora adjunta.

Tenía tiempo que Blanca era parte de la empresa. Primero había estado en la revista *Expansión* y luego la habían pasado a *Quién*, donde había ejercido como jefa sin título durante algún tiempo, hasta que le hicieron oficial el puesto. Ella ya había agarrado vuelo. En cambio para Diana era un reto mayúsculo. Cuando la entrevistaron para el puesto, fue muy sincera: "He hecho libros, revistas de política, de turismo y de mercadotecnia; nunca una femenina, masiva, catorcenal, de farándula, sociales y del corazón. Pero a mí lo que me gusta es editar".

Tras varias pruebas, Blanca había decidido que Diana era la candidata idónea y ella entró dispuesta a aprenderle todo lo que pudiera. "¿Quién me iba a decir que terminaría en esto?", pensaba. Cuando era niña, en el baño que compartía con sus hermanas siempre estaban el *¡Hola!*, lectura indispensable de su hermana la mayor, y *Cosmopolitan*, de su hermana la de en medio. Ella metía la revista *El Cuento*, de Edmundo Valadés, o *Vuelta*, de Octavio Paz, y no paraba de cuestionarle a su hermana

45

la mayor qué le importaba lo que hiciera una duquesa de "Tú las traes" que ni idea tenía quién era.

Diana había estudiado Literatura Latinoamericana y se había especializado en crítica literaria; jamás se hubiera visto en una revista de ese estilo. Pero más pronto cae un hablador que un cojo.

En sus primeros días en *Quién*, varias fueron sus novatadas: desde la reportera de sociales que le pidió permiso para salir temprano porque se iba a pintar el pelo, la que le llamó para avisarle que no iría a trabajar porque estaba en depresión porque su ex se iba a casar, a la que le celebraron con pastel el cumpleaños de sus bubis nuevas, hasta la que armó un escándalo monumental porque le había pedido que cambiara unas fotos. Pero su novatada más grande fue cuando Blanca, muy natural, como si se tratara de cualquier cosa, le pidió que fuera ella la que negociara con Ceci Salinas la exclusiva de su boda. Le pidió que acompañara a Érika Roa, entonces editora de política, a las citas con la hija del expresidente de México, Carlos Salinas de Gortari, como cabeza responsable de la revista.

No tenía más de dos meses de haber entrado a *Quién*. Y aunque había sido editora de la revista del Senado de la República, nada que ver con cómo se negocia una exclusiva en la prensa rosa. Para colmo, era un tema delicado, pues cuando Ceci había posado para una portada de *Quién* tres años atrás, no había quedado nada contenta por el tratamiento que se le había dado a la información con el "balazo" de portada que decía "Me duele que critiquen a mi papá" y con la campaña en parabuses que usaba la frase "Lo bueno de Carlos Salinas". Desde entonces no había cooperado con la revista. Se trataba de retomar la relación. Vaya responsabilidad.

Como quien busca trabajo queriendo no encontrarlo, Diana presionaba a Érika para que consiguiera una cita con Ceci. El día que ella llegó para decirle que ya tenían comida con la futura esposa de Alfie Gatica, no sabía si reír o llorar. Sería la primera vez que acompañaría a una de las editoras de la revista y ella, como jefa, tenía que verse como si conseguir notas de ese calibre fuera cosa de todos los días.

Y como no hay plazo que no se cumpla, llegó la fecha, a principios de marzo de 2003. Ahí se fueron, muy puntuales, Érika y Diana a un restaurante ubicado en Santa Fe, a su primer encuentro con la hija de Carlos Salinas.

Se sentaron y aunque seguro Diana prefería un tequila doble que la Coca-Cola *light* que pidió, por aquello de tomar valor, se mostró de lo más serena todo el tiempo.

Esperaron unos minutos y de pronto irrumpió Ceci Salinas, vestida con unos jeans y un suéter, y con su pequeña bolsa Gucci.

Tras las presentaciones de rigor, se acomodaron en sus asientos. El saludo de Ceci había sido educado pero helado. Se notaba que el mal recuerdo de su experiencia con la revista seguía fresco. Experiencia de la cual Érika no había sido partícipe, aun cuando ya pertenecía al equipo editorial de *Quién*, y la cual Diana conocía sólo a grandes rasgos; lo poco que Blanca la había podido poner al día. Sentía como que la había mandado a la guerra sin fusil.

El comportamiento de Ceci era amable, del tipo "lo cortés no quita lo valiente", pero destilaba enojo y estaba incómoda. Se veía que había aceptado reunirse con las de *Quién* porque, viniendo de la familia de la que venía, siendo la niña de los ojos de su papá y la primera en casarse de los Salinas Occelli, había aceptado que aunque le chocara, su boda irremediablemente era un evento público, y qué mejor para tener control sobre la información que reunirse personalmente con los medios de más peso, incluido el que definitivamente no era santo de su devoción.

Érika y Diana se dieron cuenta de que no tenía caso negar el pasado, que era mejor ventilarlo antes de entrar en materia y que el hecho de que ellas no hubieran sido parte de él era precisamente su mejor arma, así que por ahí empezaron.

—Ceci, sabemos que la última vez que saliste en *Quién* no te quedó muy buen sabor de boca, pero ahora somos otro equipo, deja que nos quitemos la espinita todos —se lanzó Érika al ruedo.

—Mira, yo soy nueva en la revista y me encantaría que nos dieras la oportunidad de empezar de cero, ¿cómo ves? —completó Diana.

En cuanto le dieron pie, Ceci se fue como hilo de media. Se desahogó. Eso sí, sin perder nunca el estilo y sin levantar la voz. Érika y Diana la dejaron despepitar. Ellas flojitas, cooperando y escuchando. Fue lo mejor que pudieron hacer porque cuando acabó, el alivio que sintió fue evidente. Ya estaba lista para hablar de lo que los había llevado ahí.

"No quiero medios en mi boda", la hija de Salinas no ocultaba su aversión por ellos. No lo disimulaba nadita y era contundente, sin embargo, estaba consciente de que su deseo era prácticamente imposible de cumplir. Prometió hablarlo con su papá y hacerles saber su respuesta.

Vino la segunda llamada, esta vez por parte de Paulo Carreño King, hijo de José Carreño Carlón, director general de comunicación social de la Presidencia de la República en el sexenio de Carlos Salinas. Paulo había sido designado por la familia Salinas como su contacto con los medios para la boda.

Les propuso sentarse de nuevo a la mesa para discutir a detalle cuáles eran las peticiones de *Quién* y de qué forma podían llegar a un acuerdo para la cobertura. Al enemigo, cerca; eso han de haber pensado los Salinas.

Esta vez el punto de encuentro fue en un restaurante ubicado en la calle de Molière, en Polanco. Diana y Érika llegaron primero y diez minutos después, arribaron Ceci y Paulo.

A lo que te truje Chencha. Paulo de inmediato puso en la mesa sus condiciones: el número de páginas mínimo que requería para una exclusiva, cuántos fotógrafos mandaría la revista si se la diera, de qué hora a qué hora permanecerían en la fiesta, cómo sería la elección de fotos, qué personajes no podían faltar en la cobertura…

Hasta ahí, todo bien. Diana y Érika podían acceder a todo lo que pedía. Ellas también hicieron su carta a Santa Claus: si Ceci podía darles una prueba de vestido, si podían tomar fotos cuando se estuviera arreglando, si podía haber una pequeña entrevista donde la pareja les contara su historia de amor para completar el texto…

Todo iba fluyendo… Hasta que llegaron al frijol en el arroz: Paulo les dijo que era absolutamente indispensable que Carlos Salinas leyera el reportaje antes de publicarse.

Diana y Érika sintieron que la sopa se les caía del plato a la boca, justo cuando ya había tocado sus labios y estaban a punto de saborearla.

Entendían que ellos ya no sintieran confianza con el mal trago que habían pasado con la revista, sin embargo, eso estaba terminantemente prohibido en Expansión. Iba en contra de todas las políticas no solamente del Grupo, sino del buen periodismo, de ese que se construye con ética y credibilidad, que tiene al lector como prioridad.

Érika prudentemente se apuró a contestar que lo consultarían con los altos mandos. De antemano conocía la respuesta que los jefes le darían, pero se resistía a dejar ir una nota de ese tamaño por ese "detalle" que le parecía en esos momentos insignificante. Tenía la esperanza de que, poniendo en la balanza los pros y los contras, le darían el sí y, por una vez, podrían hacer una excepción.

Diana, sin conocer realmente las políticas de la empresa, fue un poco más realista y les dijo de entrada que veía muy difícil que aceptaran dicha condición. Ella misma estaba en contra de mostrarles el texto. Le parecía que eso les enseñan a los periodistas desde el curso de Periodismo uno. Si cada entrevistado pudiera ver su reportaje antes de publicarse, tacharía hasta nimiedades, lo manipularía a expensas de sus caprichos y el medio perdería toda credibilidad.

Trató de ser lo más cuidadosa posible para decirles que no era una cuestión personal, que entendía que estaban ciscados por el pasado, pero que confiaran en ellas, que no pondrían nada que no estuviera *on the record.*

La sopa con la exclusiva empezaba a escurrírseles de la cuchara. Con un rotundo no, Paulo les hizo saber que ese punto no estaba sujeto a negociación.

La mente de Diana empezó a girar a mil por hora. No podía dejarlos ir sin una propuesta viable que ellos pudieran considerar. Los tenía enfrente, no podía desperdiciar esa oportunidad. De repente, se le prendió el foco.

—Ceci —volteó para establecer contacto visual directo con ella—, ¿y qué tal si tú escribes una crónica de tu boda de tu puño y letra, en primera persona, y la firmas? De esa forma, tú eres la autora y como tal, nosotros tenemos que respetar lo que escribas. Así tú te sentirás tranquila y *Quién* no pondrá en riesgo su credibilidad; todos contentos. El lector francamente sabrá que tú estás transmitiendo cómo viviste tu gran día, que es algo totalmente personal, y eso es mucho más emotivo. ¿Cómo ves?

—No sé… Yo no escribo… No sé si me dé tiempo y si voy a tener cabeza para eso —dijo sorprendida. A Paulo, por su parte, no le disgustaba la idea y sonreía vagamente, como si la sopesara.

—No te preocupes —insistió Diana—. Podemos adelantar la historia de amor y ya sólo completamos el mero día. Por la escritura, no te apures, yo personalmente te voy a editar y te voy a corregir respetando exactamente lo que quieras decir.

El alivio de Érika cuando vio la salida que Diana había propuesto fue evidente. Se unió entusiasmada a la causa y apoyó apasionadamente la moción.

Llegó la hora de pedir la cuenta. Los cuatro seguían discutiendo la propuesta. Al final, Diana y Érika se quedaron con un "vamos a platicarlo con el papá de Ceci" por parte de Paulo. Se fueron del restaurante esperanzadas con la puerta que habían dejado entreabierta.

Al otro día, estaban las dos sentadas a primera hora en la oficina de Blanca, poniéndola al tanto de lo sucedido. A ella, lo planteado por Diana le pareció una gran idea y una salida muy correcta. Les comentó que, aunque sabía que tenía el "no" de John Reuter por delante y que ella no pensaba conceder la lectura del reportaje *a priori*, de cualquier manera lo consultaría con él.

Pasaron los días y ni Diana ni Érika tenían respuesta por parte de Paulo. Estaban en cuenta regresiva para la boda y las cosas en la oficina se estaban poniendo tensas. Érika emprendió la ofensiva con todas las armas que le fueron posibles. Rogaba, se enojaba, explicaba lo que significaría aquella portada para la revista, que pondría a *Quién* en boca de todos, reforzaría su reputación frente a *Caras*, juraba que sería la única vez que cederían… Ante este último argumento, Blanca y Diana, totalmente en sintonía, le respondían que si lo hacían con uno, tarde o temprano se sabría y todos los demás querrían ser tratados de la misma forma. A la larga sería un desprestigio para la revista. Les dirían: "¿Por qué a Carlos Salinas de Gortari sí le permites eso y a mí no?". No sería congruente, no podían hacer diferencias.

De por sí Érika estaba ofuscada, pero el acabose fue cuando Diana le comunicó que por fin Paulo había contestado a sus llamadas y nadie estaba dispuesto a ceder. Lo único que tendrían serían las fotos oficiales que los Salinas darían a todos los medios.

Era tal el coraje de Érika, que a duras penas pudo contener las ganas de llorar. No hubo poder humano que la convenciera de que no estaban cometiendo un error. Diana, en cambio, estaba segura de que era lo correcto.

Aunque Paulo le había asegurado la última vez que habían hablado que la familia Salinas todavía no había decidido si iba a dar finalmente la exclusiva a alguna revista o sólo algunas fotos oficiales para todos los medios, ella sospechaba que hacía mucho, incluso antes de aquella comida, que la balanza ya se había inclinado hacia la revista de Editorial Televisa.

Era de esperarse. El novio, Alfredo Gatica Cortés, estaba muy ligado a la empresa de Emilio Azcárraga Jean. Su hermano, Luis Gatica, era actor de esa televisora, y su cuñado, el futbolista Carlos Hermosillo, casado con su hermana Aída, era el símbolo por excelencia del América, el equipo de futbol de Televisa. Era como de casa.

Blanca y Diana sabían que algo tenían que conseguir en exclusiva para *Quién*, así que ordenaron a Jess que moviera sus huestes paparazzi. No habría otra manera de cubrir la boda. Pero ése es el siguiente capítulo de este libro.

El 12 de abril de 2003, Cecilia Salinas Occelli contrajo matrimonio con Alfredo Gatica Cortés en Cuernavaca, Morelos. Las predicciones de que *Caras* sería la revista ganadora de la exclusiva se cumplieron. Cómo se cumplieron fue lo que ni Diana ni Érika vieron venir.

Como un acto de autoflagelación, más que de monitoreo de la competencia, Érika corrió a comprar *Caras* en cuanto salió la cobertura de la boda. Con un despliegue importante, magníficas fotos y lo más destacado de la clase política nacional de ese entonces, la revista de Editorial Televisa se había llevado la exclusiva de la boda del año.

Érika pasaba lentamente una página tras otras, poniéndole chile y limón a su herida, en masoquismo absoluto. Sin embargo, el ardor fue poco comparado con lo que sintió cuando se detuvo a leer el texto. Como un resorte se paró de su lugar y salió corriendo a buscar a Diana.

—¡Mira! —le puso la revista en las narices, sobre su escritorio, abierta en la página causante de su dolor.

—Sí, hombre. Ya sé, Ranis —como le decía Diana de cariño—. Qué ardor.

—No, ¡mira bien quién firma! —le señaló Érika con el dedo al autor del reportaje: "Por Cecilia Salinas Occelli".

Diana, estupefacta, leía y releía el nombre. Lo subrayaba con su dedo. No lo podía creer. Empezó a leer el primer párrafo. Estaba en primera persona. ¡Se habían llevado su idea a *Caras*!

Ahora la que no podía reprimir las ganas de llorar del coraje era ella. Ceci había escrito una crónica de su historia de amor y de su gran día en la revista de la competencia, tal como Diana le había sugerido que lo hiciera en *Quién*. Al pie de la letra.

Así le habían dado la bienvenida como editora las revistas del corazón. Qué más novatada que ésa.

Se controló, respiró hondo y digna le dijo a Érika y a sí misma: "Perdimos una batalla, Eri, pero con la frente bien en alto. La guerra todavía no se acaba".

La boda secreta que no lo fue tanto

No tenía ni seis meses de haber sido contratada en *Quién* cuando Blanca Gómez y Diana Penagos, sus jefas, le dijeron que había sido la elegida para coordinar la cobertura paparazzi de la boda de la que todo mundo hablaba. Jessica Sáenz sintió que se había ganado la lotería.

Iba a ser el evento de 2003, pues era el regreso a la escena social del expresidente Carlos Salinas de Gortari, quien después de ocho años de haberse autoexiliado de México reaparecía para casar a su adorada hija Ceci, quien contraería matrimonio con Alfie Gatica, después de más de tres años de noviazgo.

La crema y nata de la política mexicana se reuniría allí. En las altas esferas del poder era muy importante saber quiénes estaban aún en el círculo de confianza de Carlos y quiénes no. También asistirían destacados personajes del medio empresarial y artístico.

La boda sería en Cuernavaca y Jessica, bendita entre los hombres, sería una de los cuatro afortunados periodistas de *Quién* que tendrían el privilegio de ir a la capital de Morelos desde un día antes para tantear el terreno y conseguir material exclusivo. Irían ella como coordinadora paparazzi, un reportero y dos fotógrafos.

En ésta, más que en otras ocasiones, había un marcado interés —si no es que más bien obligación— de lograr algo especial para la revista, luego de que la negociación por conseguir la exclusiva había fracasado y mucho se temía que la tuviera su competencia directa. Había que echar toda la carne al asador, sin escatimar. Las jefas estaban dispuestas a apoyar en todo lo necesario al equipo paparazzi para que obtuviera

53

algo, por eso autorizaron que se hospedara en el hotel Camino Real Sumiya.

Evaluando varios escenarios, en la redacción de *Quién* supusieron que muchos invitados de apellido conocido se quedarían ahí el fin de semana y Jessica y compañía tendrían la oportunidad de paparazzear a gusto.

Mala suposición. Por la cercanía de Cuernavaca con la Ciudad de México, la gran mayoría de los asistentes a la boda llegaron directo al lugar donde se llevaría a cabo.

El que en el hotel Sumiya no hubiera personajes paparazzeables no los achicopaló, al contrario, les picó el orgullo para salir a buscar la nota.

Muchos en la redacción de *Quién* tenían conocidos *insiders* en la boda. Entre el equipo editorial que se había quedado en la Ciudad de México y el paparazzi que estaba en el lugar de lo hechos, se armó una gran red de informantes. Así, los reporteros formales e improvisados pasaban por radio a Jessica y sus compañeros todos los tips y datos que consideraban les podían servir.

Fue así como se enteraron de que ese día previo a la boda, los novios y algunos familiares disfrutaban la tarde en el exclusivo hotel boutique Casa Tamayo, de sólo nueve habitaciones, que contaba con un restaurante dentro de sus instalaciones llamado La Pancha.

Jess y su equipo decidieron ir a tomar algo al restaurante, quizá pedir algo de comer, como lo haría cualquier grupo de amigos. Ésta era de las primeras misiones paparazzi de los cuatro e, inexpertos como eran, no estaban seguros de cómo se las arreglarían para tomar fotos. La adrenalina corría por sus venas. Muy probablemente el Estado Mayor Presidencial estaría ahí, vigilando.

Presas de los nervios, mal disimulándolos, llegaron al lugar. No encontraron seguridad especial. Si la había, era muy discreta. Bajaron las escaleras que llevaban al restaurante al aire libre, situado a un lado de la alberca, cual caballos con anteojeras.

Se acomodaron en las sillas, aterrados de voltear a su alrededor. Poco a poco se fueron relajando y se fueron animando a espiar, con el rabillo del ojo, a quienes compartían con ellos ese reducido y privadísimo espacio.

Casi se caen a la alberca cuando confirmaron que, efectivamente, los novios estaban ahí. Ceci y Alfie, ignorantes de los comensales al acecho, se hacían cariñitos recostados en el mismo camastro. ¡Ufff, eran el blanco perfecto! Sus últimos momentos de solteros.

En otra mesa estaban el exfutbolista Carlos Hermosillo y su esposa Aída, una de las hermanas de Alfie, y más tarde llegó Juan Cristóbal Salinas, hermano menor de la novia.

De pronto, el equipo paparazzi de *Quién* se encontró en medio de la acción. Entre que fingían tomarse fotos entre ellos y entre que se ayudaban con las blanquísimas servilletas de tela para tapar las cámaras, lograron material que nadie más tendría.

Por fragmentos de las pláticas a su alrededor, se enteraron de que Alfie se estaba hospedando ahí, en Casa Tamayo. Con una mirada periscópica ubicaron el *spot* perfecto para paparazzear discretamente. Ya no podían volver a presentarse así, tan descaradamente, pues levantarían sospechas.

El plan era que, al otro día, un fotógrafo y Jessica se escondieran entre la enredadera y los arbustos de la barda de la casa de enfrente del hotel para tomar la salida del novio, mientras que el otro fotógrafo y el reportero se lanzaban al lugar de la ceremonia para tomar las llegadas de los invitados.

Con esa idea en mente, pidieron la cuenta, pagaron y salieron rápidamente del hotel hacia la casa de enfrente, para ver si podían hablar con algún mozo que aceptara alquilarles la barda por un rato.

Para su buena suerte, sí lo había. Cuidaba una de esas tantas casas vacías que hay en Cuernavaca, cuyos dueños sólo ocupan uno que otro fin de semana. El mozo aceptó feliz de la vida rentarles la barda. ¿A quién no le entusiasma tener a dos cazacelebridades en su jardín y además recibir un dinerito extra por ello? Al hombre le pareció muy divertido, aunque les advirtió que si surgía algún problema, él se lavaría las manos.

Llegaron molidos al Camino Real Sumiya. Bendita confusión esa de los invitados con apellidos de abolengo. Los esperaban unas camas de sueño para descansar, pues era uno de los mejores hoteles de Cuernavaca, buenísimo para combatir el insomnio natural de esas noches de misión provocado por la incertidumbre del otro día y agarrar fuerzas para lo que vendría.

A lo largo de los casi ocho años (divididos en dos temporadas) que Jessica trabajó en *Quién*, siempre le pasó. El subconsciente la sometía a algo así como una "terapia de *shock*". Soñaba que la perseguían o que la cachaban tomando fotos. Tan sabia era su mente que, cuando despertaba de ese estrés, los nervios se habían ido y ella estaba lista para otra dosis de adrenalina.

Llegó el gran día. Los fotógrafos y reporteros de *Quién* estaban tan nerviosos que parecía que eran ellos los que se iban a casar. Se levantaron temprano, como siempre en esos casos. Eso sí, desayunaron como campeones, pues no sabían a qué hora probarían alimento de nuevo, y se lanzaron a sus puestos.

Fue especialmente para este viaje que los dos fotógrafos paparazzi de cabecera de la revista compraron *t-shirts* para todos de diseño camuflaje en una tienda de productos militares. A lo largo de los años resultaron ser muy útiles para diversas misiones paparazzi.

Jess y el fotógrafo que la acompañaba, ataviados con las camisetas de camuflaje que les quedaron pintadas, súper *ad hoc* para la ocasión, se apostaron en sus sitios. No obstante, no pasaron desapercibidos para toda clase de bichos que merodeaban por ahí y que los atacaron durante las casi tres horas que estuvieron detrás de la barda, incluidas arañas —a las que ella tenía una fobia horrible y ante las que aguantó estoica—, moscos que se dieron vuelo con sus piernas y brazos y hormigas coloradas, de ésas de buen tamaño, que se divertían recorriendo de arriba abajo sus ya asoleadas y picoteadas piernas.

El ataque de los insectos valió la pena. Tomaron con éxito la salida del novio, tras lo cual se lanzaron a la Calzada de los Estrada, en la colonia Vista Hermosa, en donde se encontraba el majestuoso jardín en donde Ceci y Alfie se darían el sí. Ahí los esperaban el otro reportero y el otro fotógrafo, que ya habían empezado con su labor.

Había alrededor de mil invitados —aunque la cifra oficial contó sólo seiscientos—, entre los que se encontraban entremezclados artistas, políticos y socialités como Jorge Kahwagi, los actores Juan Soler y Maki, Benny Ibarra y Celina del Villar, Mónica Noguera, Adal Ramones; los empresarios Emilio Azcárraga Jean y Bernardo Gómez; entre los políticos, Elba Esther Gordillo, Roberto Madrazo, Beatriz Paredes, Arturo Montiel, Jorge Emilio González (alias el Niño Verde), Manlio Fabio Beltrones, Carlos Hank Rohn, María de los Ángeles Moreno, Luis Téllez... La lista era de nunca acabar.

El gran ausente fue Luis Miguel. Todo mundo sabía que él y Ceci eran amigos —muchos decían que habían sido novios años atrás aunque ella lo había desmentido—, por lo que se rumoraba que él estaba invitado al huateque. Las apuestas de si llegaría o no estaban a la orden del día y le ponían sabor al asunto, pero él nunca llegó.

Supuestamente, toda la organización de la boda se había llevado a cabo con el mayor de los sigilos para evitar a la prensa incómoda. Entre las medidas de seguridad, cada invitación contenía un código de barras para evitar falsificaciones y se le había pedido a los invitados que se abstuvieran de llevar cámaras de ningún tipo, ni fotográficas ni de video.

Elementos del Estado Mayor Presidencial y de una empresa privada de seguridad vigilaban celosamente la entrada. Los invitados tenían que pasar por detectores de metal y deslizar su código de barras por escáneres especiales que desplegaban toda la información sobre el portador. Si ésta era correcta, los guardias del Estado Mayor los dejaban pasar.

Todos esos esfuerzos por mantener en secreto los detalles del evento fueron en vano. Miles de fotógrafos y reporteros aguardaban afuera, dispuestos a no regresar a sus respectivos medios con las manos vacías.

Ante la obstinación de la prensa, a unas horas de comenzado el evento, Paulo Carreño King, con quien Diana Penagos y Érika Roa habían tratado infructuosamente de negociar la exclusiva de la boda,[*] salió a atenderla. Aplicadísimo, les entregó a los periodistas un fólder con un comunicado y un *diskette* (sí, todavía existían) con dos fotos oficiales de los novios. Eso era lo único que todos los medios tendrían, excepto *Caras*.

---

[*] Ver "Cómo negociar con un Salinas y no morir en el intento".

Al caer la noche, cansados, insolados y picoteados, Jessica y compañía regresaron directo a la Ciudad de México con la satisfacción del deber cumplido.

Efectivamente, la competencia directa de *Quién* tuvo la exclusiva de la boda. Sus temores estaban bien fundados. La revista *Caras*, de Editorial Televisa, salió con una supercobertura. En cambio *Quién*, en su edición del 24 de abril de 2003, humildemente le ofreció al lector un extra que no encontraría en ningún otro lado con un pequeño "balazo" de portada, sin pretensiones, que decía: "Ceci Salinas, los detalles de la boda que no se pudo ocultar". El reportaje íntegro estaba compuesto por las fotos que Jessica y su equipo habían podido conseguir. Lo abría una foto de página completa de Ceci y Alfie abrazados en un camastro; el pixel reventado, pero en una foto paparazzi, uno puede darse esas licencias y sacrificar un poco la calidad de la imagen por la información que ésta aporta. Se podía ver a Carlos Hermosillo relajado platicando con su mujer y al novio con su portatrajes en la mano saliendo hacia la pérdida de su soltería.

Lo que ofrecía *Quién* era un vistazo a la intimidad de la pareja en su preboda. No era lo que todos en la revista hubieran querido, cero glamour, pero nada mal. Ya tendrían tiempo después de quitarse la espinita con la luna de miel.

Una venganza con sabor paparazzi

¿Para qué mentir? Los ánimos estaban muy caldeados en la oficina tras la exclusiva de la boda que Ceci Salinas le había dado a *Caras* llevándose la idea que *Quién* le había propuesto.

Aquel capítulo había golpeado el orgullo de toda la redacción, especialmente el de la editora de política y realeza, Érika Roa, que se tomaba muy en serio su trabajo. La cobertura paparazzi que Jessica Sáenz había hecho de la boda no había bastado para calmar sus ímpetus.

"¡Eso no se hace! ¡¿Cómo pudieron robarse nuestra idea?! Ni lo de la partida secreta me dolió tanto",[*] repetía Érika entre sollozos por toda la oficina, cual Lucía Méndez en *El extraño retorno de Diana Salazar*, como "un alma en pena que va arrastrando cadenas".

La escena de Érika lamentándose por toda la redacción y a punto de la depresión preocupaba a Blanca y a Diana, que dudaban si su editora de política se repondría para su propia boda en mayo, unas semanas después.

Sentada en su escritorio, Érika repasaba una y otra vez en su mente la conversación que Diana y ella habían tenido con Ceci y Paulo Carreño cuando negociaban la boda. Y de pronto, ¡zas! Vio la luz.

---

[*] Se refiere a la conversación filtrada entre la escritora Diana Pando y Luis Téllez, cuando éste era secretario de Comunicaciones y Transportes, en la que revelan que Carlos Salinas de Gortari se había robado la mitad de la partida secreta durante su mandato. La partida secreta era un ramo en el presupuesto del gobierno federal que el presidente utilizaba a manera de chequera personal.

Se acordó del énfasis insistente que Paulo había hecho en que Ceci y Alfie Gatica pasarían su luna de miel sólo en playas mexicanas. Ahí estaba la respuesta: "¿Luna de miel en México? Mis polainas. Claro que la hija de Salinas de Gortari jamás bañaría sus lindos pies en su luna de miel en una playa mexicana. Por supuesto que no", pensó Érika, quien conocía a la perfección el *modus operandi* y los gustos de las niñas bien en sus lunas de miel.

Entonces llamó, literal, a la "prima de una amiga" de Ceci que ella conocía. La amiga había sido invitada a la boda. "Dile que nos reciba unos minutos, que necesito desesperadamente su ayuda", suplicó Érika a su contacto. Poco después sonó su teléfono. "Listo, Eri, que nos puede recibir ahorita porque se va de viaje y regresa hasta dentro de tres semanas".

Érika y la "prima de una amiga" llegaron a la casona ubicada muy cerca de Lomas Virreyes. Esa cita era la única opción que tenía para sacarse la espina y no pensaba desperdiciarla.

La amiga tenía fiesta infantil en su casa, y aun así se dio tiempo para escucharlas. Cuando Érika terminó de contarle todo lo sucedido con la exclusiva de la boda en aquel triángulo odioso *Quién*-Ceci-*Caras*, la joven sólo le contestó: "No creo que pueda ayudarte, Eri, lo siento".

Salieron del lugar más rápido de lo que pensaron, pero cuando apenas iban en el auto, sonó el celular de la "prima de una amiga". "Dile a Eri que sólo le voy a decir dos palabras: Parrot Cay" y colgó.

Con eso fue suficiente para que Érika descifrara el destino de Ceci y Alfie en su luna de miel: la isla de dicho nombre que formaba parte del archipiélago Turcas y Caicos, localizado en el océano Atlántico, a casi novecientos kilómetros de Miami.

Llegó a la oficina con el semblante de siempre. Había recuperado la sonrisa y el color. Les pidió a Diana y a Blanca una reunión urgente. Éstas sabían que Érika no acostumbraba usar esa palabra a la ligera, así que dejaron lo que estaban haciendo y, todas oídos, se dispusieron a escucharla ansiosas y atentas.

Una vez reunidas las tres, Érika les compartió la información que había conseguido y les propuso cotizar a unos paparazzi de una agencia española para asegurarse de que lograrían su cometido. Esta vez simplemente no podía haber ningún contratiempo. Tenía que ser asertiva. Estaba empeñada en conseguir a como diera lugar la luna de miel de Ceci Salinas. Su honor como editora de política de la revista del corazón más importante de México estaba en juego. No había margen de error.

Era un hecho. Sus jefas sabían que no podían arriesgarse. Enviar al equipo paparazzi de la revista desde México les saldría más caro, además de que ya no había tiempo de organizar el viaje. Ceci y Alfie ya estaban de luna de miel. Perderles la pista era casi cuestión de minutos. La agencia española que Érika proponía tenía corresponsales en casi todo el mundo. En menos de lo que canta un gallo enviaría un fotógrafo local que, como habitante del lugar, lo dominaría como la palma de su mano.

En cuanto tuvo luz verde, Érika llamó a la que ya hasta se había convertido en su amiga de tanto comunicarse por chamba, la mujer que manejaba la importante agencia española. Y es que Érika le compraba muchas fotos para sus artículos de realeza. "Mercedes, necesito tu ayuda… ¿Me podrías dar precio-amigo-tercermundista?", le preguntó entre risas.

Dicha agencia tenía fama en la Madre Patria de contar con los paparazzi más temerarios. En su *book* podía presumir de fotos hechas a Felipe de Borbón con sus múltiples novias, Julio Iglesias, Alejandro Sanz y una lista interminable de VIP.

Érika y Mercedes acordaron en cuánto le saldría el encargo a la revista si se lograban las fotos y en cuánto si no. Cuando se recurre a los servicios de una agencia, ésta necesariamente tiene que cargar una cuota mínima, pues de cualquier manera, se consigan o no las fotos, tiene que pagar viáticos y honorarios al fotógrafo por el tiempo que él invierte en la misión entre las guardias, las persecuciones y la investigación de datos. Muchas veces, el no conseguir el material no depende de él. Hay gran cantidad de variables que influyen. Es como echar una moneda al aire.

Blanca buscó a John Reuter para que autorizara semejante presupuesto. Era un desembolso considerable que igual y no traería nada de regreso. El CEO de Expansión, sabiendo que el que no arriesga no gana, dio su visto bueno con un "*just do it, girls*".

Con la venia del jefe mayor, Érika coordinó y supervisó la misión día y noche. No tenía cabeza ni para su propia boda. Lo único que ocupaba su mente era la luna de miel de la hija de Carlos Salinas de Gortari.

Tres días llevaba el fotógrafo designado por Mercedes haciendo guardia y buscando a los recién casados en Parrot Cay, cuando Érika recibió una llamada alarmante: "Hay temporal y no los hemos visto. Creo que no lo lograremos". Era el paparazzi echando por tierra sus ilusiones.

"La esperanza es lo último que muere", se aferraba Érika al borde del colapso. Cuarenta y ocho horas después de esa llamada trágica, ya entrada la noche, su celular volvió a sonar. Era el fotógrafo: "Los tomamos en el aeropuerto. Tuvieron que adelantar su regreso porque viene un huracán. Volamos junto con ellos a Miami y de ahí se fueron a París. Estaban enojados y aunque pidieron champaña en el vuelo, apenas se hablaron".

"Mmmmm, mala señal para empezar su vida de casados", pensó Érika. Pero bueno, podrían estar enojados por verse forzados a interrumpir su luna de miel, era natural. No necesariamente significaba que había pleito entre ellos, por lo que decidió que esa información mejor se la guardaría y no la publicaría.

Al día siguiente, su mail rebosaba de fotos de Ceci y Alfie tan sólo una semana después de su boda, en el aeropuerto de Turcas y Caicos. Prueba superada. Érika estaba feliz. Puso manos a la obra porque apenas tenía tiempo de armar el artículo para que saliera en la siguiente edición de *Quién*, del 8 de mayo de 2003.

Una semana después, Érika llegó a la oficina como todas las mañanas. Un poco más contenta que de costumbre porque estaba en cuenta regresiva para su gran día y, habiéndose sacado la espina del episodio *Quién*-Ceci-*Caras*, podía dedicarse a los preparativos finales con toda la calma y disfrutar sus últimos días de soltera.

Prendió su computadora como siempre, cuando de repente, su correo electrónico empezó a arrojar lo que para ella fue como un regalo de bodas: fotos de Ceci y Alfie en París. Éstas eran mucho mejores que las de Turcas y Caicos. Eran las típicas imágenes turísticas, las clásicas fotos de dos enamorados en París.

Al ver aquella maravilla, Érika se comunicó inmediatamente con Mercedes.

—¿Y esto, Mercedes?

—Pues nada, que los hemos seguido, por si os interesa.

—¿Otra vez precio-amigo-tercermundista? —preguntó Érika encogida, como esperando el golpe.

—Jajajajaja, no os preocupéis, ¿vale?

Emocionada, Érika jaló a Blanca y a Diana a su pantalla. Primero que vieran el material, que se enamoraran de él, ya luego les soltaba el precio-amigo-tercermundista.

Por segunda edición consecutiva, Ceci y Alfie fueron protagonistas del cuadrito de portada de *Quién*. Por supuesto que la revista había pagado el precio-amigo-tercermundista de la segunda tanda de fotos.

Si la relación de *Quién* con Ceci Salinas no era la mejor desde que ella había posado y dado entrevista en los inicios de la revista y había quedado a disgusto con el resultado, ésta era la gota que derramaba el vaso. Las editoras de *Quién* lo sabían. Ni modo. Había que dar seguimiento a la pareja que había protagonizado la boda del año de la sociedad mexicana. Ésos eran los gajes del periodismo.

No se equivocaban. La "prima de una amiga" le contó a Érika que Ceci estaba furiosa, tanto que hasta pensó en demandar a la agencia de viajes que le había organizado la luna de miel pues creyó que alguien de ahí había filtrado la información. También estaba muy molesta porque, además, esas dos exclusivas contradecían lo que tanto se había dicho en los medios nacionales: que ella quería una boda austera y que su luna de miel sería en México. "Ella es muy sencilla", no se cansaban de repetir a la prensa en la oficina de Carlos Salinas.

En los inicios de *Quién*, Ceci Salinas había aceptado ser miembro del consejo editorial de la revista. Pese a los incidentes entre ambas partes, en la lista de consejeros había seguido su nombre al paso del tiempo. A raíz de la publicación de su luna de miel en dos ediciones consecutivas, Ceci renunció, mediante una carta, muy amablemente, a ser parte del consejo editorial.

Finalmente, todos en la redacción de *Quién* pudieron curar sus heridas y Érika salvar su honor y casarse sin pendientes. El que ríe al último, ríe mejor.

"¡Escóndete en el baño que ahí viene El Pelón!"

"**Y**o conozco a Gilda Deneken", lo dijo con voz muy baja como si estuviera haciendo una confesión clerical. Una de las tres editoras de sociales de *Quién* en aquella época, Yessica Cancino López-Dóriga, sobrina del periodista Joaquín López-Dóriga Velandia, tenía poco tiempo de haberse incorporado al equipo de la revista, pero había llegado con todo.

En aquella primavera de 2005, la joven rubia esperó a que concluyera la junta matutina de contenido editorial y buscó en privado a Diana Penagos, entonces editora adjunta de *Quién*, para revelarle su cercanía con uno de los temas surgidos en la lluvia de ideas: investigar sobre la viuda de Enrique Salinas de Gortari. Generalmente esas juntas no sólo servían para hacer estatus de los reportajes que se estaban trabajando y sugerir nuevos de manera que todos pudieran aportar su granito de arena, sino también para comentar las primeras planas de los periódicos y las portadas de revistas, el chisme de moda entre la alta sociedad mexicana y si valía la pena hacer algo sobre eso en la revista, así como de terapia grupal de temas personales a los que todos se sumaban de forma más que entusiasta: el o la que se iba a casar, la que no sabía qué ponerse en la fiesta de la noche, el o la que había roto con el novio o novia, la que estaba con la hormona a todo lo que da porque estaba embarazada, etcétera. Esas reuniones podían ser interminables. Diana hacía su mejor esfuerzo por mantenerlas a raya y acotarlas, pero las más de las veces fracasaba en su intento. Definitivamente, no era el mejor foro para el tema que Yessica quería abordar.

Una vez a solas con Diana, Yessica le dejó claro el alcance de los que conformaban su genealogía: "Gilda Deneken, la viuda de Enrique Salinas, es muy amiga de mis papás. Superamiga. También conozco a sus abogados. ¿Te late que les haga una entrevista?".

A Diana le brillaron los ojos. Poco le faltó para abrazar a Yessica. No cabía duda de que había sido una gran adquisición. El tema que traía era de esos que le encantaban, que le despertaban su vena periodística y en los que solía no descansar hasta conseguirlos. En ocasiones, los reporteros ya no querían ni abrir la boca porque ella los pescaba al vuelo.

Claro que la proposición de Yessica tenía implícita la respuesta afirmativa, aunque Diana sabía que salía de su *expertise*, que tendrían que ser extremadamente cautelosos y aprender todos juntos en el camino.

En aquel entonces, Hilda Aída Deneken Cacharro, mejor conocida como Gilda Deneken en el mundo del espectáculo, era la protagonista de una historia más policiaca que del corazón. La hermana de la cantante Lila Deneken había sido, durante una década, la pareja sentimental de Enrique Salinas de Gortari —el hermano menor de uno de los expresidentes más polémicos de México—, quien había sido asesinado el 5 de diciembre de 2004. Esa mañana, mientras Yessica y Diana platicaban tan quitadas de la pena, Gilda estaba viviendo una amarga pesadilla. Prácticamente nadie sabía su paradero. Había huido de México por el acoso de los medios y de la Procuraduría General de Justicia del Estado de México (PGJEM), que la había declarado como indiciada ("que tiene contra sí la sospecha de haber cometido un delito") por presunta falsedad de declaración en el caso del asesinato de Enrique Salinas de Gortari.

"¿Y dónde está Gilda?", le preguntó Diana a Yessica. "La tienen escondida en Estados Unidos. Tendríamos que entrevistarla allá", precisó ella.

Diana Penagos tragó saliva. Estaba frente a una historia apetitosa, sin duda, pero al mismo tiempo muy arriesgada para una redacción que no tenía ninguna formación en la fuente policiaca. Por si fuera poco, en el sistema jurídico mexicano existía mucha confusión en cuanto a datos y versiones sobre el homicidio del hermano de Carlos Salinas de Gortari. Había que hacer consultas, evaluar y tomar una decisión pronta, porque lo cierto era que también estaban frente a una de esas exclusivas que hacían temblar en sus centros la tierra.

La primera consulta fue, por supuesto, con Blanca Gómez Morera, editora general de *Quién*. Acababa de regresar de incapacidad por el nacimiento de su primera hija y había negociado horario de maternidad, o sea, de medio tiempo. Su hora de salida era a las tres de la tarde, por lo que todos los editores a su cargo se peleaban los espacios en su agenda de la mañana para poder verla personalmente y palomear pendientes.

La verdad es que ese medio tiempo era una falacia, porque Blanca estaba conectada día y noche, literal. Siempre estaba disponible por teléfono o correo electrónico, pero el asunto que Diana tenía que tratar con ella forzosamente tenía que ser en persona. Así que ese día, inmediatamente después de hablar con Yessica, ya estaba parada ante el escritorio de Blanca.

"¡Va, échensela!", dijo tan imperativa como entusiasmada la editora general de *Quién* en cuanto Diana la puso al tanto, no sin antes especificarle que no estaba segura de si sería portada, pues el personaje en sí, y el hecho de que se tratara de un asesinato, no se le hacía precisamente el perfil de la revista.

Diana no discutió. Una vez cruzado el primer semáforo, pelearía esa batalla a su debido tiempo.

El momento tardó en llegar. Yessica Cancino López-Dóriga, a quien eso del periodismo le venía de familia, en cuanto vio la posibilidad de conseguir la nota, se aventó el tiro con su jefa. Sin embargo, fue mucho más complicado de lo que pensaba. Ella era amiga de Xavier Oléa Trueheart, hijo del reconocido abogado penalista Xavier Oléa Peláez, cuyo despacho llevaba el caso de Gilda, por lo que supuso que en cuanto Xavier le tomara la llamada, sería sólo cuestión de poner fecha para la entrevista. Con lo que no contó fue con todos los asegunes jurídicos implicados. La primera respuesta que recibió fue un rotundo "no". Entonces vivió en carne propia lo que todos en la redacción llamaban el "marcaje personal de Diana".

—Mi querida Yess, ¿ya le hablaste a los Oléa? —eso era cada semana.

—Sí, Dianis, pero dicen que ahorita no es conveniente para Gilda hablar —era la misma respuesta cada vez, muy a su pesar, pues ella misma ya se había puesto aquello como reto propio. De que conseguía esa exclusiva, la conseguía.

Hasta que llegó el ansiado día:

—Dianis, pues no entiendo bien por qué, pero el chiste es que me dicen los Oléa que ahorita Gilda puede salir en medios, que vayamos a su despacho para que nos expliquen todo sobre el caso.

—Ya estás Yess, ¡para ayer!

Para entonces, Diana ya le había explicado a Yessica que por la naturaleza del tema, aunado a su reciente llegada a la redacción, lo mejor era trabajar en equipo. Es decir, sería asignado a ese reportaje el editor de política, Alberto Tavira, para que colaboraran durante todo el proceso. No quería herir susceptibilidades, pero estaban ante una cuestión muy delicada y no podían dejar cabos sueltos. Lo bueno es que en ese sentido, Yessica era muy alivianada y estaba muy lejos del típico celo periodístico de no compartir sus notas y sus fuentes.

La primera escala de Yessica, Beto y Diana fue en el despacho Oléa & Oléa Abogados, en Lomas Virreyes. Se trataba de una casa no muy grande, luminosa y hasta cálida para ser un bufete de abogados, sobre todo uno de ese calibre. Tenía fama de haber representado casos polémicos y a muchos de los llamados pesos completos.

Los Oléa eran cercanos a los Salinas de Gortari desde hacía mucho tiempo. Entre sus defendidos había estado Mario Ruiz Massieu en aquel legendario caso de las cuentas en Estados Unidos. De hecho, eran los Salinas los que estaban pagando sus honorarios para apoyar a Gilda.

Los recibió Xavier hijo, quien los hizo pasar a la oficina de su papá, previa presentación con su hermano, Alexandro Oléa Trueheart, para explicarles la situación jurídica de su clienta. Era un cuarto más bien pequeño, con un ventanal que daba a un agradable patiecito con plantas, ocupado casi en su totalidad por el escritorio de Xavier Oléa Peláez. Ahí estaba él, sentado detrás, esperándolos. Un señor de fuerte personalidad, cejón, con pelo cano y bigote. Les señaló las sillas delante de ellos, invitándolos a sentarse. Apenas alcanzaban para los tres periodistas, así que los dos Oléa hijos flanquearon a su papá, uno de pie y el otro a medio sentar en la orilla del escritorio.

—Gilda no está prófuga de la justicia —empezó Xavier Oléa Peláez con un tono de voz alto—. Está cuidando su libertad para evitar que con actos jurídicos sin fundamento y motivación pretendan detenerla, arraigarla o privarla de alguna forma de su libertad. Hoy en día, en contra de ella no hay ninguna imputación directa respecto de los hechos en los que perdió la vida Enrique Salinas de Gortari.

Dicho esto, los Oléa les dieron un curso intensivo para testigos a los representantes de la prensa rosa. A grandes rasgos, les explicaron los dolores de cabeza que probablemente iban a tener que pasar, pues, una vez que se publicara la entrevista, existía la posibilidad de que la PGJEM, a cargo de las investigaciones del asesinato de Enrique Salinas, los llamara a declarar para que informaran el lugar exacto en el que se habían reunido con Gilda Deneken. "Nosotros vamos a estar con ustedes y ustedes sólo tendrán que mostrar su pasaporte donde la procuraduría verá el sello del aeropuerto de destino." Les explicaron que no sería necesario que dieran más detalles, pues podían apelar a su derecho al secreto periodístico. "Para entonces nosotros ya habremos movido a Gilda a otro sitio."

Eso no tenía ningún tinte de periodismo del corazón. Parecía más bien periodismo del hígado.

Salieron de ahí procesando lo que acababan de escuchar. Los tres se subieron al coche en el que habían llegado para emprender el regreso a la oficina, que estaba muy cerca. En cuanto cerraron las puertas y Diana, que venía de chofer designado, arrancó, ésta rompió el silencio.

—Chicos, no los puedo obligar a seguir con esta nota. Que viajen sin saber adónde, que tengan que estar yendo a declarar… Ésta es una decisión bien personal. Ustedes deciden si quieren seguir.

—Yo sí le entro —dijo Yessica casi sin dejar terminar a Diana, aguerrida y atrevida como era.

—Ay güey, Diana Penagos. ¡Ingue su! ¡Yo también! —se unió Beto, quien jamás dejaría ir una nota como ésa.

Estaban advertidos de que no podría viajar nadie más que Yess, Beto y el fotógrafo; de que ellos no conocerían su destino hasta que llegaran al aeropuerto a tomar el vuelo, y de que no tendrían mucho tiempo, así que nada de que un día para entrevista y otro para fotos, todo se haría de forma simultánea.

Con ese saborcito rico de lo prohibido, llegaron los tres a la oficina, a darle la noticia al coordinador de foto de la revista, Víctor Ortiz.

—Vic, te vas de viaje con Beto y Yess —le dijo Diana así, casual, como restándole importancia, sabiendo que no era el más aventado de los fotorreporteros—. Vas a fotografiar a Gilda Deneken en un lugar desconocido.

—¡¡¿Qué?!! —exclamó Víctor sorprendido. Para nadie era un secreto la situación en la que se encontraba la expareja de Enrique Salinas y lo delicada que podía ser esa asignación.

Conforme Diana le iba explicando las razones por las que Gilda estaba cuidando su libertad, él se iba poniendo cada vez más lívido, hasta quedar más transparente que el cristal de un escaparate de una boutique de lujo.

—No, no, no, no. Yo no puedo ir. Yo tengo una hija —dijo aterrado.

—Jajajajaja, no te va a pasar nada —se rio Diana—. En dado caso, Beto y Yess se arriesgan más, porque son los que van a firmar el reportaje, y ellos ya aceptaron, ¿eh? Pero bueno, tú decides —le soltó intentando picarle la cresta—. ¿Eres el coordinador de foto de una de las revistas más influyentes de este país y vas a decir que no? ¡Imagínate qué currículum va a ser esto para ti, Vic! Pocas oportunidades hay para hacer reportajes de este nivel. No te lo puedes perder.

Debido a la secrecía que requería el tema, Diana no quería tener que contratar un fotógrafo externo para aquella misión y Víctor, siendo el responsable de las producciones, era el más capacitado para traer el mejor material gráfico bajo presión y en el mínimo de tiempo, pero estaba consciente de que él tenía que querer. Puso changuitos, esperando su respuesta.

Cuando Vic terminó por fin con el suspenso y le dio el sí, temblando y en voz apenas audible, Diana exhaló el aire que había contenido, le dio una palmada en el hombro y lo jaló a su escritorio para hacer la planeación gráfica del artículo. No pensaba darle ni un minuto de espacio al arrepentimiento.

Según les habían explicado, el lugar donde Gilda se encontraba no era suyo y ella no tenía nada propio ahí. No sabían cómo estaría la mujer físicamente. Al parecer, por lo que les habían adelantado los abogados, estaba excesivamente flaca. Decidieron que Yessica llevaría en su maleta algunos cambios de ropa, prestada a *Quién* por prestigiadas marcas, por si había oportunidad de ponérselos. Sabían que podían recibir críticas por eso, tanto la revista como ella, por tratar de manera superficial un tema tan escabroso, pero no era cosa de sacarla como un guiñapo. Uno puede sufrir dignamente. El chiste era que saliera lo más entera posible.

Víctor recibió la instrucción de tomar las fotos mientras Yess y Beto hacían la entrevista. Debía enfocarse en las expresiones de la cara de Gilda, en el movimiento de sus manos, en todo aquello que transmitiera lo que estaba sintiendo en ese momento. No sabían si habría tiempo o ella estaría en condiciones de posar expresamente.

Lo siguiente era poner al tanto a Blanca y a John Reuter, el CEO de Grupo Editorial Expansión. Para Diana era muy importante que en caso de que su gente fuera llamada a declarar, tendría todo el respaldo de la empresa. No quería dejarla desprotegida ni por un segundo.

Así se lo hizo saber. John y Blanca la contagiaron con su entusiasmo y la hicieron sentir confiada, misma confianza que ella transmitió a su equipo. Quería que se fuera lo más tranquilo posible.

Para minimizar el riesgo, John le pidió a Diana que le avisara en cuanto tuviera el texto en la mano para consultarlo con un abogado penalista muy picudo que él conocía y que los podría asesorar en cuanto al uso de los términos jurídicos.

En las primeras semanas de julio de 2005, en casa de los Tavira Álvarez prendieron una veladora blanca. La señora Beti Álvarez persignó a su hijo y lo encomendó a los santos más taquilleros antes de que tomara el taxi rumbo al Aeropuerto Internacional de la Ciudad de México Benito Juárez, donde se había quedado de ver con Yessica Cancino y Víctor Ortiz.

Los días previos, había sido tanto el miedo de Vic que todos temían que se arrepintiera y cancelara en el último minuto. Yessica y Beto respiraron cuando lo vieron aparecer en la terminal.

Yess no iba sola. En su bolso Louis Vuitton llevaba un dije con la imagen de la Virgen de Guadalupe a juego con una cadenita de oro. Era un regalo para Gilda de parte de la mamá de Yess.

Para que los representantes de *Quién* pudieran documentar su equipaje eran necesarios sus boletos de avión, los cuales llegaron de la mano de uno de los mensajeros del despacho de los Oléa, quien se apersonó en el área de mostradores de la aerolínea donde habían sido citados. Como si se tratara de un *rally*, fue hasta ese momento cuando supieron su destino: Houston, Texas.

Tras dos horas de vuelo, los Quiénes arribaron al territorio yanqui. Yessica y Beto estiraron las piernas, cruzaron el área de migración, se dirigieron a recoger su equipaje y se detuvieron más adelante a aguardar a un Víctor que, inesperadamente, desapareció.

El coordinador de fotografía de la revista no estaba ni en la fila de revisión, ni en los mostradores de los agentes de migración, ni en los baños, ni en el área de las bandas donde se recolectaban las maletas. No había rastro del encargado de capturar las imágenes de la exclusiva con Gilda Deneken.

"¡Puta madre!", se les escuchó decir fuerte y claro a los jóvenes que, una vez en el área permitida para teléfonos celulares, comenzaron a llamar con auténtica preocupación a Víctor sin ninguna respuesta.

Hicieron acopio de paciencia, autoconvenciéndose de que no le había pasado nada malo, que tarde o temprano aparecería. Carajo, estaban en el aeropuerto de Houston con miles de cámaras de seguridad, ¡no podía desaparecer!

Casi una hora después, que a Beto y a Yess les pareció un siglo, se manifestó, pálido y con los labios secos. Los de migración lo habían encerrado en un cuarto para interrogarlo en privado de manera incisiva debido a que, según ellos, con su pelo negro grueso muy corto, sus cejas pobladas, su barba sombreada y su tez morena clara, tenía los suficientes rasgos físicos de un árabe y, tras los ataques terroristas del 9/11, ameritaba una serie de preguntas que lo confirmaran o demostraran lo contrario. Su equipo fotográfico abonó a la falsa alarma. No había pan duro para el susto, por lo que el *shock* le duró varias horas. De los tres, era a él al que le tenía que pasar, al que menos quería ir, al que más miedo tenía. Ley de Murphy.

El acuerdo con los Oléa había sido que los de *Quién* se encontraran con ellos y con Gilda un día antes de la entrevista para que ella conociera a Beto y a Víctor y no sólo se generara un ambiente de más confianza, sino que también le adelantaran los temas que tratarían. Yessica era una pieza clave, porque a Gilda, ver una cara conocida, sentirse entre amigas, le daba tranquilidad y seguridad de que no se alteraría lo que ella declarara.

Así que la noche de su llegada, Xavier y Alexandro Oléa enviaron un taxi por ellos al hotel para trasladarlos al restaurante donde ya los esperaban junto con Gilda.

Sola. Devastada. Insegura. Ése era su aspecto. La presencia de sus abogados, así como la de la hija de su amiga Cristi López-Dóriga, le inyectó confianza. Luego de un pequeño preámbulo de introducciones, Yessica le dio el regalo que traía para ella. Sirvió para romper el hielo. Gilda se colgó al cuello el dije con la imagen de la Virgen de Guadalupe y a partir de entonces se sintió más protegida.

La música del lugar y el ruido de los otros comensales jugaban en contra del tono bajo de la voz de Gilda. Beto, quien había quedado a dos lugares de la otrora cantante, pidió cambiar de asientos con el fin de estar junto a ella en la mesa redonda y escucharla mejor. El camarero se acercó a tomar la orden. El lugar tenía buena carta, así que los hombres no se limitaron en cuanto a las calorías de los platillos. Yessica, quien siempre cuidaba la silueta, pidió una ensalada. Gilda, por su parte, no quiso comer. No tenía hambre. Tampoco tenía mucha energía. Se notaba débil. Había perdido mucho peso. Confesó que había llegado a pesar 39 kilos.

—Deberías pasarme la receta para estar tan flaca —le dijo Beto a Gilda en ese *lobbying* que en los inicios debería ayudar a generar empatía.

—No creo que te interese, mi querido Beto. Me están pretendiendo acusar de un delito que no cometí y me mataron a mi marido. Esa depresión es la que me tiene así y, créeme, no se la deseo a nadie.

Trataba de ser amable, pero Gilda estaba aterrada. La angustia le había hundido los ojos en el rostro. El pelo delataba que no había visitado el salón de belleza en probablemente un par de meses. Hablaba nerviosa y entrelazaba las manos la mayor parte del tiempo. Xavier y Alexandro eran quienes llevaban la conversación, ella únicamente intervenía para secundarlos. Frente al pan y el vino, Yess, Beto y Víctor escucharon por parte de los Oléa los puntos más importantes del caso que, de alguna manera, ya habían sido señalados previamente en la visita a su despacho en la Ciudad de México.

—¿Qué me vas a preguntar mañana? —le pedía un avance la entrevistada a Beto.

—Detalles. Me interesa mucho contar tu historia de amor con Enrique a través de los detalles. Esa misma minuciosidad será necesaria para reconstruir la escena de cómo te enteraste de su muerte.

Gilda de inmediato buscó la mirada de sus abogados con la misma rapidez con la que lo haría una niña que escudriña la mirada de su padre solicitando aprobación. Xavier asintió con la cabeza mirándola a los ojos con ternura: "No te preocupes, madrina, todo va a estar bien". Al abogado lo unía un lazo casi de parentesco con su cliente, y eso a ella la tranquilizaba.

Llegó el momento de la despedida. El equipo de *Quién* se iría en un contingente y el resto del grupo en otro. Gilda esperó hasta el final para despedirse de Beto, lo tomó de los antebrazos con las dos manos, lo miró a los ojos y, sin decir una palabra, le dio un abrazo durante varios segundos con las fuerzas que le quedaban. En ese choque de cuerpos había implícito un grito de auxilio; el llamado desesperado de una mujer invadida por el pánico, aferrada a la tabla de salvación que le permitiría contar al mundo su versión para comprobar su inocencia.

"Nosotros pasamos mañana por ustedes al hotel", fue la frase de los Oléa al partir. Despacharon a los de *Quién* en un taxi y, luego de cerciorarse de que se habían alejado lo suficiente, abordaron otro junto con Gilda con rumbo desconocido. Las coordenadas donde se llevaría a cabo el encuentro no habían sido reveladas "por seguridad". Y así, en secreto, se mantuvieron todo el tiempo.

Al día siguiente el equipo de *Quién* ya estaba listo a temprana hora en la recepción esperando a que pasaran por él. Esta vez, los hermanos Oléa llegaron en un coche grande, alquilado, de color negro y con chofer, a quien bajo ninguna circunstancia le indicaron la ruta una vez que los integrantes de la revista estuvieron a bordo. Él ya sabía hacia dónde se dirigía.

Ya próximos a su destino, los abogados les repartieron unos paliacates y les pidieron amablemente que se taparan los ojos "por su propia seguridad". Entre menos información tuvieran sobre el paradero de Gilda Deneken, mejor, por si los hacían atestiguar en la procuraduría mexiquense. Y así, cual *thriller* policiaco, vendados, Yessica, Beto y Víctor se dirigieron al punto de encuentro.

Muy probablemente el trayecto a ciegas no fue largo, sin embargo, para ellos, los minutos adquirieron la dimensión de la eternidad. Como es natural, anulado uno de los cinco sentidos, los otros cuatro se agudizaron, por lo que sentían los movimientos del coche de forma mucho más intensa. Cuando éste paraba debido a lo que ellos suponían era la luz roja de un semáforo, experimentaban una fuerte embestida. Olía a peligro. De pronto, con los nervios a flor de piel, los invadió una necesidad desbordada por llenar los silencios, así que Yessica y Beto comenzaron a parlotear de cualquier cosa, en una conversación que, para quienes los observaban, se asemejaba a un diálogo entre Stevie Wonder y José Feliciano.

"*We are here!*", exclamó el chofer, quien finalmente destapó los ojos a las víctimas de la oscuridad por orden de los abogados. Bajaron del coche y caminaron hacia un edificio moderno donde, tras cruzar la puerta de entrada, los recibió una mujer que, luego de saludarlos, los guio hacia el departamento donde se hallaba Gilda. El calvario para llegar a la entrevista ya era por sí mismo una crónica con personalidad propia.

"Me quedó horrible el pelo. No tengo dinero para irme al salón y tampoco puedo salir de aquí, así que yo me puse este tinte en la mañana y ¡mira nada más qué horrible me quedó!" Con la otra tragedia del tinte rubio rojizo dio la bienvenida Gilda a Yessica Cancino y a los otros dos integrantes de la revista, los cuales instalaron de inmediato las lámparas y aditamentos técnicos necesarios para comenzar con la sesión de fotos, pues habían sido advertidos de que tendrían poco tiempo.

El departamento era propiedad de unas amigas mexicanas de Gilda. Supuestamente, nada más se lo habían prestado para el encuentro con los de *Quién*. Sin embargo, en un mueble con estantes empotrado en la pared se podían apreciar algunos portarretratos con imágenes de ella y Enrique Salinas de Gortari en los años felices. Los periodistas nunca supieron si el lugar había sido acondicionado rápidamente para la sesión o si la estancia de Gilda en ese departamento había sido más larga y las imágenes la habían ayudado a mitigar las horas, semanas y noches de angustiosa soledad.

El espacio medía alrededor de cien metros cuadrados. Estaba completamente alfombrado y perfectamente montado con muebles sencillos pero modernos. La sala estaba tapizada en tonos claros, la mesa del comedor era pequeña y de madera. Todo lucía ordenado. Las paredes pintadas en color beige le daban cierta calidez al refugio de la mujer que era buscada por la procuraduría mexiquense.

El tiempo comenzó a transcurrir tenso y lento. Yessica y Beto platicaron con Gilda siempre en presencia de sus abogados, vigilantes, atentos a que no resbalara y dijera algo que entorpeciera el proceso jurídico.

"La Procuraduría General de Justicia del Estado de México ha aseverado a la prensa nacional que Gilda tiene o tuvo algún tipo de involucramiento o que ha omitido o falseado información dentro de la investigación, pero de eso no tiene ninguna prueba. Eso es falso", afirmó en entrevista grabada el mayor de los Oléa Trueheart, quien además enfatizó que Gilda no era prófuga de la justicia pues había tres amparos presentados contra actos de la procuraduría mexiquense. Estos amparos cubrían arraigo, petición de extradición y violación a la garantía de defensa. Sin embargo, los abogados temían que pese a ellos, la pgjem la privara de su libertad.

Cada una de las frases dichas por Gilda sonaba conmovedora, pero, sin lugar a dudas, el momento más emotivo del encuentro fue cuando narró el instante en el que se enteró de la muerte del que había sido su pareja por diez años. Los detalles le abrieron la herida hasta que no pudo más y rompió en llanto. Sus abogados le alcanzaron una caja de pañuelos desechables para que se secara las lágrimas. Y así, entre sollozos, continuó su historia hasta el final.

Emocionados hasta la médula, cuando llevaban casi tres horas de estremecedora charla, cuando ya habían tomado fotos de las fotos del álbum familiar de ella que muy cooperativamente les había enseñado —imágenes en las que salía con Enrique, con sus hermanas, con su hijo Bernardo—, ensimismados en la plática como estaban, Beto, Yessica y Víctor no se habían dado cuenta en qué momento Xavier había salido a tomar una llamada, la que provocó que intempestivamente interrumpiera la entrevista, empezara a guardar cosas como si tuvieran que salir corriendo y prácticamente los empujara hasta la puerta.

—¡Tenemos que irnos ahorita mismo! —exclamó Xavier—. Parece que la procuraduría ya tiene localizado este lugar.

—¡¿Y nosotros?! —dijo Beto alarmado.

—Ahorita los mandamos en taxi a su hotel, pero ¡vámonos! ¡Vámonos! ¡Vámonos!

Los Quiénes no sabían bien a bien lo que estaba pasando, pero, atendiendo a la advertencia que les habían hecho a su llegada a Houston de que entre menos supieran, mejor, optaron por no preguntar.

Víctor y Beto, como pudieron, mal guardaron el equipo fotográfico. Yessica empacó apresurada la ropa que había llevado prestada. Gilda, al borde del colapso, se precipitó a una de las recámaras para amontonar sus cosas en una maleta.

Llegó el taxi. Los de *Quién* salieron de cuadro a la velocidad de la luz y se subieron al *yellow cab*, seguidos por los abogados y su clienta, quienes abordaron el vehículo rentado.

Los dos reporteros y el fotógrafo se enfilaron hacia el hotel donde estaban hospedados con una única certeza: si en ese momento les hubieran puesto un aparato para medir la glucosa, éste habría certificado que el azúcar se les había subido hasta el cielo.

77

Mientras su equipo vivía lo más cercano a una película de acción que había experimentado en su vida, en México, Diana ya no sabía qué hacer para distraer los nervios y que el tiempo transcurriera más rápido. Yessica, Beto y Vic llevaban todo el día incomunicados, y ella no tenía ni idea de lo que estaba sucediendo.

Pasada la hora de la comida, intentaba concentrarse en la revisión de algunos de los artículos que saldrían en la próxima edición, cuando sonó su teléfono. "Dianita, te paso a John, le urge hablar contigo"; era Yola, la asistente de su jefe.

"*Hey*, Diana, hoy en la tarde nos va a recibir en su despacho el abogado que te dije. No importa que todavía no regresen *Beto* y compañía. Nos va a orientar, le vamos a preguntar todas nuestras dudas y nos va a decir qué cosas tomar en cuenta a la hora de escribir el texto. Nos vemos allá a las cinco." Diana colgó con sentimientos encontrados. Por un lado, oír a John preocupado, él que siempre era tan *cool* con los reportajes, la hacía sentir como cuando en el quirófano, el médico que está operando, en lugar de hablar con las enfermeras sobre futbol, su próximo viaje o que fulanita anda con tal doctor, tiene cara de angustia y permanece callado como una tapia. Quiere decir que algo malo está pasando. Por otro, que estuviera tan pendiente le daba tranquilidad de que no correrían ningún riesgo.

Apurada, cerró su cajón del escritorio, cogió su bolsa y se dispuso a partir. Faltaba mucho, pero no quería que el tráfico o algún imprevisto la hicieran llegar tarde. Mejor esperar allá. A punto estaba de salir cuando se acordó de que no le había avisado a Blanca. Se volvió a sentar y le marcó. "Ay, Dianis, cómo me gustaría ir con ustedes, pero ahorita de plano no tengo quién me cuide a la bebé. No te preocupes, les va a ir muy bien", y le dictó una que otra pregunta que ella tenía para que la consultara también con el abogado.

Ir sola con John acrecentaba sus nervios. Su trato con Blanca era de amigas, de lo más relajado, pero John le imponía. "¿Y si decía alguna estupidez enfrente de él y el abogado picudo? —pensaba—. Bueno, pues ya estaría de Dios", se autotranquilizó, se armó de valor y se lanzó a la dirección indicada.

Llegó con tiempo más que suficiente para buscar dónde estacionarse. Era una zona complicada. El bufete se encontraba entre Xola y Viaducto, ambas vías muy conflictivas casi a todas horas. La suerte estaba de su lado. Pronto encontró un lugar cercano. Sólo tuvo que caminar una cuadra hasta el edificio, típica construcción de años de la colonia Del Valle. Cruzó la puerta de acceso, apretó el botón del elevador y justo en ese momento llegó John, con sus amplias zancadas, *in a hurry*, como diría él.

"*Hey*, Diana", saludó. "Hola, John", contestó ella algo inhibida, y ambos entraron al elevador.

Tocaron la puerta del despacho y un hombre un poco más que maduro les abrió personalmente. Pelo y barba blancos, le dio un abrazo fraterno a John, quien le agradeció haberlos recibido tan rápido.

Los hizo pasar, cruzaron sin detenerse una pequeña salita y se instalaron en su oficina. Ésta sí era la típica oficina de abogado, no como la de los Oléa. Con mobiliario sobrio, el clásico de caoba y una buena vista a la Ciudad de México. Alrededor de una hora estuvieron ahí, tiempo en el que los asesoró de cómo plantear las preguntas y respuestas en el texto para que no tuvieran implicaciones jurídicas y proteger al equipo de *Quién*. También les dio un panorama general de lo que podía sucederles a Yessica, Beto y Víctor si los llamaban a declarar por parte de la PGJEM.

Sobre Gilda pesaban una orden de extradición y una orden de arraigo. Las autoridades mexiquenses sabían que estaba en Estados Unidos, pero no sabían bien dónde, probablemente en San Diego, por lo que los Oléa ya habían recomendado al equipo de *Quién* que al momento de publicar no revelara el lugar donde había sido la entrevista, porque si se giraba una orden de aprehensión en contra de ella, Yessica, Beto y Víctor podían quedar implicados en el caso, ser acusados de encubrimiento o de obstaculización del ejercicio de la justicia. El abogado conocido de John les confirmó esa posibilidad, no obstante recalcó que lo veía muy improbable.

Finalmente se ofreció a leer el reportaje cuando ya lo tuvieran listo, antes de irse a imprenta, para detectar cualquier inexactitud en términos jurídicos y aclaró muy prudentemente, anticipándose a las reservas que Diana pudiera tener, que no se metería para nada en el contenido, eso era totalmente de la cancha editorial.

Para esas alturas, estaba sobreentendido que la entrevista de Gilda Deneken sería portada. Ni siquiera se volvió a tocar el tema, era un hecho.

Cuando Beto, Yessica y Víctor se asomaron por la oficina a la vuelta de su aventura, su cara era de alivio. Y más lo fue cuando Diana les contó sobre su encuentro con el abogado que conocía John.

Ni tardos ni perezosos se pusieron a escribir y a escoger fotos. Un Víctor triunfante les enseñó las que había logrado. Pese a todo, había cumplido con el objetivo encomendado: traía en imágenes los momentos clave de la entrevista. Gilda limpiándose las lágrimas con un kleenex, su manos huesudas entrelazándose nerviosamente y luciendo el anillo de compromiso que Enrique le había dado, ella con los abogados… Había hasta fotos de *backstage* de Víctor retratándola que había tomado Beto. Ésas servirían para la carta editorial.

El resultado: once páginas desmenuzando el caso desde una perspectiva del corazón. Lo habían logrado. Yess había entrado a *Quién* con el pie derecho.

Vino la segunda visita al abogado amigo de John. Esta vez Beto y Diana le llevaban el reportaje para su asesoría. No fue gran cosa, uno que otro cambio en los tiempos verbales, en frases donde había que suponer y no asegurar porque no tenían la certeza de que así fuera… En fin, cosas de abogados.

De esa visita, lo que más grabado se le quedó a Beto fueron las esculturas de Javier Marín que mostraban su magnificencia en los espacios que habitaban.

El 22 de julio de 2005 se publicó en la revista *Quién* la entrevista exclusiva de Gilda Deneken que realizaron Yessica Cancino López-Dóriga y Alberto Tavira. La foto de portada reflejaba el infierno que atravesaba, y ése fue precisamente el titular: "El infierno que vive Gilda Deneken". Se veía a una Gilda escuálida, de unos escasos cuarenta kilos, con gesto adusto y los brazos cruzados. La cara demacrada y el pelo en un tono rojizo que alucinaría todos los días de su vida.

Como estaba vaticinado, el reportaje causó un gran revuelo. No era para menos. Por primera vez la viuda de Enrique Salinas de Gortari relataba en un medio de comunicación cómo su sueño se había convertido en pesadilla.

El artículo presentaba fotos y una serie de preguntas y respuestas realizadas desde el lugar donde se encontraba oculta en Estados Unidos. En la carta editorial, la Penagos advertía al lector que más allá de la telaraña política y jurídica, a los editores, en tanto narradores de historias humanas, les importaba atestiguar el drama de aquella mujer "cansada de soportar tanto dolor". Y agregaba:

> Hace tiempo su mamá le dijo que no se relacionara sentimentalmente con un político y hoy, muchos años después, estas palabras le suenan a profecía. Aunque su compañero Enrique Salinas de Gortari no era servidor público, sí vivía muy cerca del poder. Esta proximidad resultó desfavorable, inconveniente y causante de lágrimas [...] Hasta ahora, Gilda ha sido mesurada frente al tema, pero hoy accede a compartir con nosotros los detalles de su luto y los buenos recuerdos que guarda en su expediente personal del corazón.

La boca del abogado conocido de John fue de profeta, porque a ninguno de los que participaron en el reportaje se les llamó jamás a declarar. En realidad no había por qué, pues nunca se le pudo fincar acción penal a Gilda, y el de Enrique Salinas pasó al legajo de los casos sin resolver.

En aquel verano de 2005, Grupo Editorial Expansión —al que pertenecía *Quién*— estaba en proceso de incorporación a Time Inc., que a su vez era parte del conglomerado de medios de comunicación Time Warner.

Fue precisamente a través de los directivos de esta multinacional que se logró que el hombre que gobernó México de 1988 a 1994, Carlos Salinas de Gortari, diera una plática sobre economía y negocios a los mandos más altos de Expansión. Dicho encuentro se realizó en una de las salas de juntas del Grupo. Al finalizar, el CEO de la empresa, John Reuter, y los más inmediatos subalternos en el organigrama corporativo tuvieron

81

el bonito detalle de darle un recorrido al expresidente de México por algunas áreas de las oficinas. Para muchos fue un verdadero *shock* ver pasear tan campante por las instalaciones a "El Pelón", como le llamaban coloquialmente los mexicanos. Y es que a pesar de que la comunicación dentro de la organización siempre fue transparente y fluida, particularmente de esta visita no tenían conocimiento los empleados, con excepción de los convocados, quienes manejaron absoluta confidencialidad.

Una de las paradas obligadas del exjefe del Ejecutivo era la redacción de la revista *Quién*, ubicada en el segundo piso del edificio principal. En aquellos años, el editor de política de la revista, Beto Tavira, ocupaba como sitio de trabajo un cubículo localizado en el pasillo que conducía hacia los lugares del resto del equipo. Compartía ese espacio, al que todos en la redacción apodaban la "isla de los miembros" por ser dos hombres los que la habitaban, con el editor de espectáculos internacionales, Juan Luis Rodríguez Pons, quien, sorprendido, le avisó a su vecino de la inusual presencia de tan distinguido visitante: "¡Lo acabo de ver en la explanada, creo que viene para acá! ¡Viene con John y con todos los directores!".

Por si no fuera suficiente, la editora de sociales, Añú Cervantes de Ovando, quien había ido por un café a la planta baja, subió presurosa hasta el lugar de Juan Luis y Beto para confirmar lo antes dicho: "¡Ahí anda Carlos Salinas! ¡Anda preguntando por ti, Alberto Tavira!". Dicho esto, los tres se asomaron por el pasillo y pudieron observar cómo a pocos metros de distancia subía por las escaleras el expresidente mexicano con los meros meros de la empresa.

—Viene a verte por lo de la entrevista que le hiciste a Gilda Deneken —le dijo Añú a Beto con la suficiente seriedad como para provocarle un infarto agudo de miocardio.

—¡Rápido, métete debajo del escritorio! —le aconsejó Juan Luis, también desconcertado.

—¡Nooooo! ¡Ahí me va a ver! —les respondió Beto, ya para entonces visiblemente nervioso.

—¡Córrele al baño! ¡Escóndete en el baño, que ahí viene El Pelón! —le ordenó Añú—. ¡Pero córrele que ahí viene!

La editora de sociales se esfumó abruptamente. Juan Luis dio la espalda al pasillo y fingió estar en una llamada telefónica. Beto, sin el control de su conciencia, siguió las recomendaciones de sus colegas y se fue a paso veloz al baño de hombres. Se metió a un gabinete, se sentó en la taza y subió los pies con el fin de que, en el caso que alguien entrara a buscarlo, no pudiera verlo si se asomaba por debajo de la puerta.

Diana Penagos recibió a Carlos Salinas de Gortari cuando éste llegó a la isla principal de la redacción de *Quién*. Después de las presentaciones y los saludos de rigor, envalentonada como siempre, la editora adjunta le mostró la revista que traía en portada a Gilda Deneken hablando de su relación con Enrique Salinas de Gortari y le preguntó si ya la había visto.

Carlos Salinas se puso serio y sólo respondió: "Sí, gracias, ya la leí. No sean malos, ya dejen en paz a mi familia". Diana no tuvo tiempo de réplica. No había previsto esa contestación. Se quedó pasmada con el ejemplar en las manos. El expresidente de México se evaporó dejando la misma estela de misterio con la que había llegado.

A todos se les había olvidado avisarle a Beto que El Pelón ya se había ido. Los minutos pasaban lentamente para él, entumido en el baño, hasta que por fin Juan Luis se acordó y fue a decirle que ya podía salir. De inmediato se dirigieron adonde se encontraba todo el equipo de *Quién* conmocionado por los ataques de risa. Aquello era un concierto de carcajadas. Fue la novatada del editor de política, quien en esas fechas estaba por cumplir su primer año en la revista. La broma se convirtió en una de las más memorables de aquella redacción.

La furia de Raúl Salinas de Gortari
por los nueve divorcios y un funeral

Capaz de hacer con un pequeño pedazo de periódico un reportaje de portada, Alberto Tavira Álvarez recortó desesperadamente con unas tijeras una de las notas más pequeñas que traía el *Reforma* en su primera plana del 28 de febrero de 2008.

El editor de política de la revista *Quién* se encontraba la mañana de aquel día en su cubículo de la redacción revisando los temas que traían las publicaciones de la competencia —que en ese entonces eran *Caras* y *¡Hola!*—, y una vez que comprobó que no había ninguna historia a la que hubiera que reaccionar de manera inmediata, pasó a la lectura de las primeras planas de *Excélsior, El Universal* y *Reforma*, periódicos a los que estaban suscritos los editores de la revista con el fin de que estuvieran al día en materia informativa.

La nota que, comprensiblemente, no era la más importante para el *Reforma*, hizo que se le dilataran las pupilas al integrante del equipo de *Quién* que no daba crédito con el titular: "Exhiben a Raúl Salinas ante el MP". El cronista de la familia Salinas de Gortari y su saga —desde el ángulo del periodismo del corazón— continuó la lectura con esa curiosidad que provoca que los ojos se desorbiten y se deslicen como yoyo hacia el papel impreso por las rotativas. El cuerpo de la noticia era suculento: la esposa de Raúl Salinas, Paulina Castañón Ríos Zertuche, había presentado ante la Cuarta Agencia del Ministerio Público una constancia de hechos "que podían constituir el delito de lesiones", según había quedado consignado en el expediente 133/08-02, en la delegación Miguel Hidalgo, el 27 de febrero de 2008.

85

Paulina había mandado una copia de la denuncia al *Reforma*, que la había publicado al día siguiente. De acuerdo con lo dicho por la señora Castañón, los hechos habían iniciado con una discusión en tono menor, que se había agravado hasta terminar en violencia física y empujones, mediante los que Raúl Salinas había echado a Paulina del domicilio conyugal. "Raúl Salinas de Gortari perdió el control, insultó a su aún esposa, Paulina Castañón, la sujetó del brazo y la sacó a empujones de su residencia de Lomas de Chapultepec", refería el periódico. Esta escena tomó por sorpresa al reportero, quien no tenía indicios de que hubiera una crisis matrimonial en la pareja. Sin embargo, una vez que terminó de leer la última línea del último párrafo supo que estaba frente a la antesala del divorcio. Recordó la frase de su abuela: "Cuando los ricos están dispuestos al escándalo, están dispuestos a todo". Ahí sí había una historia a la que había que reaccionar de manera inmediata.

El editor de política sacó las tijeras del cajón de su escritorio. Recortó el pedazo de papel con la noticia, sabedor de que en cualquier momento alguien de su equipo podía tomar el ejemplar del *Reforma*. A pesar de que existía la posibilidad de encontrar la misma información en la edición digital del diario, Beto quería pegar con un diurex el recorte del periódico en el monitor de su computadora. Y es que el joven reportero acababa de leer el libro *El secreto*, de Rhonda Byrne, y pretendía poner en práctica una de las lecciones aprendidas sobre el cartel de visualización que, a grandes rasgos, consistía en colocar en un lugar visible la imagen de lo que se pretende atraer o conseguir. Le quedaba claro que el desenlace de esa historia tenía que ser contada por él.

Con recorte en mano, acudió al lugar donde todos los feligreses de la redacción se dirigían previo a emprender cualquier misión con el fin de tener una especie de bendición por parte de su líder: la oficina de Diana Penagos. Más tardaba cualquier miembro del rebaño en contarle a la Penagos de qué iba su respectiva historia periodística, que lo que tardaba la Santa Patrona en dar ideas, instrucciones y hasta el *deadline* para ver el milagro de esas historias impresas en papel. Y la del culebrón de Raúl Salinas y Paulina Castañón, por supuesto, no fue la excepción.

Diana instruyó a Beto para que de inmediato buscara a los protagonistas y les ofreciera el foro de *Quién* con el fin de que contaran sus respectivas versiones. Ése era el escenario ideal. Sin embargo, en estos casos siempre existía el "plan B" por si el primer camino no generaba los resultados esperados. En la segunda opción era necesario hacer un "armado", el cual consistía en crear un reportaje con la nota reciente apelando al recurso de la información y fotografías ya existentes. El valor agregado de *Quién* en esta alternativa era la forma de contar las historias y presentarlas en su empaque final. Una fórmula que incluso fue el eslogan de la publicación durante un tiempo: "*Quién* te lo cuenta mejor".

Beto siguió las instrucciones. Pero en esta ocasión comenzó por el acopio y redacción del mayor material de archivo posible. Estaba consciente de que la primera llamada a cualquiera de las dos familias significaba el ingreso a una cuna de lobos que, durante el proceso de recopilación de información, podrían contribuir a obstaculizar el acceso a la misma de manera directa o indirecta.

La tarde del mismo 28 de febrero de 2008 que se publicó la nota titulada "Exhiben a Raúl Salinas ante el MP", el ingeniero mandó una carta al periódico *Reforma* solicitando ejercer su derecho de réplica, la cual salió publicada en el mismo medio el 29 de febrero. Decía lo siguiente:

En relación a la nota aparecida en la primera plana de ayer, en la que se refiere a mi persona, le ruego atentamente publicar la siguiente aclaración: Todo este tema de mi situación personal matrimonial es profundamente íntimo y doloroso, particularmente porque para mí, todo lo que se refiere a la señora Paulina Castañón tiene que ver solamente con una imagen de amor y respeto, lo que me hace absolutamente incapaz de cometer cualquier tipo de agresión en contra de la señora Paulina. Durante más de 14 años he amado cada día a la señora Paulina, por lo que haré todo lo posible para que pronto se resuelva esta dolorosísima situación para el bien, en primer lugar de la señora Paulina, por sus hijas que sólo merecen lo mejor y por todos mis seres queridos que están sufriendo al igual que nosotros.

Raúl Salinas de Gortari

Beto también recortó esta nota del periódico y se volcó hacia la génesis de la relación. Comenzó por narrar que Paulina Castañón Ríos Zertuche y Raúl Salinas de Gortari se habían conocido en noviembre de 1992. Habían sido presentados en una comida en el rancho del empresario Juan Sánchez Navarro, en el estado de Hidalgo. Tanto ella como él estaban divorciados, así que el hermano mayor del entonces presidente de México, Carlos Salinas de Gortari (quien gobernó al país de 1988 a 1994), le pidió el teléfono y se lanzó al ruedo para conquistar a la hija de Consuelo Ríos Zertuche, quien anteriormente había visto casar a sus dos hijas, Eugenia y Paulina, con los hermanos Díaz Ordaz: Gustavo y Alfredo (q.e.p.d.), respectivamente.

Es decir, Paulina Castañón había estado casada con Alfredo Díaz Ordaz Borja, el más chico de los tres hijos del expresidente Gustavo Díaz Ordaz y su esposa Guadalupe Borja. De esa relación nacieron dos hijas: Paulina y Andrea. La biografía oficial de Alfredo decía que se había dedicado a la música como productor y compositor; en la no oficial, se contaba que aún casado había iniciado una relación sentimental con la integrante del grupo juvenil Timbiriche, Thalía Sodi Miranda, a quien había ayudado en su lanzamiento como solista, y que a partir de eso Paulina Castañón le había pedido el divorcio y, con ello, había puesto fin a dieciocho años de matrimonio.

Por su parte, Raúl Salinas de Gortari venía de dos matrimonios: el primero, con Ana María Pasalagua Branch, con quien duró diez años de novio, diez de casado y tuvo a sus dos únicos hijos, Mariana y Juan José; el segundo, con la chilena Gladys Franco, una doctora en Economía con quien anduvo alrededor de una década. Hasta aquí el reportero de *Quién* había consignado las historias de amor oficiales. Pero como diría el conductor del programa de televisión *Siempre en Domingo*, Raúl Velasco: aún había más. Antes del flechazo con Paulina Castañón, Raúl Salinas había sostenido un noviazgo con María Bernal, a quien había conocido en junio de 1992 en Sevilla. Tras haber vivido un tórrido romance durante aproximadamente un año, Raúl le había pedido matrimonio. Entonces ella se fue a España por sus pertenencias pero, cuando regresó a México, en febrero de 1993, María se encontró con una sorpresa que casi le provoca un infarto: él iba a casarse con otra mujer, Paulina Castañón Ríos Zertuche. Según cuenta la española en sus memorias (*Raúl Salinas y yo. Desventuras de una pasión*, Editorial Océano), aunque la amaba, Raúl no se casó con ella porque pretendía ser gobernador de Nuevo León —cosa que no sucedió— y sus hermanos lo presionaron para que se casara con alguien más *ad hoc* a su nivel social y a sus aspiraciones políticas.

No tenía duda. Luego de estar parado en los episodios anteriores, Beto reafirmó que estaba frente a una historia con todos los ingredientes de un melodrama. Ahora sí era el momento de buscar a Paulina y Raúl, así como a su círculo cercano, para tener el resto de las piezas del rompecabezas. Y así lo hizo. En el nombre de la revista *Quién*, comenzó por llamar al territorio salinista. Específicamente lo hizo al número de teléfono localizado en el despacho de la casa de Raúl Salinas, en las Lomas de Chapultepec. En esa línea contestaba como primer filtro Teresa Peña, la asistente particular de Salinas, una mujer que desde la salida del ingeniero de la cárcel —donde estuvo recluido diez años acusado de los delitos de enriquecimiento ilícito y de ser el autor intelectual del asesinato de José Francisco Ruiz Massieu, acusaciones de las cuales fue absuelto el 14 de junio de 2005— se había convertido en el enlace entre el mayor de los hermanos Salinas de Gortari y el editor de política de *Quién*. A pesar de todos los argumentos posibles no fue fructífera la proposición del periodista. "El ingeniero no tiene comentarios al respecto", le informó Teresa, quien, leal a su jefe, tampoco quiso dar detalles *off the record* de la separación-forcejeo-maltrato-divorcio de la pareja.

Acto seguido, Beto llamó por teléfono a Paulina Díaz Ordaz, hija de Paulina Castañón, con el fin de poder obtener alguna declaración de su mamá. "Sus abogados ahorita no le permiten hablar con la prensa", le dijo ella desde el otro lado del auricular. En ese momento tampoco cooperó con detalles. Simplemente con un par de monosílabos confirmó lo que se sospechaba a kilómetros de distancia: el divorcio de Raúl Salinas y Paulina Castañón estaba sobre la mesa.

El joven reportero sacó su agenda de contactos y llamó a familiares, amigos y enemigos de la pareja tratando de conseguir más información sobre la inminente separación de los Salinas-Castañón. Entrevistó a unos, recibió correos electrónicos de otros… A cuentagotas fue reconstruyendo la escena donde todos los consultados coincidieron en que la causa del enfrentamiento era el dinero.

A nadie le quedaba la menor duda de que Paulina y Raúl estaban en combate. A la luz de los reflectores del ring, la Castañón dio un gancho al hígado a su todavía marido y le hizo llegar al *Reforma* una copia de la denuncia levantada en la delegación Miguel Hidalgo. El periódico publicó en su edición del 1 de marzo los detalles del incidente junto con el parte médico que dejaba constancia de las marcas de la agresión de la presunta víctima:

> Él [Raúl Salinas de Gortari] perdió el control y sacó de mi recámara mis pertenencias personales, diciéndome que las iba a sacar a la calle. Cuando yo traté de calmarlo, él empezó a insultarme con palabras hirientes, que me fuera de la casa […] Yo todavía traté de calmarlo, pero me empujó hacia la puerta, me sujetó del brazo y a empujones me sacó a la calle […].

Los familiares de ambos dieron a Beto la información inédita gracias a la cual llegó a las causas del rompimiento. En su edición del 21 de marzo de 2008, la revista *Quién* publicó en su portada: "El divorcio de Raúl Salinas. Las verdaderas causas de su ruptura con Paulina Castañón". En dicha entrega, Beto había dejado claro, por decirlo en pocas palabras, que el hermano del expresidente de México y su esposa habían sobrevivido a infidelidades, arrestos, encarcelamientos, muertes y traiciones, pero no habían podido sobrevivir a la convivencia diaria luego de que él había sido liberado de la cárcel. Los años de separación habían dejado huella: él ya no era el hombre con el que ella se había casado y viceversa. Ambos estaban frente a un desconocido y por eso habían decidido terminar, no sin antes darse hasta con la cuchara por los ceros en sus cuentas bancarias, que cada uno defendió como José López Portillo defendió al peso: como un perro.

La carta editorial de ese número no tenía desperdicio. Diana Penagos tuvo a bien hacer un juego de palabras con la película *Cuatro bodas y un funeral* y había destacado como primer extracto: "Los Salinas de Gortari están marcados por el drama: llevan nueve divorcios y un funeral". Había costado trabajo llegar a ese ángulo, pero finalmente, gracias a la lluvia de ideas de parte de su equipo, la editora general de *Quién* había logrado presentar la numeralia de los asuntos del corazón de los cinco miembros de una de las dinastías más polémicas de México: Raúl, Carlos, Adriana, Enrique (q.e.p.d.) y Sergio Salinas de Gortari. El texto de la Penagos daba inicio así: "'Hasta que la muerte los separe'. Raúl Salinas Lozano y Margarita de Gortari cumplieron con esa máxima; por el contrario, ninguno de sus hijos pudo seguir sus pasos".

Ya con la revista distribuida en puntos de venta, Beto Tavira pudo dormir en santa paz. Habían sido días de trabajo demandante, investigación ardua, desvelos, tensión y, como siempre, el verdugo del tiempo que no daba tregua en una publicación catorcenal como *Quién*. Hubo un momento de respiro luego de un reportaje que, por su naturaleza, había resultado agotador.

Una semana más tarde, la calma llegó a su fecha de caducidad. El editor de política recibió una llamada en su celular directamente de Raúl Salinas de Gortari, quien, según el identificador de llamadas, se comunicaba desde su móvil, previamente registrado por el periodista. Beto contestó esperando escuchar a algún asistente que lo comunicaría con su jefe, pero la voz era la del mismísimo ingeniero Salinas, quien estaba FU-RIO-SO. Con el volumen de voz elevado, le hizo saber al autor del reportaje que se encontraba sumamente molesto con lo que había publicado; qué cómo era posible que hubiera escrito eso de él, de su familia; que no tenía escrúpulos; que había faltado a la ética periodística; que no era un profesional, etcétera, etcétera, etcétera.

Alberto Tavira se fue de espaldas literal y metafóricamente en la silla de su oficina. No sabía qué responder ante las frases que salían como disparos de metralleta desde lo más profundo de la garganta del hombre que había sido involucrado como autor intelectual en el asesinato de José Francisco Ruiz Massieu. El ingeniero no le daba oportunidad de responder a nada. Tampoco bajaba el volumen de voz. "Lo más irresponsable de su parte —le dijo Salinas a Beto, a quien siempre le hablaba de usted— es que haya puesto que mi familia lleva nueve divorcios y un funeral. ¡Es usted un tendencioso!"

Apenas se le acabó el aire a Raúl, Beto se apoderó del escaso silencio para argumentar que ésa era la naturaleza de la revista: mostrar el ángulo más humano de los personajes públicos. Pero Salinas volvió a tomar aire y, con el tono del principio, arremetió nuevamente: "¡¿Por qué no dice que en mi familia hay tres generaciones de doctorados en Harvard [su papá Raúl Salinas Lozano, su hermano Carlos Salinas de Gortari y su sobrino Emiliano Salinas Occelli]?! ¡¿Por qué no dice que mi hermana Adriana es impulsora del arte mexicano?! Si quiere hablar de números, señor Tavira, ¡hable del número de libros que hay en cada una de las bibliotecas personales de mi familia! Quiero que sepa que estoy muy molesto con usted". Dicho esto, Raúl Salinas de Gortari colgó el teléfono. Beto Tavira en ese momento tuvo incontinencia fecal.

Los números de la carta editorial habían sacado de sus casillas al mayor de los Salinas de Gortari. Ni la foto del reportaje principal donde aparecía sin camisa en la proa de un barco con María Bernal sentada en sus piernas; ni el recuadro en el que se mostraba a Paulina Castañón arrestada en Suiza al intentar disponer de 84 millones de dólares de una cuenta bancaria con un pasaporte a nombre de Juan Guillermo Gómez Gutiérrez, pero con la foto y firma de Raúl; ni la foto del funeral de su hermano Enrique (asesinado en 2004), donde se muestra llorando a Carlos Salinas, desató la furia de Raúl tanto como la numeralia de la carta de la página cuatro.

Durante las dos semanas que el ejemplar de la revista estuvo a la venta, Beto tuvo que recurrir a los tés naturistas que lo indujeran al sueño por las noches. Tanto Blanca Gómez Morera (directora editorial de revistas femeninas de Expansión) como Diana Penagos estaban en sintonía de la gritoniza que le había propinado el ingeniero Salinas. Una alegaba que le hubiera dicho que si había información incorrecta en el texto publicado ejerciera su derecho de réplica que, como todos los datos estaban confirmados, no se iba a atrever; la otra, que le hubiera dicho que para filtrarle las fotos de sus comidas de cumpleaños a un reportero "tendencioso", para eso sí estaba bueno. El resto de los editores de *Quién* lo tomaron con sentido del humor.

A principios de abril de ese mismo 2008, ya con esa edición de la revista fuera de circulación, Teresa Peña se comunicó con Beto para decirle que su jefe, el ingeniero Salinas, lo quería invitar a tomar un café en su casa. El editor de política volvió a apretar los esfínteres pero, ya con la cabeza más fría, declinó la invitación con el argumento de que la última ocasión, Raúl Salinas había sido muy altanero en el teléfono y no había dado ni siquiera la posibilidad de entablar un diálogo; que le parecía irrespetuoso que le colgara el teléfono. Ella le explicó que precisamente el objetivo del encuentro era que Raúl le pidiera disculpas, que el ingeniero se las quería manifestar personalmente. Beto no dio una respuesta de inmediato y pidió a Teresa que le llamara más tarde. En cuanto colgó, corrió a consultarle a Diana Penagos qué procedía. Ella le recomendó acudir al llamado de Salinas. "Acepta sus disculpas —aconsejó la editora de la revista—, pero pon mucha atención en lo que te diga. Yo creo que hay algo más que una buena intención, pues de entrada te está llevando a su terreno."

El 8 de abril de 2008, Beto Tavira se apersonó en la propiedad de Raúl Salinas de Gortari ubicada en el número 1765 de la avenida Parque Vía Reforma, en las Lomas de Chapultepec. Era la misma casa donde el 24 de junio de 2006 se había celebrado la segunda boda de Mariana Salinas Pasalagua, hija de Raúl.

El joven reportero fue dirigido a la biblioteca por Teresa Peña. En cuanto Beto cruzó la puerta del lugar comprobó lo dicho por Raúl: en ese espacio habitaban miles de libros perfectamente acomodados, se les notaba en el lomo que estaban catalogados y se encontraban distribuidos en dos pisos de libreros elaborados con finas maderas. En los espacios sin libreros había paredes de doble altura en las que colgaban trofeos de cacería y alguno que otro cuadro de los que Raúl pintó durante los años que estuvo en la cárcel y que más tarde formarían parte del libro *Pinceladas de libertad*.

Raúl Salinas ya lo esperaba. No estaba solo. Lo acompañaba su hija Mariana Margarita. Ambos se levantaron de unos sillones de piel que se encontraban en la biblioteca. Lo saludaron amablemente sin mucha fiesta. Le pidieron que tomara asiento y como lo marcan las reglas de urbanidad, le ofrecieron algo de tomar. Beto, quien desde luego tenía sed, prefirió aguantársela y no pedir nada. No fuera a ser que, como en las películas, a la mayordoma se le fueran unas gotitas de ésas con las que uno cierra los ojos para siempre.

El señor de la casa fue al grano. Si bien le interesaban las causas que llevaron a los editores a elegir como tema de portada su divorcio con Paulina Castañón también tenía curiosidad por los números. ¡Otra vez los números! Pero esta ocasión no eran los de la carta editorial. Salinas le preguntó a Beto sobre el tiraje de la revista y el *pass-along* (número de personas que leen un mismo ejemplar). También quiso saber si la revista se distribuía sólo a nivel nacional o también internacional; cuánta gente trabajaba en la redacción e incluso, por extraño que parezca, le preguntó a Beto su edad y el tiempo que llevaba trabajando para *Quién*. Diana tenía razón. Había más que simplemente pedir disculpas.

Beto Tavira soltaba las cifras como si fuera la tabla de multiplicar del uno, entonadas con el ritmo de una letanía hartamente ensayada. No daba espacio al silencio previo a la respuesta. Contestaba de inmediato. Quería que el interrogatorio concluyera tan pronto como fuera posible. Sin embargo, Salinas hacía sus preguntas de manera pausada desde el sofá, donde se notaba relajado. A ratos incluso era amable. Estaba seguro. En su territorio. El encuentro no debió durar más de una hora. A Beto le pareció una eternidad. En algunos momentos intervino en la conversación Mariana Salinas quien, a diferencia de su padre, sí hacía evidente su molestia por la publicación de *Quién*.

—Dígame, ¿quién está detrás de este reportaje? —le preguntó sin rodeos Raúl Salinas a Beto.

—¿Cómo que quién está detrás? ¿A qué se refiere?

—¿Qué político le pidió que escribiera sobre mi divorcio?

—Pues la verdad ninguno, ingeniero. Fue un tema que surgió en la redacción. Nosotros no trabajamos para ningún político. Tampoco trabajamos para algún partido político.

—¿Y cómo consiguió la información?

—Ah, pues ése es mi trabajo, ingeniero. Usted comprenderá que no puedo revelar mis fuentes, así como mantengo en secreto que es usted quien me filtra las fotos que publicamos cada año de su cumpleaños, con sus amigos.

Beto salió de la propiedad con las piernas más firmes que cuando llegó a ella. Dos semanas de insomnio rumiando el tema le habían exacerbado la convicción de que, a pesar de haber escrito sobre un divorcio, el reportaje tenía todo el rigor periodístico que cualquier nota de un semanario político de prestigio. Había consultado fuentes directas, había confirmado la información, había documentado el reportaje con recuadros que contenían datos oficiales… No había cabos sueltos que dieran lugar a un desmentido. A partir de esa investigación, Beto Tavira se adentró lo suficiente a la vida de los Salinas de Gortari, particularmente de sus hijos, tanto que en 2014 escribió el libro *Los Salinas. Retratos de los cachorros del poder. ¿Quiénes son y qué hacen los herederos de la dinastía Salinas de Gortari* (Planeta). Bienaventuradas sean las primeras planas de los periódicos.

EMILIANO, EL APAPACHADOR

Nadie sabe para quién se baña. Uno de los primeros sábados de octubre de 2008, alrededor del mediodía, Beto Tavira salió perfectamente acicalado y perfumado de su casa en la colonia Roma de la Ciudad de México con destino al corredor de restaurantes ubicados en la calle de Michoacán, en la Condesa, para encontrarse con un *date*. Tenían planeado comer en alguno de esos afamados sitios. El lugar preciso lo decidirían una vez que se encontraran. El joven reportero decidió irse con suficiente antelación para caminar desde la Avenida de los Insurgentes hasta el punto de reunión con el fin de ir viendo las tiendas *condechi* y comprar algún detalle para regalar a su próxima víctima. Se lo había prometido.

Pero no tuvo suerte. En el camino halló puros objetos pretenciosos, totalmente representativos de la zona y sus habitantes. Ni hablar de los precios de los "pequeños detalles" por los que los artistas emergentes de las galerías improvisadas pedían un riñón. Beto siguió su camino y, mientras sus zapatos Ferragamo se deslizaban por la banqueta de concreto llena de popós de perro, pidió al universo que conspirara para que mientras cruzaba por el Parque México encontrara algún objeto que provocase el factor sorpresa de ya sabes quién.

Caminó hasta llegar a la altura del Foro Lindbergh desde donde se escuchaba música comercial a un volumen como si se tratara del exterior de los almacenes de azulejos y cocinas de la calle División del Norte. Su curiosidad, que no conocía límites, hizo que se aproximara a las bocinas generadoras del ruido, en torno a las cuales se concentraban jóvenes con aspecto clasemediero tomando con las dos manos un letrero que indicaba "se regalan abrazos".

Con el amargue que lo caracterizaba en estos casos, Beto les dijo en su mente de todo. Desde "ridículos" hasta "buscones". No entendía muy bien el objetivo del numerito hasta que se le acercó una chica con otro cartel que decía "abrazos por la paz" y le solicitó dejarse abrazar. "No, no, no, no… gracias", respondió él como si la del cartel fuera limpiaparabrisas en crucero donde el semáforo tiene una duración de tres vidas.

Luego de la negativa, vinieron las preguntas por parte del editor de política de *Quién* en su calidad de simple mortal. La joven dijo algo así como "Somos parte del Movimiento In Lak'ech que busca disminuir la violencia en el país a través de abrazos por la paz". Casi no se le oía. El sonido de la música era verdaderamente alto. Ya entrada la conversación, Beto empezó a preguntar más mientras observaba a los integrantes del movimiento. Alternamente escaneaba el material cuando se dio cuenta de que había un rostro que se le hacía familiar. A los editores, diseñadores y fotógrafos de *Quién* solía sucederles que veían tantas veces a los personajes que aparecían en la revista que, aunque no los conocían personalmente, los sentían como si fueran íntimos de toda la vida o como parte de su familia.

El rostro que Beto había alcanzado a advertir era nada más ni nada menos que el de Emiliano Salinas Occelli, hijo del hombre que ocupó la presidencia de la República mexicana de 1988 a 1994: Carlos Salinas de Gortari.

Beto no daba crédito. Por un momento pensó que era una confusión, que Emiliano en realidad estaba paseando a sus perritos en el parque y los buscones de In Lak'ech lo habían abordado. Pero no. La realidad era que Emiliano era el que solicitaba a la gente dar abrazos en pro de la paz; apapachos que incentivaran la esperanza de mejores relaciones humanas. Una vez comprobado el pedigrí del personaje, Beto llamó inmediatamente por su celular al paparazzi en turno de *Quién*. Le dio la ubicación y le describió al Salinas al que debía retratar.

Beto ya iba tarde para su cita personal. No obstante, llamó a su *date* y le pidió que por favor lo esperara unos minutos. Y es que estaba frente a una estampa que tenía que documentar en su memoria para el corto, mediano y largo plazo: el primer hijo varón del presidente que llegó al poder por medio de las elecciones más controvertidas de la historia mexicana reciente, bailaba en el Parque México junto con otros integrantes del movimiento y público en general que había aceptado ser evangelizado al ritmo de pop en español.

El segundo hijo de los tres que tuvieron Carlos Salinas de Gortari y Cecilia Occelli González contoneaba sus jeans y camisa azul a rayas blancas mientras levantaba un brazo. Y luego el otro. Y luego el mismo. Lo hacía con buen ritmo. Ante todo sonriente.

De inmediato Beto se puso a buscar a algún otro integrante de la familia Salinas entre los espectadores de las coreografías. No había. Tampoco había algún elemento del Estado Mayor Presidencial o escolta que se delatara custodiando la seguridad del integrante de una de las familias más polémicas de México. El periodista tenía que retirarse del lugar de los hechos. Le apenaba llegar tan tarde a su cita, pero el pretexto les iba a dar de qué hablar a él y a su interlocutor toda la tarde… Incluso todo el mes.

Una vez que llegó el material fotográfico a la redacción de *Quién* no hubo editor o diseñador de la revista que dejara de celebrar la "pesca del día". El protagonista se llevaba las palmas cada que algún integrante del equipo pasaba por ahí. No podían evitar la gracia que les producía la escena, el personaje, las posiciones corporales… De alguna manera toda la redacción participaba. Sugerían frases para los pies de foto y, cuando leían el título de la nota, "Ya llegó, ya llegó… Ya llegó… Emiliano el Apapachador", haciendo alusión a la canción "Sergio el bailador" que hiciera famosa José Guadalupe Esparza, el vocalista del grupo Bronco, cantaban el coro de la misma.

Sin duda Emiliano contribuyó a generar alegría en el cierre de una revista de cuatrocientas dieciséis páginas que tenía a la mayor parte del equipo con el estrés que provocaban esos ladrillos de papel couché.

Las fotografías de Emiliano Salinas fueron publicadas en la edición 178 de *Quién*, con fecha de salida a la venta del 14 de noviembre de 2008. Ese mismo número traía la suculenta franquicia de "Los 12 hombres más sexys" con una imagen en la portada en la que aparecían los actores William Levy, Erick Elías y Alfonso Herrera (en la primera cara de un *gatefold* que en sus otras dos mostraba al resto de los provocadores de fantasías de mujeres y hombres que gustan de los hombres).

El hijo de Carlos Salinas de Gortari abría la primera sección de la revista llamada "Quién Figura" con un par de imágenes paparazzi. En la primera foto se mostraba a un Emiliano con barba de candado, de frente, abrazando a una mujer vestida con blusa negra de manga corta y mechas en el pelo de color violeta. En la segunda se inmortalizó uno de los momentos en que el hijo del exprimer mandatario bailaba, animado, con el brazo izquierdo en alto. En el sumario se explicaba: "El hijo del expresidente Salinas de Gortari reparte abrazos gratis en el Parque México en pro de la paz". El pie de foto donde aparecía bailando iniciaba con la palabra "MA-YO-NE-SA", haciendo clara referencia a la canción del mismo nombre del grupo musical Chocolate Latino.

Pero la paz que promulgaba el joven Salinas en el Parque México se convirtió en guerra apenas tuvo la revista *Quién* en su manos. Su amigo, socio en varios proyectos y también parte del Movimiento In Lak'ech, Alejandro Betancourt, llamó a la presidenta del Consejo Asesor Editorial de *Quién*, Luisa María Serna Barrera, su contacto en la revista (pues él formaba parte de dicho consejo), para manifestarle la molestia tanto de él como de Emiliano por la publicación de la nota sobre el hijo del expresidente y el movimiento. Y no del movimiento de las caderas de Emiliano, sino del Movimiento In Lak'ech por la Paz, A.C., del cual el hijo de Carlos Salinas de Gortari resultó ser fundador.

Alex estaba furioso porque sentía que era una burla por parte de la publicación. Le explicó a Luisa que el Movimiento In Lak'ech —vocablo maya que significa "Tú eres yo y yo soy tú"— pretendía poner un alto a la violencia en México mediante la realización de eventos artísticos y organizando a la sociedad para recuperar los espacios públicos invadidos por el miedo y la delincuencia. Según sus estatutos, el movimiento aspiraba a lograr un México "lleno de rostros sonrientes [...] donde podamos trabajar juntos, respetarnos, apoyarnos sin importar diferencias o crianza; un lugar en el que nos demos la bienvenida sin miedo, y donde los mexicanos nos veamos los unos a los otros con admiración y respeto". Esta filosofía derivaba de los conceptos del motivador estadunidense Keith Raniere, un científico, matemático, filósofo, empresario, educador e inventor que fundó la organización NXIVM, con sede en Albany, Nueva York, y que desde años atrás se había dedicado a impartir cursos de "desarrollo humano" conocidos como ESP (Executive Success Programs, Programas de Éxito Ejecutivo), dirigidos a empresarios de primer nivel y líderes del mundo, mediante una tecnología llamada "cuestionamiento racional" y del cual tanto Emiliano como Alex formaban parte.

Los argumentos de Alex Betancourt llegaban demasiado tarde. Las fotografías de "Emiliano el Apapachador" iban de mano en mano entre los suscriptores de la revista así como de sus lectores de ocasión. Nunca fue bien entendido por el protagonista el gesto de humor con el que había sido retratado un heredero del poder que le había dado la espalda a la política para dedicarse a la filantropía; un cambio de timón que le valió a Emiliano ser definido por Beto Tavira en su libro *Los Salinas** como "La profecía que no se cumplió".

En el recuento de los daños merece la pena señalar que el enojo de Emiliano con la revista *Quién* duró un tiempo. Con lo que respecta a Beto, su *date* no prosperó por varias razones; una de ellas es que el regalo que le prometió nunca llegó. Pero así es esto. La nota es de quien la trabaja. Así de celoso es el periodismo del corazón. Afortunadamente Beto llegó impecable frente a su exclusiva.

---

* Alberto Tavira, *Los Salinas. Retratos de los cachorros del poder*, México, Planeta, 2014, p. 15.

IV
LOS ZEDILLO

LA SOBRIA DE NILDA PATRICIA

El sismo de 6.1 en la escala de Richter del 7 de octubre de 2001 y otros temblores anteriores habían dejado importantes grietas en las oficinas de Expansión, ubicadas en la calle de Sinaloa número 149, en la colonia Roma de la Ciudad de México, lo que tenía muy preocupados a John Reuter, entonces CEO de la empresa, y a los demás directivos.

Inmediatamente mandaron hacer estudios con los peritos correspondientes para determinar cuál era en realidad el estado de aquel edificio de diez pisos donde se encontraban las oficinas de las ocho revistas que entonces conformaban el Grupo.

Un par de meses después, la compañía encargada de dicho estudio presentó los resultados: había un riesgo real de que con otro sismo el edificio se colapsara.

John, que había vivido gran parte de su vida en Nueva York y Massachusetts, estaba muy poco acostumbrado a los temblores y no lo pensó dos veces. Había que sacar a todos de ahí lo más pronto posible.

John y su equipo pusieron manos a la obra y comenzaron a buscar otras oficinas. Encontraron una hermosa construcción sobre avenida Constituyentes número 956, esquina Rosaleda. Aunque al principio la rentaron, años después, cuando Time adquirió Grupo Editorial Expansión, compró toda la propiedad.

Los cerca de cuatrocientos empleados que conformaban en aquel tiempo la empresa cabían perfectamente, aunque antes había que acondicionar la nueva sede. Se suponía que la remodelación llevaría sólo un par de meses, pero aquello se alargó a casi "un hijo", o sea, nueve.

Mientras los arquitectos trabajaban en las oficinas principales, se adaptó el auditorio con largas mesas en fila para acomodar a todos, desde Alejandro Serna Barrera (dueño), John Reuter (director general) y Javier Martínez Staines (director editorial) hasta los reporteros, vendedores de publicidad y mensajeros.

Aquello era un caos, pues apenas había un espacio de un metro cuadrado por persona y todos escuchaban todo. Entrar a aquel auditorio daba la impresión de estar en un campo de refugiados, de ahí que John bautizara esa etapa como el "Plan Afgano".

Las niñas bien de *Quién* tenían fama de ser las consentidas del gringo; sin embargo, igual tuvieron que adaptarse. Al verlas en aquel escenario parecía que de reporteras estrella se habían convertido en costureras de maquila del Centro. Era una joya verlas pasar con sus enormes bolsas Louis Vuitton, Prada o Gucci diciendo: "Ay, cómper, cómper, *sorry*".

En el verano de 2002, a mitad del Plan Afgano, un día llegó Javier Martínez Staines con más prisa que de costumbre, haciéndose espacio para poder pasar en el metro de distancia que había entre pasillo y pasillo. Siempre caminaba campechano pero esta vez quería llegar cuanto antes con la entonces editora de política y realeza de *Quién*, Érika Roa, que se encontraba al final de una de las largas mesas.

"Qué maravilla de pie" y aventó la revista de ese mes junto a ella. "Eriquita, tan chiquita que te ves pero esta vez sí te tengo que decir que te viste venenosa." Asustada y con voz temblorosa, Érika pronunció un tímido: "¿Por qué dices eso, Javier?".

"¿Cómo qué por qué? ¿La sobria de Nilda Patricia te dice algo?", preguntó con su característico tono de voz. Ella se le quedó viendo y contestó inocente: "Sí, Javier, mira, es que ella es muy discreta en su forma de vestir, no usa colores llamativos ni escotes y no sigue tendencias…". Empezó a darle una cátedra completa del estilo de la exprimera dama de México, esposa de Ernesto Zedillo Ponce de León, para justificar su pie de foto.

Javier soltó la carcajada y le dijo: "Eriquita, yo pensé que te referías a su supuesto problema con el alcohol". En aquel entonces se rumoraba que Nilda Patricia Velasco de Zedillo tenía fuertes problemas con la bebida y Javier pensó que la frase se refería a que por fin se había podido mantener "sobria", sin tomar una gota de alcohol, y no a su estilo "sobrio" de vestir.

Érika había escrito un artículo titulado "Ser esposa del poder", en el que hablaba del trabajo de las últimas cinco primeras damas del país; de su legado, su estilo, narraba anécdotas y cómo eran recordadas. En los pies de foto las había definido como: "María Esther [Zuno de Echeverría], la patriota", "La carismática Cecilia [Occelli de Salinas]", "Paloma [Cordero de De la Madrid], la equilibrada" y a la esposa de Zedillo "La sobria de Nilda Patricia".

Todos a su alrededor se echaron a reír mientras ella se hundía más y más en su silla pensando en las represalias que podría traer el hecho de haber descrito así a la exprimera dama.

Una vidente para Zedillito

Cuando en la redacción de *Quién* se decía que se vivía la magia del periodismo, se decía en todos los sentidos.

Por supuesto que reinaban el talento, la pasión, el profesionalismo… y sí, literalmente, también la magia.

Érika Roa, una de las fundadoras de la revista y una de las personas que más duró en ella (2000-2011), tenía otras gracias muy socorridas, como la clarividencia. Suena a broma, pero hasta con esa suerte corrió *Quién*.

Muy seguido, Érika llegaba al cubículo de Diana Penagos con un "Dianis, soñé con zutanito, hay que hablarle. Algo va a pasar con él".

Diana, por si las dudas, en seguida levantaba el teléfono y llamaba a zutanito o mandaba investigar en qué andaba aquel personaje. Tras las pertinentes pesquisas, casi siempre comprobaba que, efectivamente, esa celebridad estaba viviendo algo que para la revista se traducía en una jugosa exclusiva.

Para muestra, basta un botón. Una vez, Érika le dijo: "Soñé que Ale de Cima estaba embarazada. Háblale". En aquel momento, la que había sido la primera esposa de Emilio Azcárraga vivía en Alemania con su segundo esposo, Olaf Petersen, y padre de su primera hija, Milena. De hecho, Ale había sido portada de *Quién* con su primogénita, con este "balazo": "Decían que era estéril. Ale de Cima triunfa sobre el cáncer y las habladurías". Diana había negociado con ella esa portada, así que ya tenía su contacto. Inmediatamente le escribió un mail para preguntarle cómo estaba y si de casualidad estaba embarazada de nuevo. De ser el caso, le encantaría poder dar la feliz noticia en *Quién*. Ale contestó con un no rotundo. "No estoy embarazada", le aseguró.

La Penagos pensó que el don de su pitonisa estaba fallando. Errada estaba. Un par de días después, recibió un correo electrónico de Ale en el que sorprendida le confirmaba: "¡No lo puedo creer! ¡¿Cómo es posible que ustedes sepan antes que yo misma que estoy embarazada?! ¡Están cañonas! Me acabo de enterar de que, efectivamente, estoy esperando a mi segundo hijo".

Como ésta, hubo otras primicias que la revista ganó gracias a las dotes de vidente de su entonces editora de política y realeza.

En marzo de 2003, Érika, junto con dos guapas editoras de sociales de *Quién*, fue a la casa del expresidente Ernesto Zedillo para una sesión de fotos con su hijo mayor, Ernesto Zedillo, Jr., mejor conocido en la redacción como "Zedillito". Él sería el personaje de portada del reportaje "Los 10 solteros más cotizados de México". ¿Y cómo no?, si reunía todas la cualidades para serlo: era joven, guapo, sin compromiso, le gustaba la buena vida y era hijo de un exprimer mandatario de México. Era el candidato ideal para las lectoras solteras y, como dirían las abuelitas, en edad de merecer.

Lejos de la imagen prepotente que algunos medios le endilgaban, con el equipo de *Quién* Ernesto era encantador, bromista y sencillo. En la redacción se le tenía mucho cariño, pues era un personaje que cooperaba en todo.

Además de las tomas para el top de solteros cotizados, había aceptado dar entrevista y posar en exclusiva en su casa del Pedregal. Era la primera vez que las puertas de aquella residencia se abrían a un medio, y cabe señalar que fue la última.

Ese día, las editoras de *Quién* llegaron a la casa muy tempranito y, como era costumbre en ellas, platicando hasta por los codos. A veces en la oficina, la Penagos, en un acto de impaciencia, pasaba a sus lugares alzando la voz: "¡Ya pónganse a trabajar!".

En el domicilio de Zedillito no fue la excepción, y por supuesto lo bombardearon con todo tipo de preguntas: "Qué linda casa, ¿en serio tú la diseñaste?", "Oye y ¿quiénes viven aquí?", "¿Cómo están tus hermanos",

"¿No extrañas a tus papás?", "¿Cómo les va en Yale?". El expresidente mexicano se había ido a vivir a Connecticut como director del Centro para el Estudio de la Globalización en la Universidad de Yale tras finalizar su mandato.

Le echaron montón. La estrategia de mandar a las tres editoras más parlanchinas de *Quién* funcionó, porque aunque lo atarantaron, y bastante, la entrevista fue de lo más reveladora.

Ernesto estaba impecable, vestido con pantalones beige y camisa blanca con rayas azules. Las primeras fotos se tomaron en un jardín zen a la entrada de la casa. Él estaba un poco tieso, pero bastó con que una de ellas empezara a decir: "Qué serio, una sonrisita a la cámara, ándale", para que las otras dos la siguieran: "Ay, sí, tan guapo y tan serio, ándale, ríete", "Así no vas a conseguir novia, ¿ehhh?".

A Zedillito no le quedó otra que relajarse y posar como le indicaban sus invitadas. Después lo convencieron de que lo mejor para el reportaje era hacer fotos con varios cambios de ropa y, ¿por qué no?, hasta darse un chapuzón en la alberca con su perro Max, un labrador retriever café que no lo dejó solo ni un minuto, quizá temeroso de que alguna de esas tres mujeres le fuera a hacer algo a su amo.

Tras nadar con Max y al más puro estilo de Mauricio Garcés, se puso una bata blanca y posó en los camastros. Las editoras empezaron a confabular entre ellas y le pidieron hacer fotos más cotidianas, como por ejemplo, en pijama en su recámara. Él feliz obedeció.

"Un juguito de naranja, porfa", pidió Érika a una persona de servicio, mientras las editoras de sociales se metían al vestidor de Ernesto a escoger ropa para la siguiente toma. "¡Está enorme este vestidor!", exclamó una; "Y más ordenado que el mío", soltó la otra con una carcajada. Aquel clóset rechinaba de limpio. Cada traje estaba perfectamente acomodado; los zapatos brillaban como espejo; ahora sí que era de revista.

Para entonces ya habían dado las dos de la tarde y hacía hambre. Ernesto, tan caballeroso como siempre, las invitó a pasar al comedor principal para disfrutar de un menú de cuatro tiempos, muy mexicano, preparado por el chef que había servido a los Zedillo en Los Pinos (igual

111

que un tiempo después, Fox se llevó al suyo).* Aquello estaba exquisito y, según contaron luego en la redacción las editoras, muy al estilo del restaurante El Cardenal.

"Pero qué rico está todo", elogió una de ellas, por lo que Ernesto mandó traer al chef para que sus invitadas lo conocieran y lo felicitaran por la deliciosa comida.

Ya con el estómago lleno —y eso que por lo general las editoras de *Quién* eran muy cuidadosas con las porciones que comían—, empezaba lo bueno: la entrevista. Para llevarla a cabo, pasaron a la sala y se sentaron en un sillón blanco: Érika, las dos editoras de sociales y Ernesto, en ese orden. La plática fue de lo más fluida y él contestó todo sin reparos.

Al final, hablando de la niña con la que salía y de los planes que tenía para el futuro, una de las chicas de *Quién* le propuso: "Que Érika te lea la mano, a ver con quién vas a terminar".

En la oficina, las dotes de vidente de Eri eran mucho más acertadas que sus lecturas de mano, las cuales muchos tomaban a broma (incluida ella misma) y acababan en carcajadas. Esta vez, los años demostraron que tampoco cantaba mal las rancheras como gitana.

"Te van a amarrar. Tu novia se va a embarazar, por lo que tendrás que casarte con ella", vaticinó Érika, a lo que Ernesto contestó con un espontáneo: "Ah, qué cabrona". Todos soltaron la carcajada.

Eri prosiguió: "Tendrás puras hijas mujeres. Ándale, vas a pagar karma por noviero". "Pinche Eriquita, no mames. A ver, síguele", la apuró curioso.

"Pero te veo una relación con otra mujer, casi paralela, de la cual tendrás un hombre. Ella nunca será tu esposa y será mayor que tú…" Zedillito escuchaba con incredulidad.

Aquella soleada tarde de primavera, las tres editoras de *Quién* salieron de casa de Ernesto muy contentas y con la portada del 24 de abril de 2003 bajo el brazo. A él le encantó el reportaje y, por supuesto, la lectura de mano.

Pasaron los años y la boca de Érika fue de profeta. Ernesto Jr. se

* Ver "El *Foxgate*".

casó con su novia Rebeca Sáenz en enero de 2005. La portada de *Quién* anunciaba, citándolo a él: "Voy a ser papá, pero no me casé por eso". La pareja tuvo dos hijas.

De las otras dos mujeres con las que tendría hijos hombres, una de ellas fue Érika Buenfil, con quien tuvo a Nicolás.

Cuando en mayo de 2008 la periodista Inés Gómez Mont, amiga de Rebeca Sáenz, confirmó que Ernesto era el padre de Nicolás, Érika Roa le pidió a él una declaración sobre el tema. Al final de la llamada, le preguntó: "¿Te acuerdas de cuando te leí la mano? Todo se está cumpliendo". Primero, Ernesto respondió con unos segundos de silencio, quizá tratando de recordar aquella tarde, cinco años atrás. Después dijo muy pensativo: "Sí, es cierto".

Todo por una tanga rosa

Para conseguir una buena nota solamente se necesita tener los contactos precisos, información privilegiada, el apoyo de una empresa que patrocine las investigaciones, una mente creativa y un poquito de suerte. Pero en ocasiones, además de eso, se requiere hacer uso de los atributos que la naturaleza otorga.

Una sola vez tuvo que recurrir Jessica a los encantos que empiezan justo donde la espalda pierde su nombre, que junto con una tanga rosa, la ayudaron a distraer al cuerpo de seguridad que resguardaba el banquete de bodas de Ernesto Zedillo, Jr. y Rebeca Sáenz.

Todo el mundo hablaba del enlace del hijo mayor del expresidente de México, pues era uno de los solteros más cotizados del momento y tras menos de un año de noviazgo, la guapa sinaloense que conducía un noticiario en Azteca América había logrado atraparlo.

El 8 de enero de 2005, alrededor de trescientos invitados se reunieron en el Sheraton Hacienda del Mar en Los Cabos, Baja California. Entre ellos se encontraban personalidades VIP de todos los ámbitos: empresarial, social, político y del *show business.*

Justo a las doce del día, en un pequeño quiosco junto al mar, inició la ceremonia civil y, al terminar, la pareja y sus convidados se trasladaron a la capilla del hotel, que desde muy temprana hora estaba fuertemente custodiada por elementos del Estado Mayor Presidencial y guardias de otras corporaciones.

La mayoría de las tiendas que se encontraban alrededor fueron obligadas a cerrar sus puertas mientras Rebeca y Ernesto juraban amarse y respetarse todos los días de su vida ante Dios y los elegantísimos invitados.

Nadie notó que Jessica Sáenz (mismo apellido, ningún parentesco con Rebeca), la coordinadora de paparazzi de *Quién*, portando un lindo vestido de seda rosa, había estado espiando y tomando fotos desde la joyería ubicada a un costado de la capilla.

Había captado a la pareja cuando llegó en un carrito de golf, al actor y *socialité* Jaime Camil, y hasta al Potrillo, Alejandro Fernández, quien fue muy criticado por el look estilo Tizoc que eligió para la boda. Este último, sin problema alguno, entró a la joyería y aceptó tomarse fotos con todas las vendedoras, además de con la paparazzi.

Tras recibir la bendición del padre, Legionario de Cristo, los nuevos esposos y toda la comitiva se dirigieron al Restaurante Pitahayas. Esta vez no sería tan sencillo colarse entre los invitados, ni siquiera con el vestido de seda rosa tan cuquis. ¿Cómo le haría para seguir cubriendo la nota?, cavilaba Jessica. Al ver que a pocos metros de la entrada del restaurante comenzaban las hileras de camastros de la playa, supo cómo.

Esos guardias con las listas de invitados en las manos seguramente tendrían una debilidad, y ella iba a confirmarla con la ayuda de su tanga rosa.

Puso manos a la obra y fue a cambiarse a su habitación. En menos de quince minutos estaba acomodándose en la primera palapita. Se quitó el pareo y comenzó a untarse aceite por toda la piel. Sus lentes oscuros ayudaban a que los guardias no se dieran cuenta de que los estaba checando desde su trinchera y, aunque ellos también traían lentes de sol, era más que evidente que sus miradas estaban puestas sobre… la tanga rosa.

Pese a su pasión por la nota y a que primero muerta, antes de regresar a la oficina sin ella, a Jess le empezó a remorder la conciencia. ¡Había estudiado trece años con monjas en el colegio Regina y ahora estaba usando hilo dental para provocar malos pensamientos y poder alcanzar así su objetivo!

Ni modo, ya estaba ahí y su plan estaba surtiendo efecto. Los dos fotógrafos que la acompañaban se colaron por donde pudieron para conseguir imágenes de la fiesta, que pintaba bastante bien, pues amenizó el grupo Hermanos Cota, de Guasave, Sinaloa. Hubo un show tributo a Juanga y hasta cantaron Jaime Camil y Alejandro Fernández.

El sonido proveniente de la boda invadía la playa. Cuando el Potrillo acabó de cantar "Cómo fue", se le oyó decir: "Esto no lo vuelven a ver", a lo que Camil añadió: "Y gratis, menos".

Pasaron las horas. Jessica, pacientemente, tirada boca abajo en uno de los camastros luciendo sus encantos, anotaba todo lo que escuchaba a través del micrófono, hasta que llegó uno de los fotógrafos de *Quién* y le dijo que algunos de los guardias estaban tomándole fotos con sus celulares.

Trató de no voltear; si iban a tener fotos de su trasero, no quería que también tuvieran de su cara. No pudo evitar pensar: ¿cómo era posible que un truco tan viejo hubiera servido para distraer a miembros del Estado Mayor Presidencial?

Cuando se metió el sol y ya no era posible obtener buenas imágenes, el pareo volvió a su lugar.

La exclusiva de la boda la tuvo la revista *Caras*, pues Rebeca se había empeñado en que así fuera y Ernesto le dio gusto. Pero la labor periodística y la tanga rosa tuvieron su recompensa. No sólo *Quién* salió con una buena cobertura, sino con una exclusiva mejor: declaraciones del novio explicando que aunque él y su flamante esposa estaban esperando bebé, no era ése el motivo por el que se habían casado, sino el amor.

Cuando salió la portada con la noticia del embarazo, Rebeca enfureció porque pocos en Sinaloa sabían de la próxima llegada del nuevo miembro de la familia. Si había alguien a quien culpar, era a los miembros de su equipo de seguridad, que estaban con un ojo en la tanga rosa y ninguno en el hijo del expresidente.

V

LOS FOX

La bolsa *fake* de Ana Cristina Fox

E l fantasma del escándalo rondaba la redacción de la revista *Quién*, pero estaba tan bien escondido, que su sorpresiva aparición les dio un susto de infarto. Sus pasos fueron tan sutiles, que no hubo nada que le arruinara el gusto.

La trama empezó a entretejerse el día que Érika Roa, en ese momento editora de política y realeza de la publicación, se enteró de que Vicente Fox III sería bautizado. Se trataba del primer nieto del entonces presidente de México, hijo de Vicentillo —uno de los cuatro hijos adoptados por Vicente Fox Quesada y Lilián de la Concha— y Paulina Rodríguez. Evidentemente era una nota que había que cubrir, no sólo por tratarse de una historia personal del primer mandatario del país, sino porque, además, estaba aderezada con todos los vericuetos que hacían las delicias de los adictos a las llamadas revistas del corazón.

En ese tiempo, Vicente Fox Quesada ya estaba casado con Marta Sahagún, y la relación de ésta con su exmujer, Lilián de la Concha, no era, por decir lo menos, la más cordial. De hecho, entre ambas mujeres existía una guerra fría que en varias ocasiones subía de temperatura. Ese verano de 2003, el feliz acontecimiento del bautizo del nuevo miembro de la familia Fox había significado un álgido desencuentro entre ellas.

Marta, mujer de carácter fuerte y acostumbrada a organizar y llevar la batuta, quería que la celebración tuviera lugar en Los Pinos. Le parecía lo correcto siendo que se trataba del heredero, del primer nieto del presidente. Por su parte, Lilián se oponía rotundamente. Eso significaba llevar un evento familiar tan importante a territorio contrario y no estaba dispuesta a ceder. El voto decisivo lo dio la mamá del bebé motivo de la discordia, quien llevaba una buena relación con su suegra y, dándole el punto, zanjó la diferencia: el bautizo se llevaría a cabo en León, Guanajuato.

Fue así que Érika Roa envió un fotógrafo a esa ciudad del Bajío, frotándose las manos ante lo que ella imaginaba sería un suculento material gráfico.

¡Oh, decepción! Al fotógrafo sólo le había sido permitido tomar unas cuantas imágenes en la iglesia, mismas que dieron cuenta de qué tan *petit comité* había sido la convocatoria. Afortunadamente, el reportero gráfico había hecho su chamba y había solicitado a los protagonistas posar para un retrato familiar, el que hizo que la nota se salvara y pudiera destinársele al menos una página de la primera sección de la revista, la que abría la publicación, llamada "Quién Figura". Y aunque en la foto aparecían el feliz papá Vicentillo, Lilián con una sonrisa de satisfacción en la boca, el sacerdote con el bautizado en brazos, la mamá del pequeño, Ana Cristina y Paulina Fox, y Mónica Rodríguez (hermana de Paulina Rodríguez), en ese orden, por más que lo intentó, Érika no pudo sacarle más jugo a la cobertura y no le quedó más alternativa que la resignación.

En esa estampa familiar no aparecían Marta y Vicente, así que una foto aparte de ellos complementaba la página con la leyenda: "Vicente Fox y Marta Sahagún sólo fueron a la misa". No es de pensarse que hubiera dolo en ese pie de foto, simplemente no había más espacio para explicar que la pareja presidencial no había podido acudir a la comida de después de la ceremonia religiosa porque tenía "algunos asuntos pendientes que atender de su apretada agenda", lo que se aclaraba en el cuerpo de texto.

Érika Roa dio por cerrada su pequeñísima historia sin imaginar que mientras la revista estaba en imprenta, el fantasma del escándalo se trasladaba a otra parte de la ciudad riéndose entre dientes para seguir hilando la finísima trama de su travesura.

En esa otra parte de la ciudad, específicamente en las oficinas de Louis Vuitton México (LV), situadas en avenida Ejército Nacional, a los pocos días de haber salido a la venta la revista *Quién* con fecha de portada del 19 de junio de 2003 y una nota por demás atractiva —un paparazzi de Ricky Martin y Rebecca de Alba en Europa confirmando su noviazgo—,* la encargada de las relaciones públicas de la prestigiada marca francesa recibió una llamada desconcertante: se trataba de una vendedora de la boutique de Masaryk reportándole que ella a su vez acababa de recibir un telefonazo sospechoso en el que le habían hecho varias preguntas referentes a un modelo de bolso en específico (el costo y demás detalles), hasta que ella había optado por indicarle a la mujer que estaba del otro lado de la línea que si necesitaba más información, mejor le hablara a la responsable de las relaciones públicas de la firma y le había dado sus datos.

—Me describían una foto que salió en la revista *Quién* —dijo la vendedora a la publirrelacionista de LV.

—¿Qué foto? —contestó ella al tiempo que abría la revista y al hojear las primeras páginas aparecía ante sus ojos la mentada fotografía familiar en la que aparecía Ana Cristina Fox con un bolso que no existía en el catálogo de Louis Vuitton—. No vayas a tomar ninguna llamada más, si alguien les hace más preguntas no contesten absolutamente nada más —ordenó preocupada a la vendedora.

La publirrelacionista temió lo peor. Su sexto sentido y la experiencia que tenía de tratar con medios le señalaban que muy probablemente la autora de la llamada a la tienda había sido una periodista que se había identificado como una cliente más. Seguramente deseaba publicar una nota en la que destacara lo derrochadora que era la hija del presidente.

En esas elucubraciones estaba, con la sombra del escándalo sobre su cabeza, cuando, acto seguido, el teléfono de su oficina comenzó a sonar con un timbre que a ella le pareció amenazador. Era el mismo tono de siempre, sin embargo, esta vez sintió que tenía un matiz un tanto

---

*Ver Diana Penagos, Jessica Sáenz y Alberto Tavira, "Ricky Martin y Rebecca de Alba. Misión *pipirazzi*", en *Quién confiesa*, Planeta, México, 2015, p. 77.

lúgubre. Tomó el auricular sólo para confirmar que no se equivocaba. La voz que la buscaba se presentó como una reportera de *Milenio Diario*, quien ni tarda ni perezosa soltó su ráfaga de preguntas:

—¿Me podría indicar qué modelo es el bolso que luce Ana Cristina Fox en la foto de la revista *Quién* que acaba de salir? —preguntó la periodista.

—No está disponible en nuestro catálogo —contestó la publirrelacionista.

—¿Qué precio tiene?

—No está disponible en nuestro catálogo.

—¿Sabe dónde lo compró Ana Cristina?

—No está disponible en nuestro catálogo.

"No está disponible en nuestro catálogo", "no está disponible en nuestro catálogo", "no está disponible en nuestro catálogo"… La representante de Vuitton tenía estrictamente prohibido usar la palabra "falso", ésa era la única respuesta autorizada, así que se aferró a ella como su salvavidas. El problema era que el bolso que colgaba del hombro de Ana Cristina Fox pretendía ser un *Papillon*, que en aquella época únicamente había salido en la clásica tela de *Monogram* café distintiva de la marca y que después se fabricó en versión *Cherry Blossom* de Murakami, pero jamás existió el cilindro en edición *Multicolor*, por lo tanto, no había manera de defender lo indefendible. Ni siquiera se trataba de una buena copia.

En cuanto colgó, cayó en la cuenta de que aquello estaba por tomar dimensiones insospechadas. "Tengo que avisar a Ana Cristina", pensó. La relación de Louis Vuitton con la hija del presidente siempre había sido muy buena. Incluso ella había sido una de las invitadas a la inauguración de la *flagship store* de la marca en Masaryk poco tiempo atrás y en ese entonces, como se había hecho con todas las que habían asistido, se le habían prestado bolsos y zapatos de la firma con el objetivo de hacer lo que en publicidad se conoce como *product placement*.

Inmediatamente llamó por teléfono a una amiga suya que trabajaba en comunicación de Presidencia para pedirle la contactara con alguien cercano a Ana Cristina. Ésta la enlazó con la mujer que manejaba la agenda de los hijos del presidente.

La RP de Vuitton le expuso rápidamente la situación, tratando de ponerla sobre aviso del maremágnum que esto podía ocasionar, pero para su sorpresa, la mujer explotó en cólera cual volcán en erupción. "¡¿Qué estás tramando?!", la cuestionó agresivamente, culpándola de querer ocasionar algún daño a quien en realidad estaba tratando de proteger.

Confundida, cerrada ante cualquier razonamiento, la mujer que manejaba la agenda de los hijos del presidente pensó que la publirrelacionista se refería no a Ana Cristina, sino a Paulina, la otra hija del primer mandatario del país, y le aseguraba que había sido su papá quien le había comprado el bolso. Si eso era cierto, la cosa era aún peor. La RP de Vuitton estaba sumamente consternada de que los Fox hubieran sido víctimas de un engaño. Su angustia crecía minuto a minuto.

—Si tú me das el ticket de compra, yo los puedo ayudar a rastrear de dónde salió esto —le pidió la publirrelacionista en su inocencia y su afán de ayudar.

—¡¡¿Cómo te atreves a pedirme eso?!! —contestó agresiva e indignada la mujer que manejaba la agenda.

—Yo te alerté —le advirtió la publirrelacionista impotente ante tal reacción—. Las llamadas sucedieron. No sé qué vaya a pasar.

Al día siguiente, en la primera plana del periódico *Milenio* se leía: "La piratería entra a la Presidencia". El reportaje retomaba la foto de la revista *Quién* con su debido crédito y narraba tal cual lo que la vendedora de la boutique de Masaryk le había informado a su autora, quien citaba a la publirrelacionista de Louis Vuitton con nombre y apellido. Ésta, al leer la noticia y ver su apelativo en blanco y negro, casi se desmaya de la impresión. Eso significaba un grave error en términos de comunicación y de los lineamientos de la firma francesa. En LV el personal de relaciones públicas no era vocero de la marca, únicamente podían serlo los directivos. Esto podía significar que la pusieran de patitas en la calle.

La RP sostenía estupefacta el periódico entre sus manos cuando comenzó el martirio telefónico. La primera llamada era por parte de la mujer que manejaba la agenda de los hijos del presidente.

—¡¡Por qué hicieron esto!! —reclamaba altisonante.

—¡¿Cómo crees que nosotros vamos a querer una mala publicidad para Vuitton?! —respondió la publirrelacionista. Ahora sí la última pizca de paciencia que le podía haber quedado se había esfumado.

—¡¡Ya no quiero hablar contigo, quiero hablar con tu jefe!! —contestó ella fuera de sí.

Para colmo de males, justo en esos momentos la publirrelacionista se encontraba sola en la oficina de México; su jefe directo estaba de viaje. En la emergencia, localizó al director de comunicación de Latinoamérica de la marca, con quien finalmente hablaron los representantes de la Presidencia.

Mientras tanto, los teléfonos en el corporativo de lv México, totalmente saturados, no paraban de sonar en una sinfonía sin respuesta. Era la peor crisis que la publirrelacionista enfrentaba en toda su carrera profesional. Sin contestar, observaba el aparato telefónico arder a la espera de instrucciones, la cual se le hizo eterna.

En ese lapso, no sólo sus teléfonos estaban bloqueados, sino que los amigos periodistas que había hecho a lo largo de su trayectoria le dejaban mensajes en los que le reclamaban por qué no les había dado la exclusiva a ellos. Y para echarle más leña al fuego, también había metido sin querer en un problema a su amiga que trabajaba en comunicación en Presidencia, que había recibido un regaño de campeonato.

Por fin, el director de comunicación de Latinoamérica le dio la línea a seguir: la marca no haría nada, no emitiría ningún comunicado, ninguna aclaración, en otras palabras, haría mutis. Pasados los meses, trataría de hacer algo con Ana Cristina: quizá llevarla a una boutique de Vuitton y que algún medio cubriera la visita para que se supiera que ella no estaba promoviendo la piratería ni mucho menos… De hecho, según Presidencia, Ana Cristina estaba muy apenada con la situación. El bolso no lo había comprado su papá, sino que había sido el regalo de un amigo. Ella no tenía idea de que era falso y prometía no volver a usarlo. Si había sido así, al que seguramente se le había caído la cara de vergüenza era al amigo. Si se había tratado de un pretendiente, posiblemente el cortejo había llegado hasta ahí. Es de pensarse que él también había sido una inocente palomita que se había dejado engañar.

La noticia siguió su curso. Muchos medios la retomaron, tanto impresos como radiofónicos. Muy probablemente, ni la misma autora se imaginó el alcance que tendría su reportaje.

Refugiada en su oficina, cada vez que la publirrelacionista oía su nombre en la radio se quería morir. Fueron de los peores días de su vida como RP.

Ajena a la polémica que la nota de *Quién* había provocado, la mañana en que el fantasma del escándalo echó a andar el engranaje de su malévolo plan, Diana Penagos se encontraba en su oficina, en un día de rutina. Tenía apenas seis meses de haberse integrado al equipo de la revista como editora adjunta. Todavía se encontraba conociendo al monstruo que tenía entre las manos y en proceso de integración y adaptación. De repente, la tranquilidad del mediodía se vio interrumpida por una llamada. Era de la publirrelacionista de Louis Vuitton. Se conocían de tiempo atrás, de cuando Diana trabajaba en una revista de mercadotecnia y publicidad, así que la llamada no tenía nada de extraño, y el simple hecho de recibir un telefonazo suyo no podía vaticinar nada malo.

—Diani, hablo para preguntarte de dónde sacaron la foto de Ana Cristina que publicaron en este número, en la que sale con una bolsa Louis Vuitton.

—A ver… No tengo idea de qué me hablas —contestó la editora adjunta de *Quién* al tiempo que tomaba una revista para buscar la dichosa fotografía—. Ahhhh… Es el bautizo del nieto de Fox —remató.

—Vela bien, ¿no le ves nada raro?

—Pues no —respondió Diana mientras observaba con detenimiento la nota. Ahí estaba el escándalo escondido pero ella nada más no daba con él.

—Trae un bolso que no es del catálogo de la marca. Chécate la primera plana de *Milenio* —le pidió alarmada.

Contrario a lo que pudiera creerse de alguien que se encargaba de la operación de una revista de la llamada prensa rosa, entre las cualidades de Diana no estaba precisamente estar al último grito de la moda ni dominar los modelos de los bolsos a simple vista, así que tardó unos instantes en comprender las repercusiones que esto podía tener, o mejor dicho, el porqué de tanto drama.

—¡No tenía ni idea! —le dijo a la RP de Vuitton—. ¡Gracias por avisarnos! Deja consulto con mi jefa a ver qué hacemos —en ese momento el sentimiento de culpa comenzó a subirle de los pies a la cabeza. Ella era la que daba el OK final a los textos antes de irse a imprenta y jamás se hubiera dado cuenta de un detalle así.

En cuanto colgó el teléfono, Diana se precipitó al lugar de Érika Roa. No podía explicarse cómo a Eri se le había escapado el dato. Ella sí era una experta en bolsos. Los amaba sin control. Cada que podía, una parte de sus quincenas iba a parar precisamente a bolsos de marca que atesoraba en su clóset, pues su filosofía era que ese accesorio podía darle un toque chic al *outfit* más desafortunado o austero. No gastaba mucho en ropa, pero tratándose de bolsos no reparaba en comprometer el crédito de sus tarjetas. ¡Si alguien en esa redacción hubiera podido darse cuenta de la bolsa *fake* de Ana Cristina era precisamente ella! Ella que cada vez que seleccionaban fotos para algún artículo lo primero que decía era: "¡Ve la bolsa Chanel-Prada-Gucci-Hermès que trae fulanita!", con los ojos llenitos de "yo la quiero para mí".

Érika se encontraba tranquilamente ante su computadora, tecleando el reportaje en turno, cuando sin decir ni agua va, Diana le puso sobre el escritorio, ante sus ojos, la revista abierta de par en par con un dedo acusador sobre la foto culpable del descalabro mediático.

—¿Ya viste, Eri, lo que se nos fue? —la editora de política y realeza de *Quién* alzó la cara con un signo de interrogación plasmado en ella—. Chécate la bolsa de Ana Cristina.

Diana no tuvo que añadir más. La expresión de sorpresa de Érika lo dijo todo. "¡Es pirata!", exclamó incrédula. No paraba de reclamarse a sí misma. ¡¿Cómo era posible que se le hubiera ido una cosa así?! ¡A ella, que dominaba el tema! Se había concentrado tanto en el meollo de la historia, en los dimes y diretes familiares de los Fox, que eso la había distraído de lo que normalmente hubiera llamado su atención de inmediato.

Lo siguiente era consultar con Blanca Gómez, la editora general de la revista, los pasos a seguir. Como perros regañados, Diana y Érika asomaron la cabeza en su oficina. Una vez puesta al tanto de la situación, Blanca decidió, al igual que los directivos de Louis Vuitton, que no había nada que hacer más que dejar que la nota siguiera su curso. Diana respiró, la guadaña que amenazaba su puesto se desvaneció. Nunca volvió a menospreciar lo que el poder de una marca puede hacer en una revista del corazón.

Pasado el clímax del escándalo y luego de que la publirrelacionista de LV estuviera a punto de derrumbarse y el llanto de inundar su rostro, su jefe directo por fin llegó de sus vacaciones en Europa. Ella, dispuesta a asumir su responsabilidad, temblorosa y casi con la renuncia en la mano, lo puso al tanto de todo. Para su alivio, la reacción de éste fue la que menos se hubiera esperado. Muerto de risa, bromeó: "Yo que tú me alejaba de los ventanales de tu oficina, no vaya a ser que te estén vigilando desde un helicóptero".

Poco tiempo después, Ana Cristina se fue a vivir a España, en donde mantuvo un bajo perfil, hasta que la vida le dio la oportunidad a Louis Vuitton de cumplir la promesa que se había hecho de quitarse el mal sabor de boca con ella.

Sara Galindo, quien entonces colaboraba con la revista *Caras*, competencia directa de *Quién*, viajó a la península Ibérica para hacer un reportaje de cómo vivía la hija del presidente de México en el viejo continente. Para los atuendos que luciría Ana Cristina en las fotos, llevó consigo artículos de Vuitton, de los cuales la mayor de los hermanos Fox de la Concha quedó prendada. Sara se lo comentó a la gente de LV, cuyos directivos autorizaron que Ana Cristina se los quedara. Con esto se cerró tan desagradable capítulo. Pobre Eri, no cabe duda: nadie sabe para quién trabaja.

Una primera dama nunca se arruga

Las cosas nunca son lo que se espera que sean. A finales de 2004, las versiones de que los hijos de la primera dama de México estaban aprovechando sus vínculos con el poder para beneficiar a sus empresas ya habían cruzado la frontera del rumor y se habían convertido en las ocho columnas de algunos de los periódicos de mayor circulación en el país.

El escándalo había alcanzado niveles apoteósicos. Así que la también presidenta de la Fundación Vamos México no dejó pasar más tiempo y salió en defensa de sus cachorros, especialmente del mayor, que era el más vapuleado, mediante un comunicado que emitió su oficina de apoyo el 13 de enero de 2005. En él se aseguraba que su primogénito, Manuel Bribiesca Sahagún, no tenía ninguna participación en varias de esas empresas.

Sin embargo, las palabras de Marta Sahagún de Fox no tuvieron suficiente resonancia. La Cámara de Diputados creó una comisión especial para investigar el presunto tráfico de influencias de sus hijos. La pólvora estalló al grado de que el 23 de enero de 2006, durante el noticiario *Primero noticias*, que conducía el periodista Carlos Loret de Mola en el canal 2 de Televisa, en un hecho nunca antes visto, el entonces jefe del Ejecutivo, Vicente Fox Quesada, salió en defensa, con su estilo harto chacotero, de los descendientes de su esposa, señalando: "Lo que se dice de los hermanos Bribiesca son puros cuentos chinos".

En esos supuestos "cuentos chinos", cada que alguien se refería a *les enfants terribles* de Los Pinos, en automático se relacionaba a los tres hombres que Marta María Sahagún Jiménez había procreado con su primer

131

esposo, Manuel Bribiesca Godoy: Manuel, Jorge Alberto y Fernando. A todos se les metía en el mismo costal, pero en realidad poco o nada se sabía del menor.

Después de las declaraciones del ciudadano presidente en televisión abierta, Blanca Gómez Morera, entonces directora de revistas femeninas de Grupo Editorial Expansión, mandó llamar a Érika Roa a su oficina y le encomendó hacer llamadas a Los Pinos con el fin de conseguir una entrevista con alguno de los Bribiesca Sahagún involucrado en el escándalo. Érika, hasta antes de convertirse en la editora adjunta de *Quién*, cubría, además de las Casas Reales de Europa, los temas de política nacional e internacional, entre ellos los relativos a la familia Fox. Su enlace con ella no era mediante la oficina de Comunicación Social de la Presidencia o algún subalterno del presidente, sino a través de la asistente personal de Marta, una joven diseñadora gráfica llamada María Eugenia Hernández Begoña.

La relación entre Maru y Érika, que comenzó a principios del 2001, con el tiempo se fue volviendo cada vez más estrecha. Se hablaban por teléfono prácticamente cada nueva edición de la revista, ya fuera para que Érika le solicitara material fotográfico o para que Maru le diera información —previamente autorizada por su jefa— de los eventos privados de los Fox-Sahagún. Se habían vuelto confidentes hasta de sus propias vidas. Así que cuando la Roa llamó a Maru en aquel enero de 2006, esta última respondió de inmediato. Se vieron un par de días después en el lugar donde siempre se encontraban: el Café Ó, ubicado en la calle Monte Líbano, en las Lomas de Chapultepec. Por la confianza que se tenían, la representante de *Quién* fue al grano:

—Nos urge una entrevista con Manuel o con Jorge Alberto Bribiesca, Maru. Ayúdanos, por favor. Queremos esa exclusiva.

—¡¿Por qué siempre quieres ir tras el escándalo?! ¿Por qué mostrar siempre lo malo si también hay cosas buenas? —palabras más, palabras menos, contestó Maru con el tono golpeado que la caracterizaba.

—¡¿Como quéeeee?!

—Ahí está la historia de Fernando —el menor de los Bribiesca, que era un caso de éxito.

Aunque esas historias no siempre son las más taquilleras en los puestos de periódicos, Érika se comprometió a llevar la proposición a la oficina de Blanca. Maru, a su vez, acordó que, en el caso de que fuera aprobada en la editorial, sería ella misma quien convencería a Marta Sahagún de poner a su hijo en la portada.

Conforme pasaba el tiempo, el tema de los hijos de Marta cobraba mayor relevancia entre los mexicanos. Blanca decidió tomar lo que ofrecía la representante de la familia presidencial pero con las condiciones de la revista: que fuera en el lugar donde vivía; que mostrara su departamento; que hablara del escándalo de sus hermanos y que confesara lo que les había dicho su mamá sobre lo que se vociferaba de ellos en la prensa.

Maru Hernández le presentó la propuesta a la primera dama de México. Ésta la sopesó más de una semana y finalmente aceptó. "Pero que me cuiden mucho a Fer. Pídeles que me lo cuiden, Maru", fue su única solicitud especial.

Debido a la aerofobia (miedo a volar en aviones) de Érika y a lo polémico del tema, se decidió que el mejor para llevar a cabo la misión era Beto Tavira, el editor de política, a quien Eri pasaría la estafeta.

Un correo electrónico de Maru presentó a Beto con Fernando Bribiesca. Posteriormente vinieron un par de llamadas telefónicas entre ellos para dejar muy claro el ángulo de la entrevista y para determinar las fechas del encuentro, debido a que se realizaría en Estados Unidos, país en el que vivía Fernando desde agosto de 2004, pues estudiaba una maestría en Gerencia Política y Campañas Electorales en la Universidad de Georgetown.

El jueves 23 de febrero de 2006, Beto tomó un vuelo con destino a Washington, D.C. Tras su arribo a la capital de Estados Unidos de América y de instalarse en el hotel, se reunió en un café con César Vera, el afamado retratista mexicano de celebridades como Sting, Catherine Deneuve y Donna Karan, y fotógrafo de campañas de publicidad como la del perfume 212 VIP de Carolina Herrera, quien había viajado desde Nueva York, donde residía, con el fin de hacer las fotos del hijastro del presidente de México para la revista *Quién*. Guylaine Couttolenc, editora de foto de la publicación, con calculadora en mano, había hecho cuentas y había decidido que le saldría más barato a la revista contratar un fotógrafo que radicara en Estados Unidos.

Beto le explicó al maestro de la lente que el ángulo del reportaje era mostrar la vida del hijo de Marta Sahagún en Washington, D.C. y, desde luego, recabar su versión sobre el escándalo de su familia en México. Ya en sintonía, ambos acudieron a hacer un *scouting* al departamento en el que vivía Fernando, localizado en el Chinatown, en un edificio de 150 apartamentos que entonces tenía solamente dos años de construido y donde era vecino de tres mexicanos (uno de Mérida y dos provenientes de Nuevo León, entre los que se encontraba un familiar del entonces gobernador de Nuevo León, José Natividad González Parás).

Ya los esperaba Fer, quien bajó a darles la bienvenida a la recepción con una sonrisa cálida y un look desenfadado dosificado en sus 1.84 metros de estatura, en los que también repartía sus 24 años de edad. En cuanto Beto y César cruzaron la puerta del departamento y plantaron sus dos pies sobre el piso laminado del espacio destinado para la cocina, fueron advertidos de la primera regla del lugar: "Van a tener que quitarse los zapatos", les advirtió Fernando. Y no era precisamente por motivos religiosos o fobia a las bacterias de la calle; simplemente que el color de la alfombra que cubría el resto de la propiedad era casi blanco en su totalidad "y se ensucia hasta con el aire. Además sólo viene una vez a la semana la señora que nos ayuda".

A continuación, se abrió paso la primera anécdota del encuentro. Fernando les platicó que hacía apenas dos semanas, su mamá se encontraba en la capital estadunidense para participar en el foro *La mujer en el mundo* organizado por la Cámara de Comercio de aquella nación y, debido a que no conocía dónde vivía su hijo menor, abrió un espacio en su agenda para visitarlo. En ese momento se olvidó de todo su poder. La esposa del presidente mexicano tuvo que despojarse de sus tacones en cuanto entró al territorio de su retoño. Colocó sus zapatillas encima de un tapete de fibras gruesas y continuó su camino descalza hacia el resto del departamento que alquilaba su hijo consentido. "Yo creo que por ser el más chico y el último que salió de la casa, mi mamá me tiene un cariño muy especial", les confesó Fer.

"Está muy lindo. Lo tienen muy limpio y ordenado", fue lo primero que dijo la señora Fox a su bebé después del minitour que él le dio por las dos habitaciones, el par de baños completos, la sala, el comedor, la cocina y la pequeña terraza. Todo por una renta mensual de 2,150 dólares. "Una ganga —le presumió Fernando a su mamá—, además había una promoción y nos regalaron tres meses de renta." Marta sonrió con orgullo mientras se sentaba en la sala blanca adquirida en IKEA, la tienda sueca de muebles, accesorios para el hogar y objetos de diseño contemporáneo conocida por lo accesible de sus precios. Todo parecía indicar que el más pequeño de los Bribiesca Sahagún no era sinónimo de dolor de cabeza.

El encuentro entre Fernando y Beto duró tres días. Sorprendentemente, y contrario a lo que se acostumbra en las entrevistas con políticos, en todo ese tiempo no hubo nadie del área de Comunicación Social de la Presidencia de la República ni del equipo cercano a Marta durante aquellas reuniones. No estuvo Maru Hernández. Tampoco hubo abogados personales de la familia. No hubo nadie de su parte que supervisara, apoyara y cuidara al benjamín de los hermanos Bribiesca Sahagún, que se enfrentaría a un periodista con amplio colmillo, el cual no tendría reparo en hacer preguntas incómodas. Vaya, ni siquiera el propio protagonista grabó su testimonio, cosa de la que se arrepintió después. Su poca experiencia en lidiar con los medios, derivada del bajo perfil que había mantenido hasta ese momento, se hizo evidente.

El primero de los tres días fue destinado a conocerse y a la planeación del artículo. El segundo, a la sesión de fotos, la cual incluyó como escenarios el departamento que Fernando compartía con su *roommate*, el regio Roberto de la Garza Mijares, algunos de los exteriores de The George Washington University, donde estudiaba, e incluso César Vera lo fotografió en el metro, medio de transporte que Fernando dijo utilizar diariamente para ir del departamento a la escuela y viceversa. "Acá en Washington no tengo seguridad personal ni nada de esas parafernalias."

El tercer día, ya habiendo más confianza entre entrevistado y entrevistador, procedieron a la columna vertebral de la visita en la sala del departamento de Fernando. Él, vestido de jeans y camisa, se mostraba algo

135

nervioso, atento y cauteloso con las preguntas. Pensaba las respuestas antes de dejarlas a perpetuidad en la grabadora Sony de casete chiquito:

¿De qué manera ha afectado al interior de todos los Bribiesca Sahagún el escándalo?
Emocionalmente nos está haciendo mucho daño a todos. Y de manera particular, me lastima leer la prensa mexicana a través de internet y darme cuenta de lo que se publica de nosotros por todas las injusticias que se están cometiendo en nuestra contra.

¿Marta los ha reunido a los tres para hablar de este tema?
Fui a la ciudad de México en diciembre de 2005 para pasar las fiestas navideñas con toda la familia. Ahí mi mamá platicó en privado con Manuel, Jorge y conmigo sobre cómo estamos ante esta situación. La verdad es que aquella reunión nos ayudó a madurar y a hacer más fuertes nuestros lazos emocionales frente a este escándalo que, más bien, es un asunto político. Después de las elecciones del 2 de julio esto va a terminar sin que encuentren nada porque ¡no hay nada!

¿Qué sientes cuando se habla del escándalo y agarran parejo con los Bribiesca?
Me molesta que se generalice que los hermanos Bribiesca estamos bajo investigación. Si están investigando a uno o dos por determinadas cosas, que digan qué cosas y quiénes son. Porque ahí me incluyen a mí.

Sin embargo, éstas no fueron las únicas respuestas de Fer a las preguntas obvias. También hubo otros cuestionamientos en los que, una vez que Beto había regresado a México, sintió que había hablado de más.

No llevaba ni un día de haber aterrizado en su escritorio en la oficina, cuando el editor de política de *Quién* ya estaba recibiendo llamadas de Maru Hernández, preocupada por algunas declaraciones que Fer había hecho, según le había contado. Tal era su angustia, que incluso solicitó a Beto que le enviara el artículo antes de publicar para su autorización, acción que estaba terminantemente prohibida en Grupo Editorial Expansión, sin excepciones, así se tratara del mismísimo presidente de la República. Así se lo hizo saber Beto a Maru. No obstante, y temiendo que las cosas se complicaran, el periodista hizo base con Diana Penagos, quien le solicitó la transcripción de la entrevista para evaluar si realmente había algo tan grave que les pudiera quitar el sueño en Presidencia.

Efectivamente, sí había una que otra indiscreción. Diana y Beto sopesaron la situación y llegaron a la conclusión de que si *Quién* fuera un medio de otro corte, probablemente tendrían material para ensañarse, pero siendo que era una revista del corazón y que dichas indiscreciones no aportaban realmente al núcleo del reportaje, podían omitirse y enfocarse en los temas centrales y delicados que debíamos tratar por fuerza.

Maru tenía asoleado a Beto con el asunto de poder leer el texto antes de publicarse. Él aguantó estoico; sin embargo, muy a su pesar, tuvieron que recurrir a ella cuando se presentó la siguiente complicación.

La decisión más difícil, como sucedía prácticamente con cada edición, había sido la elección de la foto de la portada. De Fernando solo, posando en Washington, había unas maravillosas. César Vera había hecho un gran trabajo, como era su costumbre. Fer se veía guapo, retratado en su mejor ángulo, en un escenario glamoroso, como era la capital estadunidense, pero… los editores llegaron a la conclusión de que no era un joven lo suficientemente conocido como para incitar a la compra masiva. No cabía la menor duda, el personaje taquillero era Marta Sahagún. Así que el reto del equipo de arte, comandado por Paola Alonso Olivares, era encontrar una foto donde aparecieran ambos: mamá e hijo.

Era una tarea complicada. Las únicas fotos que hallaron de ellos juntos habían sido tomadas en eventos sociales así que, por su naturaleza, no cumplían los requerimientos para la portada. Recurrieron a bancos de imágenes y nada. La última opción fue llamar a Maru para que les enviara una fotografía en la que aparecieran ellos dos pero nunca llegó. La asistente personal de Marta no quería que su jefa apareciera con un Bribiesca en la portada, inocentemente pensaba que eso ayudaría a que no fuera vinculada con el escándalo de sus hijos.

A falta de una mejor opción, la foto elegida fue una del archivo de *Quién* de años atrás en la que aparecía Fernando en la boda de su hermano Jorge Alberto acompañado de su mamá, quien se veía conmovida hasta el tuétano, con lágrimas en los ojos. La imagen dio pie al debate entre los editores: ¿retocaban la cara de Marta con Photoshop o no? Ganó la negativa bajo el argumento de que si lo hacían, le quitarían las líneas de expresión y sólo lograrían que la cara de la Primera Dama se viera falsa, como muñeca de cera emulando el llanto. Por lo tanto, el rostro de Marta Sahagún de Fox se fue a la imprenta como Dios lo trajo al mundo: sin retoque.

La exclusiva se publicó en el ejemplar del 17 de marzo de 2006. Ocupó un espacio de nueve páginas en la revista y en la portada se colocó el titular: "El hijo bueno. Fernando Bribiesca nos cuenta cómo vive su familia el escándalo".

En cuanto Érika Roa tuvo el acuse de recibido de los ejemplares que le mandó a Maru a Los Pinos, le llamó para saber qué opinión le merecía la revista. "Yo la veo bien, Eri. La foto de la portada está medio pinche, pero la veo bien", concluyó la asistente de Marta Sahagún con tranquilidad y dio por terminada la conversación para llevarle de inmediato el ejemplar a su jefa.

Más tardó en colgar Maru, que en volver a llamar a Érika Roa. Ahora, la mano derecha de Marta Fox estaba furiosa, histérica y ahogada en llanto. "¿Por qué nos hicieron esto? ¡No puedo creerlo!", gritaba al otro lado de la bocina una Maru desconsolada, que con voz entrecortada alcanzaba a pronunciar que Marta Sahagún la había culpado de manera directa de que la revista hubiera publicado esa foto y ese título en la portada: "El hijo bueno".

Érika le pedía que por favor se calmara, pero en lugar de eso, Maru agudizaba los gritos: "Me dijo traidora, que soy una traidora por haberla utilizado a ella y a Fernando para culpar a sus otros hijos". No había explicaciones que la tranquilizaran. Le colgó el teléfono a Érika. Le volvió a llamar. Pidió hablar con Blanca Gómez. Érika le explicó que desde esa extensión no la podía transferir, que tenía que volver a llamar al conmutador y pedir por la extensión de Blanca. En realidad, Eri sólo quería ganar tiempo para poder ir a la oficina de su jefa a ponerla sobre aviso. Maru tardó unos minutos en comunicarse con la asistente de Blanca, quien todavía la puso un rato más en espera. Al ser notificada de la situación, Blanca salió apresurada de su oficina y llamó al equipo de *Quién* responsable de la publicación: Diana Penagos y Beto Tavira. Érika Roa ya se encontraba ahí. Su plan era tener a toda la artillería cerca por si en ese momento le declaraban la guerra. Quería tener la película completa de lo sucedido y que, si era necesario, su equipo le ayudara con los argumentos que usaría para rebatir.

Maru Hernández estaba iracunda, fuera de control. Sus gritos se escuchaban a una distancia considerable cuando Blanca apartaba de su oreja la bocina para poder soportar el volumen. Reclamó de un solo jalón y con toda la fuerza de sus cuerdas vocales. En poco tiempo llegó el llanto. La asistente de la primera dama de México estaba llorando. Blanca, sentada en su escritorio, rodeada de su equipo, estaba sorprendida. Por sus gestos se notaba verdaderamente desconcertada por lo que estaba escuchando.

Con señas para no interrumpir a su interlocutora, la directora editorial de las revistas femeninas de Expansión le pidió a Beto que por favor le acercara un ejemplar de *Quién* con el reportaje de Fernando Bribiesca. Mientras oía la interminable y furibunda letanía, lo empezó a ojear. Temía lo peor. ¿Qué había sido publicado sobre los Bribiesca Sahagún que tenía escupiendo lumbre a Marta Sahagún y, por ende, a su asistente? "¡La foto! —berreaba sin control Maru Hernández—. ¡La pinche foto de la portada, Blanca! ¡No puede ser que nos hayan hecho esto!"

Blanca Gómez fruncía con fuerza el ceño y movía repetidamente la cabeza de izquierda a derecha en señal de no entender absolutamente nada. Sus editores, al otro lado del escritorio, salivaban como perro de mercado frente a un jugoso top sirloin, queriendo saber exactamente el chisme.

—¡Hemos trabajado tantos años! ¡Han tomado millones de fotos de Marta! ¡Millones! ¿¡Y tenían que poner esa pinche foto!? —ahondaba en su protesta la representante de Los Pinos.

Blanca no hablaba. En realidad los aullidos de Maru no se lo permitían, así que tomó una hoja de papel en blanco, anotó algo y la volteó a los suyos para que se enteraran. Escrito con mayúsculas —como siempre lo hacía cuando escribía a mano—, se leía el origen de semejante escándalo: "LAS ARRUGAS".

Lo que los editores habían dejado para que se viera natural y conmovedor, para la Primera Dama había sido un atentado terrorista. ¡Cómo se les había ocurrido a los de *Quién* no retocarle con Photoshop los surcos debajo de los ojos!

Cuando Blanca se recuperó de su estupor, trató de interrumpir a Maru con un "lo siento mucho, fue sin ninguna mala intención". Fue inútil. La asistente de Marta no le daba ni un respiro a su letanía... Hasta que Blanca ya no aguantó y con un autoritario "cálmate y déjame hablar" logró por fin que se callara y que le permitiera decir sus argumentos. Le hizo hincapié en que por parte de la revista les habían advertido que Marta debía aparecer en portada, que no tenían una buena foto de los dos juntos y que ellos no habían querido cooperar. También le recordó que tenían grabadas declaraciones un tanto indiscretas del muchacho y que no se habían publicado, que deberían agradecerles por eso.

No hubo explicación alguna que hiciera a Maru entrar en razón. En ese instante, la furia de su jefa pesaba sobre ella como una guillotina a punto de cortarle el cuello. No importaba si los hijos de Marta Sahagún habían sido retomados por *Quién* debido al presunto tráfico de influencias que tenía en jaque al país. Tampoco importaba que una revista tan influyente como ésa consignara que había una comisión especial en la Cámara de Diputados para investigar a sus vástagos. El reclamo no tenía nada que ver con que en la portada dijera "El hijo bueno", dejando ver entre líneas que los otros dos podrían ser "los hijos malos".

Tiempo después, Diana supo por alguien que había presenciado la escena que cuando Marta vio la revista, desesperada la agitaba mientras le preguntaba a su esposo: "¿Por qué no me quieren losss de *Quién*? ¿Por qué me hacen essstto, Vicente? ¿Qué de plano asssí essstoy, Vicente?". A lo que Fox había respondido con su silencio y una ligera inclinación de cabeza. El que calla, otorga.

El tema eran las arrugas. Cuando Blanca colgó el teléfono, recriminó a su equipo diciéndole que la habían regado, que una puede "llorar bonita y lisita". Maru Hernández, con la sabiduría que otorga el ser parte de las más altas esferas del poder político del país, les había dado unas cuantas bofetadas verbales a los expertos en el mundo editorial: una primera dama nunca se arruga.

MAYDAY, MAYDAY, MAYDAY...
UN INTRUSO EN EL RANCHO FOX

———

Llegó mayo. Los primeros meses de 2006 habían volado. El tiempo se pasa aún más rápido cuando se trabaja en una editorial, y sobre todo en una revista semanal o catorcenal, como *Quién*. El *rush* que se maneja es algo fuera de lo normal. La mente tiene que estar programada en "fa", estar en constante movimiento y atenta a que no se le vaya ninguno de los cien pendientes.

Esa mañana, llegando, Añú Cervantes de Ovando, la editora de sociales de la revista, fue a la oficina de Diana Penagos, como lo hacía casi todos los días. Esa vez no era para saludarla o para ver cuál era la nota del día; era para afinar los últimos detalles de la cobertura de la boda de Paulina Fox, de la que ella se haría cargo. "¿Cómo va lo del hotel, Añucita?", "¿Y la camioneta que los va a llevar?", "Tienen que ir dos fotógrafos y necesito que traigas a Fox en la portada". Cuando Diana pronunció esta última frase, Añú entró en *shock*. Su cara reflejaba terror.

—¿Cómo a Fox, Dianis?

—Sí, Añucita, si no, no nos funciona.

El problema era mayor de lo que parece, pues en las duras negociaciones previas con la segunda hija del entonces presidente de México para conseguir la exclusiva, ella había sido tajante al indicar que no quería que su papá fuera el protagonista de la boda, sino los novios. Estaba muy preocupada por darle su lugar a su futuro esposo. Ella y el equipo de *Quién* habían acordado que la pareja posaría poco antes de partir a la iglesia, una vez que hubiera terminado de arreglarse.

"Dios mío santo —pensó Añú—, ¿cómo voy a traer a Vicente Fox

141

en portada? Será en el baile con la novia… Pero esas fotos no salen muy bien…" Diana seguía hablando, pero ella ya no escuchaba. Le daba mil vueltas en la cabeza al asunto. Salió de la oficina aún con la mente girando.

El sábado 20 de mayo a mediodía, el equipo de *Quién* entraba en el famoso rancho San Cristóbal, propiedad de la familia Fox, ubicado a unos kilómetros de León, Guanajuato; el mismo en el que un año después pondrían los pies Beto Tavira y Diana Penagos para el polémico reportaje "Su vida después de Los Pinos".*

Añú estaba emocionada. Habían sido muchos meses de "estira y afloja" y había llegado el momento. La mataba la curiosidad por conocer el rancho donde Martita Sahagún y su marido, el primer mandatario del país, pasaban sus escasos ratos de ocio. Contrario a lo que mucha gente aseguró algunos años después sobre el lugar, a ella no se le hizo espectacular. Era una buena casa con su buen jardín, una buena alberca y suponía que también sus buenas hectáreas; no obstante, pensaba que si hiciera una lista de los diez ranchos más impresionantes de políticos o empresarios mexicanos, sin duda San Cristóbal no estaría en ella.

"Estaciónense adelante, por favor", los guio uno de los guardias (militares) que cuidaban la puerta principal. Bajaron de la camioneta. El día estaba muy bonito, airoso. Esperaron mientras revisaba el equipo fotográfico.

Al poco tiempo, Añú fue llevada a la casa. Entró a un pasillo donde la esperaba Martita: "Hola, mucho gussssssto, graciassss por venir". "Gracias por recibirnos", contestó educadamente y la siguió hasta un cuarto muy cálido, con vista hacia la arbolada. Ahí estaba el resto de las mujeres: Ana Cristina Fox, la novia y Lilián de la Concha, mamá de ambas. Estaban siendo maquilladas. Ana Cristina, como siempre, se mostró muy atenta y amable. La editora de sociales de *Quién* las saludó y les deseó lo mejor.

Mientras terminaban de arreglarse, Añú rondaba por el jardín. No había mucho que hacer más que esperar. A lo lejos, vio a Vicente Fox nadando. "Una foto", pensó. Era imposible, para tomarla se tenía que

---

* Ver "El *Foxgate*".

acercar y además tenía muchas miradas sobre ella, así que siguió esperando a la novia para la sesión de fotos y rezándole a Dios para que Vicente llegara en algún momento.

Por fin asomó Paulina, emperifollada, escoltada por el que en unos minutos se convertiría en su esposo, quien anunció: "Ya estamos listos". Valeria Ascencio, la fotógrafa de *Quién*, ya tenía todo preparado para hacer la toma de portada: ciclorama, luces, tripiés, rebotes, etcétera. En eso, como una bendita aparición, el señor presidente de la República, muy guapetón, salió de su casa. Añú corrió hacia él; lo primero que se le ocurrió decirle fue: "Señor Fox, ¿se pone para la foto?". "Claro", respondió sonriendo. Añú respiró. El primer mandatario se colocó a un lado de su hija y de su futuro yerno (cinco años después, exyerno), Luis Carlos Aguilar, mientras que por la mente de Añú sólo pasaba un "Fiuuuu… Ya tengo la foto". Descansó. Tenía cubierta la parte más importante de la nota, la que sería la portada del 26 de mayo de 2006 con el título "Fox casa a su niña".

Después de tomar varias fotos partieron todos a la misa en la Catedral de Nuestra Señora de la Luz en León. Afuera, en la calle, una multitud esperaba para ver al presidente y a su hija. El control de la entrada era estricto. Añú creyó que asistirían más personalidades del mundo social y político de México, pero no, muchos eran amigos leoneses.

Al terminar la ceremonia, regresaron al rancho. Entre la misa y el ir y venir, dieron alrededor de las siete de la noche. Empezaron a llegar los invitados y comenzó lo divertido. El haber sido tantos años la editora de sociales de *Quién* y haber tenido un abuelo experto en la genealogía de la sociedad mexicana, había desarrollado en Añú buen ojo para detectar a qué persona le gusta juntarse con quién, qué relación tiene determinado individuo con otro, saber quién era pobre y ahora es rico, a qué lugares es asiduo, cuándo repite la ropa y muchas otras cosas que no siempre salen a la luz.

Llegó la hora de la cena para los más de quinientos invitados. El día se había hecho eterno. El cansancio empezaba a hacer mella. En eso, uno de los fotógrafos le avisó:

—Hay un reportero del *Reforma* sentado en una de las mesas.

—¡¿Qué?! ¡¿Cómo?! —preguntó sorprendida.

—Sí, ya lo vi —le confirmó.

—Pero si es nuestra exclusiva —insistió ella.

—Yo lo sé —contestó.

La mente de Añú se aceleró. Lo primero que pensó fue: "Tengo que hacer algo, no nos la pueden ganar, tardamos meses en conseguirla, ¡¿cómo se atreven?!, ¡qué poca madre!". Tenía que ser inteligente, estaba en casa del presidente de México.

En el transcurso del día había tenido algunas conversaciones con los guardias presidenciales, así que se le ocurrió acudir al jefe de seguridad del Estado Mayor: "Comandante —le dijo seriamente—, hay un intruso en el rancho. Si mañana este lugar sale en todos los medios o algo sucede, voy a decir que yo le avisé. El señor presidente justamente nos pidió que no quería que la casa saliera en ningún lado". Su tono era tan dramático, que el "comandante" inmediatamente comenzó a hablar en clave por su radio, como sólo ellos suelen hacerlo: "¡¡¡*Aguilaajabalícincocomunicatehayunerreocho!!!*". Y, como diría Timbiriche, "la fiesta comenzó".

Se dejaron venir varios uniformados. Añú, aunque asustada, aguantó estoica cuando la abordaron: "¿Quién es? ¿Cómo es? ¿De dónde viene?". "No sé —dijo—, espérenme y les ayudo." Fue con los fotógrafos, les comentó el punto y les pidió que la acompañaran a identificar al intruso. Caminó por varias mesas mientras la concurrencia cenaba elegantemente, hasta que uno de los fotógrafos se lo señaló. Era medio gordito, chaparro y morenito, se lo grabó muy bien en la mente y regresó al patio, donde había una banca dispuesta para que el equipo de *Quién* se sentara, afuera de la carpa donde tenía lugar el festejo. La esperaban los guardias: "¡¡¡*Aguilarrrrcuatrocuatrocuatrocincobecincoentrando!!!*", sonaban los radios. "Ya lo vimos", les avisó. "Está bien —le contestó el "comandante"—, vamos a esperar un momento y nos acompaña a buscarlo."

No habían pasado ni cinco minutos, cuando, disimulando sofisticadamente, Añú recorría las mesas junto con tres trajeados. Quienes la vieron podían haber pensado que eran sus escoltas, ya que caminaban algunos pasos detrás de ella.

Llegaron al sitio donde supuestamente se encontraba el intruso; ya no estaba. Añú volteó a ver al jefe de seguridad, señalándole con los ojos el lugar vacío. Se sentía Mata Hari en su encomienda más importante.

Barrieron las mesas una a una. Estaba apenada de andar rondando por ahí presionada por los guardias, quienes le preguntaban a cada minuto por la descripción del invasor. "¿Ése es?" Hasta que por fin lo distinguió, se los señaló y de inmediato se fue. No quería que la viera.

Regresó a la banca de los "castigados", como la apodaron porque ése fue el lugar en donde pasaron las más de doce horas que estuvieron en el rancho.

A los pocos minutos vio, a unos veinte metros, a unos hombres de negro empujando a un individuo, con el traje mal acomodado, hacia la puerta de salida. Le quitaron la cámara... Se veía asustado... No sabía qué pasaba. Lo echaron abruptamente.

Finalmente Añú no supo bien a bien qué le hicieron a él ni a la cámara y la verdad no le importó. Él sabía que la exclusiva era de *Quién* y cuando la usurpas en terreno presidencial, te atienes a las consecuencias. Por ahí se dijo que había sido invitado a la boda, pero un invitado con cámara no es un invitado de honor.

EL *FOXGATE*

———

—¡Te vas a cagar con la propuesta que te tengo, mi Chuli! —Beto oyó una voz femenina al otro lado del auricular del teléfono de la oficina, con el tono apasionado de una vendedora de Tupperware.

—Pues no me cuentes nada hasta que consiga un pañal que cubra mi asiento —replicó una vez que reconoció la identidad de su interlocutora.

—Te caigo el próximo lunes en Expansión, Chuli —se autoagendó.

—No hay manera. El lunes, aunque es puente, tengo junta de contenido, además tengo cierre. Veámonos el martes.

—Perfecto, mi Chuli. Llévate tu pañal para que te cagues a gusto.

El calendario de 2007 marcaba martes 6 del mes de febrero. A las doce del día, la joven fotógrafa Winda Berkowitz se registraba en el acceso principal de Grupo Editorial Expansión. Subió las escaleras que conducían a la recepción y se anunció con Juanita Terreros, la que había sido recepcionista de la empresa durante aproximadamente dos décadas y que, dicho sea de paso, había visto de todo. Absolutamente de todo.

Winda y Beto se dieron un fuerte abrazo. La buena relación entre ellos se había gestado tiempo atrás gracias al director de la agencia Contempo Models, Óscar Madrazo, uno de los personajes más queridos y frecuentes en las páginas de la revista, a quien Beto cubría a pesar de ser editor de política y cultura. Óscar había ungido a Winda como su fotógrafa de cabecera.

Sentados en las mesas localizadas en el patio de GEE, a un costado de una pequeña fuente hecha con un jarrón de talavera, Winda le tomó las dos manos a Beto y le habló de lo que, para ella, provocaría sus ganas de ir al baño. Palabras más, palabras menos, le propuso que hicieran juntos un *book* para publicarse en *Quién* que mostrara la vida de las primeras damas de México luego de su salida de Los Pinos.

De inmediato Beto se tiró un clavado en la memoria para ver si era posible lograr un bouquet interesante: Paloma Cordero (esposa de Miguel de la Madrid Hurtado), Cecilia Occelli (exesposa de Carlos Salinas de Gortari), Nilda Patricia Velasco (esposa de Ernesto Zedillo Ponce de León) y Marta Sahagún (esposa de Vicente Fox Quesada). "Tú las entrevistas y yo me encargo de toda la producción de las fotografías. ¡Va a estar poca madre, Chuli!", dijo Winda con su constante muletilla y toda la seguridad que la caracterizaba.

Beto no esperó a la siguiente junta editorial para poner la proposición sobre el escritorio de Diana Penagos, quien, con el entusiasmo exacerbado que le provocaban estos temas, le contestó que le parecía buenísimo, porque además les daba el pretexto perfecto para acercarse a Marta Sahagún, que por esos días se había vuelto su obsesión.

Diana estaba empeñada en que la primera entrevista que ella diera después de que Vicente Fox había dejado la Presidencia de México, hacía apenas unos dos meses atrás, fuera para *Quién*.

Marta era un personaje polémico, que despertaba el morbo en las lectoras, y Diana estaba segura de que las fieles seguidoras de la revista morían por ver cómo le había sentado el hecho de pasar del oropel de Los Pinos a ser la primera dama de San Cristóbal, el rancho de la familia Fox en Guanajuato, donde ahora vivía.

"Necesitas hacer mucho marcaje personal", le ordenó a Beto. Ésa era una de sus frases que más escuchó todo el equipo de *Quién*; como que tenía cierta codependencia con ella.

Sólo unos días después, Beto le dio la buena noticia: "Ya tengo confirmada a Cecilia Occelli. Nos recibirá en su casa el jueves 22 de marzo". En seguida llamó a la Berkowitz para citarla antes del encuentro en la redacción de *Quién* y hacer la planeación gráfica del reportaje con el equipo de arte. El 13 de marzo todos tenían las ideas plasmadas en esquemas. Entiéndase por "esquema" hacer dibujos en el lado en blanco de las hojas que salían constantemente de la impresora y que tenían a bien reciclar.

Llegó el día de la entrevista. Con modales refinados, amable y sonriente, Cecilia Occelli González recibió a Winda y a Beto en su casa de San Ángel. Los invitó a sentarse en una de las salas. Una muchacha uniformada les ofreció café, té y galletas en charola de plata. Luego de un pequeño preámbulo, Beto pidió permiso para encender la grabadora e iniciar la conversación. El cuestionario base que aplicaría a todas las entrevistadas adquirió protagonismo, sobre todo por el diálogo que se dio después de que apagó la grabadora de casete chiquito.

—Quiero pedirte una sola cosa, Alberto.

—¿De qué se trata?

—Las últimas preguntas, por favor omítelas de la entrevista.

Beto tardó en reaccionar. Cecilia abrió los ojos y repitió con serenidad, impávida.

—Las preguntas sobre Carlos [Salinas] y Adela Noriega omítelas del texto final, por favor.

No dejaba margen de negociación.

—De acuerdo —alcanzó a pronunciar Beto con la quijada trabada.

Estaba furioso con esa respuesta que en ese momento no podía comparar más que con un pacto con el diablo.

"La vida así como te quita, te da", le dijo su mamá, su más grande consejera, una vez que le confesó la pérdida de LA nota de los Salinas. Frustrado, como cualquier buen reportero lo hubiera estado en un caso como éste, Beto se dispuso a hacer el marcaje personal al resto de las primeras damas. Una semana después le llamó Cecilia Occelli a su celular con una segunda petición: "Si Paloma Cordero no acepta salir en el reportaje, yo tampoco quiero salir". No había de otra; había que conseguir a la señora de De la Madrid a como diera lugar.

Rigurosamente, todos los lunes alrededor de las once de la mañana, Beto hacía rondas de llamadas telefónicas. Primero marcaba a casa de Paloma Cordero, donde le contestaban elementos del Estado Mayor Presidencial desde la caseta de vigilancia de la propiedad ubicada en Coyoacán. Lo dejaban esperando con sonidos de tonos, como cuando se va a transferir la llamada de una extensión a otra. Desgraciadamente, su suerte nunca logró pasar ese retén. "No se encuentra", "Está de viaje", "Llame la próxima semana"… El marcaje duró los últimos días de marzo, todo abril, mayo y hasta principios de junio.

Lo mismo sucedía con Nilda Patricia Velasco de Zedillo, a quien le mandaba mensajes a su mail personal y llamaba a su celular con número de México que había conseguido con un buen contacto. En ese entonces ella y su esposo residían en Estados Unidos, pues el expresidente era académico en la Universidad de Yale. Beto dejaba mensajes de voz en la grabadora, mensajes de texto, llamaba desde otros números en fines de semana para despistar, pero nada. Nunca logró comunicarse con ella ni con sus hijos para que intercedieran por él.

Estaba a punto de tirar la toalla con el reportaje. Llegó a pensar que entrevistar a las primeras damas fallecidas, vía ouija, sería más fácil que ese vía crucis.

Marta Sahagún de Fox no fue la excepción, con el agravante de que, en este caso en especial, tenía a su vez a Diana haciéndole marcaje personal a él y preguntándole constantemente: "Betito, ¿ya le volviste a hablar a Martita?". Siempre se le ha dado eso de hablar en diminutivo.

Fueron varias semanas invertidas en la negociación. Varias semanas llamando a las oficinas del rancho San Cristóbal. Varias semanas hablando con Tania Castillo Bernal, hija de unos amigos guanajuatenses de Vicente y quien en esos meses de 2007 fungía como la asistente personal de Marta. "Esta semana la tiene complicada", "En estos días no podrá ser porque sale fuera de México con el licenciado Fox", "Ya sabe de tu solicitud, pero no me ha dado respuesta"…

Y de pronto, un día de suerte, Marta por fin tomó la llamada:

—Muchas gracias por considerarme para ese proyecto, Beto, pero definitivamente no quiero salir. ¿Por qué no mejor entrevistas a Vicente sobre la creación del Centro Fox? Vénganse acá al rancho y hacemos el reportaje de esto que va a quedar espectacular.

—¿En serio que me estás pidiendo que hagamos sólo un reportaje de Foxilandia?

—¡Qué Foxilandia ni qué nada! —contestó furiosa la señora Fox.

—Pues así lo bautizó la prensa.

—No todo lo que se dice en los medios es cierto. Quiero que vengas para que compruebes lo que realmente será este lugar.

—Perfecto, ¿cuándo te veo?

—En dos semanas, pero la entrevista no va a ser conmigo. Yo no quiero aparecer. Te pongo a Vicente.

—¿Y eso?

—Estoy alejada de los medios. Además es su proyecto, así que nadie mejor que él para hablar de eso. Yo sólo lo estoy ayudando.

—Bueno, pero aunque sea posa con tu esposo en algunas de las fotos.

—Ya veremos.

Por los cuatro lados era publicidad gratuita a un hoyo profundo. Apenas comenzaba la obra negra. No había nada atractivo en el mentado Centro Fox, pero *Quién* tenía la primera entrevista de Vicente tras dejar la Presidencia y ya estando ahí, muy probablemente se animara Marta, que era el personaje más afín a la revista.

Beto habló con Diana y llegaron a la conclusión de que éste era otro tema del que originalmente habían planeado, pero podría resultar sumamente revelador. Hasta el momento nadie había documentado cómo era el día a día del expresidente mexicano tras su salida de Los Pinos y, sobre todo, cómo era la propiedad en la que vivía con su esposa. Era una gran oportunidad, así que la aprovecharon y se lanzaron a la aventura.

El 12 de junio de 2007 tomaron la carretera rumbo a León, Guanajuato, donde se hospedaron en el hotel Holiday Inn. La comitiva de la revista *Quién* estaba conformada por Diana, Beto, Guylaine Couttolenc, editora de foto, y la fotógrafa Valeria Ascencio, quien pisaría el rancho por segunda vez; la primera había sido para tomar la boda de Paulina Fox un año antes.* El *top* de las primeras damas se había transformado, así que Winda había abandonado el proyecto. Y, aunque se había acordado previamente el concepto del reportaje con Marta, el equipo iba un poco como "el Borras", a ver con qué se encontraba.

* Ver "*Mayday, mayday, mayday...* un intruso en el rancho Fox".

Dos noches y tres días les llevaría hacer el reportaje. La idea era que el primer día visitaran el Centro Fox, guiados por una persona asignada por Marta, quien les daría los datos duros sobre el proyecto. Ahí todavía no platicarían con la expareja presidencial. Conocerían y tomarían fotos de la aún obra negra, la maqueta de cómo quedaría terminada, los alrededores y lo que necesitaran para ilustrar esa parte del artículo. Ya con la información en mano, anotarían sus dudas y al otro día, cuando se reunieran con Vicente, él se las resolvería. Sería entonces cuando harían la sesión de fotos y la entrevista en forma. Hasta ese momento, se suponía que Marta no saldría. Él era el protagonista.

La primera parte se cumplió casi a cabalidad. El equipo de *Quién*, directamente desde la Ciudad de México, llegó puntual a su cita acompañado del nervio que siempre trae consigo la incertidumbre. Tan sólo un elemento del Estado Mayor Presidencial, vestido con jeans y sombrero, custodiaba la entrada de San Cristóbal.

Después de anotar los nombres de todos, el guardia pidió autorización a través de un radio para el acceso. Minutos más tarde, abrió la reja. La asistente de Marta, Tania Castillo, los condujo a la oficina de la ex-primera dama, ubicada en la planta alta de una construcción de dos pisos con fachada pintada de verde que antiguamente albergaba las caballerizas del rancho y que, durante el sexenio foxista, fueron remodeladas y adaptadas como habitaciones para que se instalara el Estado Mayor Presidencial (EMP).

"Buenosss díasss, muchachosss", saludó una Marta sonriente al mismo tiempo que entraba con paso firme. "Ahorita viene Vicente a saludar. No tarda. Por favor, pónganse cómodos", y salió.

Mientras esperaban, ellos empezaron a curiosear. El despacho era sobrio y con poco mobiliario. Hacía bastante calor, así que salieron al balcón a refrescarse. Admiraban la vista cuando su ojos se toparon en la lejanía con un coche que se acercaba. Observaron cómo se estacionaba y cómo de él bajaba... ¡el fotógrafo de la revista *Caras*! No lo podían creer. ¡¿Cómo era posible que la competencia estuviera ahí?! Le habían dejado clarísimo a Marta lo importante que era tener la exclusividad de la nota. Había veces en que la revista no tenía problema en compartir una historia si la publicación era de otro giro muy distinto al suyo, pero ¡no la competencia directa! Y como ya les había pasado en otras ocasiones que les "madrugaran" el reportaje y cuando reclamaban recibían por respuesta "Ay, no pensé que importara, qué barbaridad" o "No sé qué pasó con la agenda de fulanito", se aseguraban de especificar muy bien las condiciones bajo las que harían el reportaje.

La bilis empezó a correr por sus cuerpos, sobre todo por el de Beto, a quien tanto trabajo le había costado conseguir esa entrevista. Para cuando volvió Marta con Vicente, ya había pasado suficiente tiempo para que la furia se le hubiera subido a la cabeza y, aguerrido como siempre ha sido, sin miramientos les dijo:

—Señores, nos retiramos. Nosotros no podemos hacer este artículo con la competencia aquí. Nuestro deber es cuidar la confidencialidad de la nota y ustedes no están respetando lo que acordamos —palabras más, palabras menos.

—Beto, déjame explicarte —trató de calmarlo Marta—. Él viene a hacer un reportaje de este cuadro que le regalaron a Vicente. Va a ser una notita pequeña, nada que ver —dijo al tiempo que le quitó una manta de encima a un óleo de tamaño considerable, colocado en un caballete.

—¡No importa, Marta, que venga otro día! No puedo creer que nos hayas dado la misma fecha a los dos. Si él está aquí, nosotros nos vamos y se acabó —contestó Beto, convencido de que la justicia está en un rango superior a la cortesía.

No había lugar a discusión. Diana veía entre divertida y asombrada la escena, admirada de la determinación de Beto y preocupada. ¿Qué tal si Marta no cedía? Ni modo que se quedaran, tenían que cumplir su palabra, pero no podían regresar con las manos vacías. La tensión crecía. Se sentía como cuando uno le cuenta a un niño chiquito: "A la una, a las dos, a las dos y media, a las dos tres cuartos…", y no sabe qué va a pasar si llega al tres.

Ante tal postura, y al ver que estaba a punto de perder lo más por lo menos, Marta bajó las escaleras de prisa e interceptó al fotógrafo cuando éste ya había cruzado el jardín y estaba a punto de llegar a la puerta de las oficinas.

Desde el balcón, los demás veían cómo intercambiaban algunas palabras que no alcanzaban a oír y manoteaban un poco, mientras Marta iba llevando al fotógrafo a la puerta de su coche. Por más que él trató de resistirse, no hubo manera. Cuando vino a ver, ya estaba prácticamente al volante, listo para emprender la retirada.

Y así fue. No le quedó de otra más que irse. Marta entonces subió satisfecha, sólo le faltaba frotarse las manos. "Listo, muchachosss", anunció. Todos respiraron disimuladamente, aliviados.

Siguió una pequeña plática sin importancia, quedaron de acuerdo para el otro día temprano y la expareja presidencial se retiró. El equipo de *Quién* se dirigió entonces al Centro Fox.

Todavía había buena luz de día para hacer fotos. Recorrieron todo, hasta bien entrada la tarde. Cuando ya no había más que hacer, se fueron al hotel a descansar. Había sido un largo día y a la mañana siguiente había que levantarse temprano. Faltaba lo bueno.

Al otro día, enfundada en un primaveral vestido blanco y negro con estampado de flores, ajustado en la cintura y sin mangas, que mostraba lo delgada que estaba, Marta se adelantó a recibirlos, esta vez en el jardín de la casa. Eran las nueve de la mañana y lucía impecable; maquillaje y peinado como para portada de revista, aunque a diferencia de cuando vivía en Los Pinos, "aquí en el rancho no uso tacones".

Detrás de ella venía Vicente a paso lento. Les dio la mano con un fuerte apretón. Primero se haría la sesión de fotos para aprovechar la luz de la mañana y la locación idónea que resultaba ese lugar con su camino de árboles y un pequeño estanque con patos de fondo. Después pasarían al interior de la casa para hacer la entrevista.

Mientras Valeria y Guylaine evaluaban *spots* y acomodaban el equipo de foto, Marta y Vicente les contaban que habían acondicionado un pequeño gimnasio en el segundo piso de la casa, donde ella hacía ejercicio todos los días. Ésa era una de las rutinas con las que se mantenía tan bien. Igual les platicaban que cuando él había sido operado de la espalda, la alberca había servido muchísimo para su rehabilitación.

Una vez que Valé, la fotógrafa, estuvo lista, empezó la sesión. Sólo Vicente, como habían quedado. De pie en el jardín, con su sombrero, pantalón de mezclilla y botas, posaba ligeramente incómodo. No parecía que le encantaran las fotos.

Luego de algunas tomas, en las que Marta observaba sonriente, la animaron: "¿Nos acompañas, Marta?". Apurada porque tenía otros compromisos respondió: "Pero sólo un par de fotos, muchachosss". Se acercó a Vicente, lo tomó cariñosamente por la cintura, él le pasó el brazo por los hombros y así, de frente, posaron.

Sólo se oía el clic de la cámara de Vale, el piar de los pájaros y los graznidos de los patos. Después de algunas fotos, Vale bajó la cámara y les pidió si podían ser un poco más espontáneos. Marta, muy obediente, se volteó hacia Vicente, de manera que quedaron uno frente al otro, y le dijo: "Vicente, Vicente, hagamos como que estamos en un baile". Él sonreía un poco apenado. Y ella, para relajarlo, se posesionó del papel, se puso un sombrero y le preguntó viéndolo a los ojos: "Qué hombre tan guapo, ¿quiere usted bailar conmigo? ¿Me regala un besito?". Tras un "Ayyy, Marta...", él agachó la cabeza, inclinó su sombrero y se dispuso a darle el beso. ¡Clic! Fotaza, idílica. Vicente volteó a ver a los de *Quién* y sólo atinó a decir: "Ya ven cómo es Marta".

Satisfechos todos con el trabajo, pasaron al siguiente punto de la agenda. Vale y Guyl se quedaron afuera para aprovechar tomar algunos exteriores. La vez anterior que Vale había estado en el rancho, le habían prohibido tomar fotos del lugar, así que ahora quería darse vuelo. Marta se despidió para ir a cumplir con sus compromisos: "Nos vemos luego, muchachosss". Y Diana, Beto y Vicente entraron en la casa. Estos dos últimos se acomodaron en la sala para empezar la serie de preguntas y respuestas, con Fox sentado en un sillón reclinable adecuado para aliviar los problemas de espalda que sufría.

Diana los dejó solos para que pudieran platicar a gusto, sin interrupciones. Para matar el tiempo, empezó a merodear por la casa en total libertad; claro, con camarita en mano, como buena reportera. Le extrañó que la dejaran sola; no que fuera a hacer algo desagradable y no fuera digna de confianza, pero estaba acostumbrada a que siempre que los políticos accedían a una entrevista, la hacían con su encargado de comunicación social al lado.

Fue así como se encontró con un tapete que monseñor Antonio Chedraoui les había regalado con todo y dedicatoria, clic; entró al baño y vio que las amenidades eran Bvlgari, clic; vio la Biblia en el comedor, clic; la colección de muñequitos miniatura representando a los presidentes mexicanos, clic; los sombreros de Vicente en el perchero, clic; los portarretratos, la mayoría con imágenes sólo de la pareja, clic... De repente le llegó un delicioso olor que la atrajo a la cocina. Entró con sigilo. Ahí estaba el chef que Marta y Vicente se habían traído de Los Pinos porque adoraban su sazón. Afanoso, preparaba la comida. Diana se acercó y estiró la cabeza para asomarse tímidamente a las cacerolas: "Buenas tardes, ¿qué está usted cocinando? Huele riquísimo". "Un arroz —contestó él titubeante— y, *ps*, no le puedo decir porque es información confidencial." "¿Lo que está haciendo de comer es información confidencial?", volvió ella a la carga. "Sí, soy militar y tengo prohibido revelar algún tipo de información." Fin de la conversación. Lo que iba a haber de comer era lo de menos, la información *per se* que le había dado el cocinero era una joya.

Mientras, en la sala, Vicente ya le hablaba a Beto de su nueva vida y, desde luego, de política:

Pareciera que Vicente y Marta todavía sienten que están en gira presidencial.
Nosotros estamos trabajando. De ninguna manera me iba a quedar a apestarme o a empolvarme en mi casa ni me iba a esconder o a huir del país. Esa cultura que defienden algunos medios de comunicación y determinados analistas políticos de que el expresidente debe quedarse callado es una cultura priista de setenta años de autoritarismo y no tiene cabida en una democracia. El cariño por mi país me obliga a seguir cerca de la gente en México y el extranjero para ayudarles a través de conferencias.

¿Cuál fue la peor mentira que se dijo de Fox durante su sexenio?
No la voy a clasificar así. Quiero tratar de entender a todos los que nos calumniaron, a todos los que mintieron y engañaron, y pensar que lo hicieron de buena fe o con información equivocada. Si lo hicieron con dolo y por joder, allá ellos y su conciencia. Marta y yo no guardamos

156

resentimiento alguno. Eso sí, hubo medios de comunicación con intereses muy particulares que nos tupieron duro. Hasta llenarse. Pero no puedo tener odios contra nadie.

¿Qué te faltó decirle al pueblo de México luego de que entregaste la banda presidencial?
Que Marta y yo tenemos la conciencia tranquila porque no hemos engañado ni robado a nadie, y mucho menos al erario. Así le duela a mucha gente, somos personas honestas y decentes. Somos, como decía Carlos Castillo Peraza, "pecadores comunes", cometemos muchos errores y faltas, pero las normales, las que comete cualquiera, por lo que aprovecho para pedirles disculpas a todos los que ofendí… Bueno, menos al PRI y a Andrés Manuel López Obrador.

¿Extrañas algo de Los Pinos?
¿Cómo ves? (*Señala el ventanal que da al lago.*) ¿Crees que tengo algo que extrañar?

El poder…
No te creas. No todo lo que brilla es oro.

Pasado el mediodía, terminó la entrevista. Vicente acompañó a Beto y Diana a la puerta. Al abrirla y salir al jardín, ya Vale lo esperaba impaciente para tomarle un par de fotos más para completar el reportaje. "Señor, vi que tiene por allá un potrero con vacas, ¿podríamos hacer unas imágenes ahí? Estaría muy bueno mostrar cómo es su vida en el campo." Que lo retrataran en su hábitat natural, era una propuesta que al parecer le había gustado. "¿Podría subirse a su Jeep y manejar lento hacia allá mientras yo le voy tomando fotos?" Accedió complacido.

Todo el grupo caminó hacia la cochera, donde se encontraba su Jeep rojo y una Hummer. Ahí estaba su hijo Rodrigo, entonces de escasos 18 años —uno de los cuatro que Vicente adoptó con su primera esposa, Lilián de la Concha. Saludó, incómodo porque habían invadido su privacidad. Se veía que las habilidades sociales no eran precisamente lo

157

suyo. Comprensible a esa edad. Se metió rápidamente a la casa al tiempo que su papá se subía entusiasmado al Jeep.

Mientras él manejaba hacia el potrero y Vale le tomaba fotos, los demás caminaban detrás. Llegaron adonde estaban las vacas. Al ver que también había caballos, a ella se le hizo una gran idea tomarlo montando y le pidió: "Señor, ¿podría subirse?", a lo que él contestó: "Por favor, dime señor presidente; técnicamente, el título no se pierde", y se montó. Vale, sonrojada por la aclaración, se concentró en lo suyo.

Prácticamente ya era la hora de la comida cuando Marta hizo su aparición. Venía por Vicente para llevarlo a un compromiso en la comunidad rural de San Cristóbal, en el municipio de San Francisco del Rincón. Era un evento que ella tenía ante mujeres campesinas. Él estaba reacio. Ya estaba cansado. "¿No podrás ir sola, Marta?" "No, Vicente, es importante que vean que cuentan con tu apoyo. Será rápido. Ándale." Beto y Diana, simples observadores del diálogo, se sobresaltaron cuando Marta volteó hacia ellos y les propuso: "Muchachosss, estaría muy bueno que ustedes también vinieran para que sean testigos de lo que hacemos aquí y tomen unas fotitos". No lo podían creer, ¡qué maravilla! Estaba resultando ser uno de los reportajes más completos que habían hecho en *Quién*. Por supuesto que aceptaron lamiéndose los bigotes.

En un abrir y cerrar de ojos ya estaban subidos en la Hummer (sí, la que después fue motivo de escándalo). Vicente al volante, Marta de copiloto y Beto y Diana, un tanto cohibidos, atrás.

Llegaron a una escuela rural, en donde ya se encontraba reunido un vasto grupo de personas, esperando la llegada de la primera dama de San Cristóbal. Marta hizo su entrada triunfal a una especie de salón de clases. Vicente se colocó a un lado, más bien tratando de pasar desapercibido, y el equipo de *Quién*, ya con Vale y Guyl incluidas, hasta atrás, al fondo. Diana instruyó a Vale para que tomara fotos del evento, como les había pedido Marta.

En su papel de líder de la comunidad, la señora Fox dio un amplio y sentido discurso sobre la educación, los valores de las mujeres y su importancia en el hogar. En la mayoría de las campesinas, que no perdían palabra de las que pronunciaba, se notaba una admiración y un cariño genuino. Se veían agradecidas con ella. Al terminar el discurso, la ovacionaron de pie. Marta, emocionada, jaló a Vicente al centro del salón para que él también dijera algunas palabras. Él trató de resistirse, pero fue inútil. Cual acto de campaña, habló brevemente de las mejoras que habían hecho en la comunidad, saludó y se retiró para dejar a Marta de protagonista, quien, con besamanos y toda la cosa, a cada una de las mujeres que se formaron para saludarla, le estrechó la mano y a una que otra, hasta beso al aire en el cachete le tocó.

Marta brillaba. Para el equipo de *Quién*, ésa fue sólo una probadita de cómo se debió haber sentido presenciar uno de sus eventos cuando ella había sido primera dama del país. Quedaron impactados con las tablas y naturalidad con que ella se desenvolvía en el improvisado pequeño estrado.

Diana y Beto apenas estaban reponiéndose de la impresión, cuando Vicente, ahora sí francamente harto, ya estaba con un pie en la Hummer, apurándolos a que se subieran para regresarlos a la casa. A ellos y a Marta, quien con un beso por aquí y otro por allá, y moviendo la mano en señal de despedida, se fue acercando al auto. Poco le faltó para el "corto-corto, largo-largo".

En el trayecto de regreso, Marta le pidió a Vicente que la dejara en su oficina porque tenía todavía unos pendientes que resolver. Ésa fue la primera parada. Marta se bajó del auto no sin antes advertirle a su marido: "Vicente, no te vayasss a arrancar. Me voy a atravesssar por enfrente y no vaya a ssser que no me veasss". Brincó del asiento con una risita nerviosa y atravesó. Tenía razón, con su estatura y la altura de la Hummer, no se veía al pasar.

Vicente se aseguró de que no iba a atropellar a su mujer y arrancó el auto de nuevo con sus pasajeros en el asiento de atrás. La situación de por sí ya era un tanto cómica, cuando en eso, Beto le susurró a Diana al oído con ese humor negro que siempre lo ha caracterizado: "Es la primera vez que tengo de chofer a un expresidente de México. Ya tengo una buena historia que contarle a mis nietos". Si Diana hubiera tenido agua en la boca, seguro la hubiera escupido. Estuvo a punto de soltar la carcajada, que contuvo a duras penas.

Había sido un día agotador. Se les había hecho eterno. Por fin llegaron a la casa. Han de haber sido como las tres, tres y media de la tarde. El hambre apretaba. Se bajaron del coche. Diana y Beto se disponían a despedirse para, como dictan las buenas costumbres, dejar a Vicente descansar y comer en familia, cuando discretamente se les acercó Vale y les anunció en voz baja: "¿Qué creen? Ya revisé el material y no tenemos una buena foto para portada".

Se les abrieron los ojos como platos. ¡¿Cómo era posible?! No tenían cara para pedirle un minuto más de su tiempo a Vicente. ¡¿Qué iban a hacer?! La salvación apareció con los pasitos de Marta.

En cuanto la vio, Diana se volteó hacia Beto: "Tú que tienes una labia maravillosa, tienes que hacer que Marta se ponga para la portada con Vicente. A ella es a quien tenemos que convencer. Te toca". A Beto se le desfiguró la cara: "Órale, va".

—Marta, ¿qué crees? Necesitamos una foto más para la portada.

—¡¿Cómo?!

—Es que en las que tenemos, tú no sales muy bien, no hacen justicia a lo guapa y flaca que estás, y sí habría que tenerlos como pareja en la portada. Además, ni modo que salgas en todas las fotos con el mismo vestido. Me estoy acordando del rojo de Chanel que tienes que te queda súper bien.

—Ay, Beto, es que Vicente ya está muy cansado... Bueno, déjame ver qué puedo hacer.

"Vicente, Vicente, aquí los muchachosss necesitan una foto más. Es muy breve. Tal vez en la tarde, después de comer..." El hartazgo ya estaba pasando a enojo. Esta vez, sin ser grosero, la voz de Vicente sonó fuerte, acompañada de manotazo despectivo: "Que no, Marta. Ya perdimos toda la mañana". "No es perdida, Vicente, es para mostrar todo lo bueno que hacemos aquí, y si hacemos las cosas, hay que hacerlas bien." Fox no cedió. Ya tenía planeado ir al potrero que estaba más hacia la montaña, donde pastaban la mayor parte de los animales. Había que arrearlos e ir a revisar los sembradíos. Ahí sí que se le iluminaba la cara.

Marta, con esa actitud de esposa que conoce perfectamente a su marido y sabe cuándo tiene que retroceder, en tono de complicidad, le dijo al equipo de *Quién*: "Hoy va a ser imposible, muchachosss. Háblenme mañana en la mañana, a ver si puedo lograr algo. ¿Por qué no van ahorita a casa de la mamá de Vicente para que la conozcan?".

Y así, sin comer, pero animados por la esperanza de conseguir la foto de portada y todavía más material para el reportaje, partieron a las coordenadas establecidas.

La casa de doña Mercedes se encontraba dentro de los linderos del rancho San Cristóbal. Hacía apenas un año que había muerto, y la pena aún embargaba a la familia. Todo estaba como ella lo había dejado. Los recibió uno de los hermanos de Vicente, rancherote, sencillote, buena persona. Platicó con ellos sin inhibiciones, como si no supiera que eran periodistas —menos mal que periodistas con ética y de una revista del corazón, que si no, quién sabe qué hubieran hecho con esa información. Estaba ahí también un gran amigo de la familia, el doctor que había atendido a doña Mercedes en sus últimos años. Saludó amablemente, contó un poco cómo habían sido los últimos días de la señora y se retiró.

Recorrieron el lugar y, al entrar en la cocina, el hermano de Fox les presentó a la cocinera de toda la vida de la familia. Era una señora de esas de edad indefinida, chaparrita, rellenita, quien les reveló que "su Vicente" era su consentido y que su platillo preferido era y seguiría siendo el fideo seco que ella cocinaba.

El olor de la comida, el intenso calor y el cansancio hicieron saber al equipo de *Quién* que era hora de retirarse. Tenían planeado regresar al otro día a México, aunque la hora dependía de lo que Marta les avisara. Se fueron a descansar un rato al hotel en León, para después hacer una cena ligera en un restaurancito del centro, con vista a la catedral. Estaban felices y satisfechos con lo logrado hasta entonces y, bueno, si no podían tomar la foto ideal para portada, tendrían que arreglárselas con lo que tenían; no sería ni la primera ni la última vez. Brindaron contentos.

A la mañana siguiente, en cuanto Beto consideró que ya era una hora decente para marcar, llamó a Marta.

—Buenos días, Marta, ¿cómo amanecieron? Disculpa la molestia, sólo quiero saber a qué hora tenemos que llegar para las fotos de hoy.

—No, Beto, de plano Vicente no quiere. Dice que con lo que tienen es más que suficiente.

—Entiendo, Marta. Qué lástima, nosotros que queríamos tomarte con tu vestido rojo…

Agüitados, tomaron la carretera de vuelta a México. Hicieron una escala para comer unas quesadillas. Apenas les habían traído la orden, estaban a punto de dar la primera mordida, cuando sonó el celular de Beto. Era Marta: "Apúrense, muchachosss. Vicente dijo que sí, pero rápido. Si no llegan pronto, se va". Ya ni acabaron el desayuno. Soltaron los platos, pidieron la cuenta y arrancaron rumbo a San Cristóbal.

Cuando llegaron, Vicente no estaba del mejor humor y les advirtió: "Pero sólo una foto, ¿eh?". Marta estaba listísima, no de rojo, sino enfundada en su vestido blanco con estampado de pequeñas figuras violeta. Más pronto de lo que canta un gallo, Vale ya había improvisado un set en la sala, con una pared blanca de fondo y un sillón; sentaba a Vicente y colocaba a Marta atrás de él: "Rodéale el cuello con los brazos", le pidió. Guylaine ya sostenía el rebote, Beto y Diana ayudaban en lo que podían.

Estaba Vale a punto de hacer clic, cuando de pronto, Marta se paró con "Un momento. Falta algo". Rápidamente se perdió en el interior de la casa y en un parpadeo ya estaba de regreso con un banquito. "Mi banco, si no, no alcanzo a Vicente y salgo muy chaparrita". Se trepó, abrazó a su marido y ¡clic! Sólo dos tiros, no más. Fox se paró dispuesto a irse. Tenía prisa. No importaba, con eso tenían. Con el ojo de Vale, en un solo tiro, habían conseguido la foto de portada.

"Esta entrevista no me convence para portada. Siento que estoy abriendo una revista de 2000. Es como si tuviera un *déjà vu*", dijo con la honestidad con la que solía decir las cosas la directora de revistas femeninas de Grupo Expansión, Blanca Gómez Morera. Diana y Beto no se desanimaron. Estaban convencidos de que era un portadón y estaban dispuestos a defenderlo a capa y espada. Echaron mano de todo su poder de convencimiento. Le argumentaron lo revelador que resultaba ver a los Fox en su nuevo código postal, su nueva vida y, desde luego, la postura del exprimer mandatario sin el peso del poder Ejecutivo sobre sus hombros. "Déjenme pensarlo. Por lo pronto hay que buscar otra portada para el siguiente número." "Como si las buenas portadas cayeran de los árboles", pensó Diana, que no estaba dispuesta a rendirse.

Todos los veranos, los equipos de cada una de las publicaciones de Grupo Expansión hacían un viaje de tres días fuera de la Ciudad de México para hacer la planeación del siguiente año de su revista. Participaban las cabezas de cada área: editorial, relaciones públicas, mercadotecnia, producción, distribución, comercial y los directivos. En ese *off-site* se hacía el calendario editorial anual, estrategias de crecimiento, se establecían metas de ventas, tanto de publicidad como de *newsstand*, se ideaban promociones para suscriptores y punto de venta, se proponían ediciones especiales, se asignaba el presupuesto y se revisaba si se estaban cumpliendo los objetivos del año en curso. El de *Quién* ya estaba a la vuelta de la esquina, y Diana pensó que, teniéndolos a todos juntos en un mismo lugar, era una gran oportunidad para, literal, ponerles en la mesa la portada de los Fox y convencerlos de lo buena que era. Le pidió a su editora de arte, Viviana Cárdenas, una de las personas que más puesta tenía la camiseta de *Quién*, que le hiciera varias propuestas para llevarlas impresas y presentárselas.

En esa ocasión, el *off-site* tendría lugar en la Hacienda Cantalagua, ubicada a cincuenta minutos de Toluca, en la carretera que va a Michoacán. El primer día, todos iban llegando entre las ocho y nueve de la mañana para empezar las sesiones de trabajo alrededor de las diez, y de ahí era una junta tras otra, todas igual de intensas. Desde ese primer día, Diana aprovechó el primer receso para poner a consideración la portada. Por más que desplegó todos sus argumentos, no logró convencer a nadie. "¿Pero a quién le importa Marta ahora?", "No se me hace una gran nota", "No va a destacar en *newsstand*", alegaban. Y así pasaron los tres días. Lo más que consiguió, fue uno que otro voto a favor, algunos "ni a favor ni en contra", y que los de mercadotecnia le pidieran hacer unas tres propuestas gráficas más para evaluar, con distintos fondos, fotos y "balazos".

Esa catorcena salió Enrique Iglesias en portada. A Beto Tavira le salía espuma por la boca. Además, él y Diana temían que *Caras* les ganara la exclusiva. Estaban seguros de que su fotógrafo había vuelto al rancho de los Fox en cuanto ellos se fueron y, si tenían tantito olfato periodístico, lo lógico era que sacaran la portada al ver que *Quién* no publicaba. Sentían como si una espada pendiera sobre sus cabezas.

Pasaron cuatro portadas más: "Paris Hilton. Mis 23 días tras las rejas", un reporte especial sobre los diez años de muerta de la princesa Diana, "Los caprichos de Thalía. Su mamá nos cuenta lo que no se sabe del embarazo" y la separación de Arturo Montiel y Maude Versini. Con todo y que esta última la había hecho Beto, para estas alturas, él no hablaba, ladraba.

Pese a que todas habían sido buenas portadas, noticiosas y reveladoras, la frustración de Diana y la angustia de que *Caras* ganara la nota iba *in crescendo*. No entendía por qué no confiaban y por qué no lograba hacerle ver a sus jefes lo que ella tan claramente veía: que sería un éxito. Su panza se lo decía. Y como el que no arriesga no gana, decidió hacerle caso a su panza y jugarse el todo por el todo. Les dijo a los altos mandos que no tenía portada para la primera catorcena de septiembre, que no quedaba de otra más que lanzar la de los Fox. En principio no le creyeron, pues ella era previsora y siempre tenía un plan B, pero se mantuvo firme. Cedieron a regañadientes. Después de varias propuestas gráficas más, de colocarlas como si ya estuvieran en el anaquel y observarlas a metros de distancia, y de Blanca viendo el diseño del reportaje con cara de fuchi, la revista se fue a imprenta con Marta y Vicente en la portada.

La semana que tardaba la revista en imprimirse fue una agonía para Diana. Había neceado (cosa que se le daba fácil, podría decirse que ser tenaz era parte de su personalidad); si no funcionaba, podía significar su cajita de cartón, es decir, que la invitaran a retirarse de la empresa. Sólo dos personas la secundaban en esto: Beto y Añú Cervantes, quien había sentido en carne propia la curiosidad de ver cómo se desenvolvía Martita en San Cristóbal y había estado en el rancho un año antes, cubriendo la boda de Paulina Fox.

Tres meses estuvo el reportaje guardado, hasta que por fin, el 14 de septiembre de 2007, se publicó. La foto mostraba al expresidente de México con una camisa azul de cuadritos, sonriendo, abrazado por la espalda por Marta Sahagún, quien dejaba ver en primer plano sus anillos —que por su tamaño bien podrían haber servido de arma blanca— y su plateadísimo reloj Cartier con incrustaciones de diamantes. El titular era: "Los Fox abren su rancho por primera vez. Su vida después de Los Pinos". El sumario del reportaje de trece páginas prometía la siguiente historia: "A casi un año de haber dejado el poder y con su boda religiosa a punto de concretarse, Marta y Vicente abren por primera vez y de par en par las puertas de su rancho San Cristóbal". En el editorial, Diana escribió:

> Desde que Vicente y Marta estaban a punto de dejar Los Pinos, las especulaciones respecto a lo que la entonces pareja presidencial haría cuando terminara su mandato no se hicieron esperar. Unos apostaban a que la relación terminaría en cuanto pisaran el rancho San Cristóbal, otros que ella no soportaría la vida de campo.
>
> Definitivamente, ser presidente de México es una experiencia fuerte. No todos los matrimonios sobreviven para contarlo […] Vicente, además, se ha dedicado a dar conferencias en distintos países, así como a su Centro Fox, y, contra todas las predicciones, él y Marta están a punto de cumplir su sueño de casarse por la Iglesia. Sin embargo, ambos son de los que por naturaleza no pueden estarse quietos, así que seguramente continuaremos oyendo de ellos por un buen tiempo.

Y efectivamente se siguió oyendo hablar de ellos durante un buen tiempo. Aunque Diana y Beto estaban seguros del éxito del reportaje, lo que desató, jamás se lo hubieran imaginado. Definitivamente, los rebasó.

Cuando llegaron los primeros ejemplares a la editorial, Beto, ni tardo ni perezoso, envió tres recién salidos del horno a Marta, hasta su rancho. Al día siguiente los tenía en sus manos. Tania Castillo lo comunicó con ella, que personalmente le expresó su agradecimiento por el texto y las imágenes: "Las fotos están hermosas". No tenía idea de lo que se le venía encima.

Ese 15 de septiembre de 2007, ya más relajado y con ánimo de festejar, Beto Tavira gritó con toda la fuerza de sus pulmones en el Club Piso 51, en la Torre Mayor, para celebrar la Independencia de México. Estaba con sus amigos en la terraza admirando los juegos pirotécnicos que alumbraban el cielo oscuro, cuando de pronto, una colega le llamó a su celular para informarle que la revista *Proceso* traía en su portada prácticamente todo el reportaje que se había publicado en *Quién* sobre Los Fox.

—¡Eso es plagio! —le dijo Beto con los ánimos caldeados mientras se alejaba del bullicio para escuchar con mayor claridad el reporte.

—No está copiado íntegramente, Tavi, pero en su portada está la imagen de la portada de *Quién*. Yo nomás te digo que en su texto, *Proceso* les pone una madriza a los Fox.

El lunes siguiente, 16 de septiembre, fue día festivo para muchos. Para Beto fue el primer encuentro con un tsunami. Nunca había recibido tantas llamadas en un solo día. Tampoco había vivido el bombardeo inacabable de correos electrónicos y mensajes SMS. No era la primera vez que otros medios de comunicación citaban o retomaban el contenido de *Quién*. Eso ya era algo común. Incluso el círculo rojo mencionaba de vez en cuando en sus columnas de los periódicos lo que se decía en la prensa rosa sobre los políticos. Pero esto rebasaba, por mucho, lo que le había tocado ver durante los años que llevaba reporteando para la revista.

En las semanas siguientes hubo cientos (y no es exageración, el monitoreo de medios confirmó que fueron cientos) de menciones tanto en medios electrónicos como impresos sobre el reportaje de los Fox en *Quién*. Tan sólo en el periódico *Excélsior*, Yuriria Sierra hizo varias entregas para su columna "Nudo Gordiano" ("La dolce vita de los Fox", "Fox News" y mencionó el tema en "El divorcio de Barbie"); en "Horizonte Político", José Antonio Crespo publicó "Fox. Incógnita histórica"; en "El búho no ha muerto", Pedro Ferriz de Con también habló de él en su entrega titulada "En busca de Alí Babá"; Jorge Fernández Menéndez abordó el tema en distintas ocasiones en su columna "Razones"; Francisco Garfias se dejó ir en su "Arsenal" con "¿Compló contra Fox?", "Los Fox y su colina del perro", "Mentada de Madre" y "La cosecha de los Fox nunca se acaba". Era sólo el principio.

Para entonces, el departamento de relaciones públicas de Expansión —comandado por María Fernanda Evia Portillo— ya había hecho su trabajo. Le tenía a Beto entrevistas radiofónicas con Carlos Loret de Mola y Óscar Mario Beteta en Radio Fórmula. Fernanda Familiar lo invitó a su espacio radiofónico en Imagen, mientras que Enrique Hernández Alcázar lo convocó personalmente para asistir a su programa *El Weso*, en W Radio.

Sin lugar a dudas, la cobertura que la periodista Carmen Aristegui le dio al tema de los Fox en su programa *Hoy por hoy* de W Radio fue crucial para que reventara la ola del tsunami.

En su columna "Detrás de la Noticia", Ricardo Rocha llamó a los Fox "Los Beverly de Guanajuato". En *Milenio*, en "Política Cero", Jairo Calixto Albarrán escribió: "¿No fue en Foxilandia donde te encontré bailando?". Joaquín López-Dóriga no podía dejar de consignar el tema y publicó "Los Fox: pero qué necesidad", y Ciro Gómez Leyva hizo lo propio con "El descaro de Vicente y Marta multimillonarios".

En el periódico *Reforma*, sus plumas de primer nivel se subieron también a la cresta de la ola. Miguel Ángel Granados Chapa tituló su columna "Plaza Pública", refiriéndose al escándalo de los Fox, "Y los demás también". Froylán M. López Narváez escribió: "Fox al bote". Sergio Sarmiento, en "Jaque Mate", se pronunció sobre "El dinero de Fox". Incluso Guadalupe Loaeza dedicó por lo menos un par de columnas al respecto: "¡¡¡Asco!!!" y "Ya lo perdimos".

"Ya comemos chicharrón" fue el encabezado de la columna "Bucareli" de Jacobo Zabludovsky, en el periódico *El Universal*. Ahí mismo, Katia D'Artigues no publicó una, ni dos ni tres veces sobre el tema en su afamado espacio "Campos Elíseos", sino varias veces más, e incluso fue la única que reprodujo una fotografía de Marta Sahagún (que se había publicado únicamente en quién.com) en la que aparecía en su despacho del rancho San Cristóbal donde atendía los asuntos de la Fundación Vamos México. En la imagen se observaba a Marta hablando por teléfono y, a sus espaldas, la fotografía oficial del entonces presidente Felipe Calderón Hinojosa. Lo que no se había hecho público —hasta ahora— es que fue la propia Marta la que pidió que le tomaran esa imagen, en esa posición y con ese contexto.

El tsunami alcanzó también las páginas de la prensa internacional. El tema se consignó en *The Washington Times*, *The Miami Herald*, el *Financial Times*, *The New York Times* y CNN.

El *Foxgate* tomó dimensiones insospechadas. "El expresidente Vicente Fox le debe una explicación al pueblo de México sobre estas propiedades, modificadas con grandes cantidades de dinero, y que deberán coincidir con su declaración patrimonial", dijo el 19 de septiembre de 2007 el entonces presidente de la Junta de Coordinación Política de la Cámara de Senadores, el priista Manlio Fabio Beltrones. El coordinador del Partido de la Revolución Democrática en la Cámara Alta, Carlos Navarrete, pidió a la Secretaría de la Función Pública que diera a conocer las declaraciones patrimoniales de Vicente Fox "dado su evidente enriquecimiento a costa de las finanzas públicas".

Vicente Fox tuvo que salir al quite y emitió un comunicado en el que, por cierto, se autodenominaba presidente:

Boletín Informativo
19 de septiembre de 2007

El Presidente Vicente Fox hace saber a la opinión pública lo siguiente:

- La ética, la transparencia y la rendición de cuentas ha sido una norma permanente a lo largo de mi vida.
- Fui el primer funcionario gubernamental en México en hacer público su patrimonio y su declaración patrimonial.
- He cumplido puntualmente con mi obligación legal de declarar ante la Secretaría de la Función Pública mi estado de situación patrimonial.
- Como he afirmado siempre y repetido permanentemente en el rancho San Cristóbal he vivido, vivo y seguiré viviendo. Esto lo declaré y lo mostré mucho antes de iniciar mi carrera como funcionario público.
- El Centro Fox es una asociación civil no lucrativa registrada legalmente con autorización de deducibilidad de impuestos.
- El Centro Fox se construye con fondos y donaciones privadas de personas generosas que además creen en la causa. Tiene un consejo formal de personas responsables y serias a quienes se les rinde cuentas.
- El Centro Fox cumple rigurosamente con la legalidad en todas y cada una de sus acciones. Es un Centro de y para todos los mexicanos.
- El Centro Fox ha sido auditado por el despacho internacional Price

Water House y como resultado de la auditoria no hubo ninguna observación. Asimismo, el Centro Fox reafirma su compromiso de siempre rendir cuentas puntualmente.

Agradecemos a todas las personas e instituciones que con tanto entusiasmo colaboran en sus diferentes áreas tanto académicas como culturales, de investigación y documental, que permitirán transparentar para todos la Administración del Presidente Fox.
Consulta nuestra página de internet: www.centrofox.org.mx
ATENTAMENTE
VICENTE FOX QUESADA

Hacia finales de septiembre de ese mismo año, es decir, a menos de un mes de haberse publicado el reportaje de *Quién*, se creó en la Cámara de Diputados una comisión "para investigar el enriquecimiento inexplicable del expresidente Vicente Fox". Los diputados que integraban la Comisión de Vigilancia de la Auditoría Superior de la Federación lograron que se investigaran los servicios generales y personales de su último año de gestión.

Según publicaron los reporteros Armando Estrop y Daniel Pensamiento, el 26 de septiembre de 2007, en el periódico *Reforma*: "El presidente de este órgano legislativo, el perredista Antonio Ortega, explicó que a petición de él y de otros legisladores, la Auditoría Superior de la Federación aceptó revisar tres capítulos del Presupuesto de Egresos 2006 asignados a la Presidencia de la República".

Beto y Diana no salían de su asombro con lo que ocurría. ¿Cómo era posible que una revista de sociales y del corazón pudiera provocar tal escándalo político? Eso nunca antes había sucedido en México. Era un caso sin precedentes.

La Hummer y el Jeep también levantaron ámpula. Que si la "lujosa" Hummer era de "origen dudoso"; que Felipe Calderón, quien sustituyó a Vicente en la presidencia, ordenó que se devolviera a la General Motors, pues resultó que era propiedad del Estado Mayor Presidencial; que si el Jeep rojo se lo habían regalado a Marta en 2002...

169

"Inscribe el reportaje de los Fox a todos los premios de periodismo", fue la indicación que le dio la Penagos a Beto. Y él acató la orden. El primer premio que ganó fue en casa. Grupo Editorial Expansión tenía un programa de motivación para sus empleados llamado "GEEnte Sobresaliente", en el cual se entregaba —en breve pero emotiva ceremonia— un reconocimiento a los empleados más destacados de cada departamento. Por parte del área editorial, Beto recibió dicha distinción el 23 de octubre de 2007 de manos de John Reuter.

"Los Fox, su vida después de Los Pinos" ganó el décimo tercer concurso "Periodistas en Línea, comunidad virtual de periodistas".

La mañana del 5 de diciembre de 2007, Diana y Beto acudieron al número 8 de la calle Filomeno Mata en el Centro Histórico de la Ciudad de México, donde se realizaría la ceremonia de premiación del XXXVII Certamen Nacional de Periodismo del Club de Periodistas de México. El reportaje había obtenido el primer lugar en la categoría de Nota más Oportuna. En ese mismo evento, Sanjuana Martínez ganó en la categoría de Trabajo Periodístico de Mayor Interés Nacional; Anabel Hernández en Información por Internet; Daniel Lizárraga por Reportaje de Investigación; Alberto Tinoco Guadarrama por Crónica Televisiva; Saúl Sánchez Lemus por Reportaje Social; Raymundo Riva Palacio por Columna Política, y Carmen Aristegui por Programa Noticioso, entre un total de 36 premiados.

Ahí estaban Diana y Beto, codeándose en las altas esferas de los periodistas de *hard news*, cuando muchos de ellos habían tachado su revista de superficial y la habían menospreciado.

"La niña bien se ha colado en el círculo rojo." No se sabe a ciencia cierta quién acuñó esta frase refiriéndose a *Quién*, pero desde entonces, Beto la adoptó como la más representativa de lo que a partir de ese momento se convirtió una revista que no pretendía hacer otra cosa que periodismo del corazón; aunque para algunos, podría convertirse en periodismo del hígado.

Saboreaban las mieles del éxito. Tantas noches cerrando ediciones catorcenales de seiscientas páginas, de compromisos interrumpidos porque "paren la prensa, se murió-casó-divorció-parió fulanita", de la angustia de llegar a la meta de ventas, habían valido la pena.

Y llegó el aplauso en el Palacio de Bellas Artes. El 15 de mayo de 2008 se realizó la VII entrega del Premio Nacional de Periodismo, en la que se reconoció lo más destacado del ejercicio periodístico de 2007. El reportaje de los Fox había obtenido una mención especial en la categoría de Noticia gracias a un jurado conformado por Adela Navarro, del *Semanario Zeta* de Tijuana (presidenta del jurado); Carlos Loret de Mola, de Televisa; Clara Jusidman, de Incide Social; Elvira Hernández Carballido, de la Universidad Autónoma del Estado de Hidalgo; Enrique Tamés, del Tec de Monterrey; Federico Fasano, del diario uruguayo *La República*; Gerardo Galarza, del periódico *Excélsior*; Javier Garza, de *El Siglo de Torreón*; José Carreño, de la Universidad Iberoamericana; José Luis Perujo, de *El Economista*; Jorge Volpi, del Canal 22; Ricardo Alemán, de *El Universal*, y Roberta Garza, de *Milenio*.

Más tarde, Carlos Loret les contaría el debate que ocasionó el reportaje de *Quién* entre el jurado, que, de entrada, se encontró con la disyuntiva de en qué categoría meterlo. ¿Crónica? ¿Entrevista? Tenía una parte de entrevista —la que había hecho Beto— y una parte de crónica de color —la que había hecho Diana—; era justamente esa mezcla lo que lo había hecho destacar. Algunos pensaban que era merecedor del reconocimiento; otros que no tanto pero que no podía irse con las manos vacías. En lo que sí coincidían todos es que había sido noticioso y revelador; que el fenómeno que había suscitado era innegable, que no todos los medios provocan que se cree una comisión especial para investigar a un expresidente y que lo más sorprendente es que había sido uno del llamado "periodismo rosa". Así, la mejor conclusión para ese debate era una mención especial como Noticia —sin los cincuenta mil pesos ni la escultura de Juan Soriano que daba el premio.

Beto pasaría a recoger el diploma. Ahí estaba. Sentado en la primera fila con Olivia Zerón Tena a su lado izquierdo (del programa *Punto de Partida* de Televisa, ganadora de la categoría de Noticia) y de su lado derecho, su compañero de Expansión, Aníbal Santiago (de la revista *Chilango*, ganador de la categoría de Crónica). Detrás de él, en la segunda hilera, Diana Penagos Mason y Blanca Gómez Morera aplaudían el sueño compartido.

Subió al estrado del Palacio de Bellas Artes ante más de mil personas. Pronunció un breve discurso. Como pudo, con la intensa luz del reflector dándole de frente, buscó a su madre entre el público. Fijó la mirada en ella y le cerró el ojo izquierdo, en un gesto de complicidad cuyo significado sólo ellos conocían. Inevitablemente, la frase de la fotógrafa Winda Berkowitz volvió a su mente: "Te vas a cagar".

El *top* de las exprimeras damas nunca salió. Diana pudo dormir tranquila; lejos quedó su cajita de cartón (llegó hasta tres años después). Lo que ninguno de los jefes había creído, ahora lo presumían como uno de los mayores logros de *Quién* y de Expansión en general. La revista se vendió como pan caliente. La obra negra del Centro Fox que Valeria Ascencio fotografió llegó a tener años después hasta un hotel boutique. *Caras* publicó un reportaje de Marta y Vicente en el Centro Fox en septiembre de 2013 en sus páginas interiores y *¡Hola!* una portada en 2008 que decía "Vicente Fox y Marta Sahagún nos reciben en el Centro Fox y nos comparten su planes de boda religiosa" y otra en febrero de 2013 con el titular: "Vicente Fox y Marta Sahagún acompañados por Ana Cristina Fox abren por primera vez las puertas de San Cristóbal, la hacienda familiar". Casi seis años después del reportaje de *Quién*, los Fox volvían a abrir "por primera vez" su rancho. No cabe duda, el que pega primero, pega dos veces.

VI
LOS CALDERÓN

El divorcio de las Margaritas

E s inevitable. La competencia femenina siempre juega a favor de quienes pretenden reunir a mujeres en situación de rivalidad. Si una ya estuvo convocada, la otra también quiere estar. Pocas son las que se resisten al insaciable anhelo de pertenecer. Y ése no fue el caso de las esposas de los tres candidatos con mayores posibilidades de ganar que contendieron por la presidencia de México en 2006.

El país estaba hartamente politizado. Era el último trimestre de 2005 y en la redacción de *Quién* se había puesto en el pizarrón de lo prioritario el tema de las elecciones del próximo año. En todos los medios de comunicación, electrónicos, impresos y digitales, se hablaba de los aspirantes de cada partido: de Andrés Manuel López Obrador por el PRD, de Felipe Calderón Hinojosa por el PAN y de Roberto Madrazo Pintado por el PRI. Se había dicho prácticamente todo sobre ellos, pero hacía falta hablar de sus esposas. Así que la misión que le fue encomendada a Beto Tavira fue "destapar" a las mujeres de los candidatos a la presidencia de la República en una suerte de búsqueda de la primera dama.

La frase popular de "enchílame otra" no tuvo cabida en esta ocasión. Las agendas, la renuencia y, en uno de los casos, el estado de salud de una de las protagonistas hicieron que se fuera dando a pasos lentos la gestación del proyecto. Pasaron varias semanas de llamadas y negociaciones con los coordinadores de prensa de cada candidato hasta que los primeros en aceptar la proposición fueron los del PRI. No era un acto de bondad. Roberto Madrazo era quien estaba en el tercer lugar en las encuestas sobre las preferencias del voto. Así que Ady García, una de las

175

mujeres de mayor confianza del candidato, se comunicó al celular del editor de política de *Quién* para darle la fecha de la entrevista.

María Isabel de la Parra Trillo recibió al equipo de la revista en la casa familiar de los Madrazo en la Ciudad de México. La cita fue el 15 de noviembre de 2005, después de la hora de la comida. Debido al frágil estado de salud de Isabel, la sesión de fotos y entrevista se realizaron el mismo día. Entre el montaje del equipo de foto, maquillaje y peinado, cambios de ropa y la entrevista de Beto Tavira, el encuentro se llevó alrededor de cinco horas. Si fue agotador para los representantes de *Quién*, es de imaginarse que la señora Madrazo estaba molida, a pesar de que entre cambio y cambio de ropa —entre la que desfilaban marcas como Emporio Armani, Escada, Max Mara, La Coupole y accesorios Bvlgari que le había llevado la coordinadora de moda de la revista— descansaba varios minutos, pues no podía permanecer mucho tiempo en pie.

En la sesión de preguntas y respuestas, Beto no dejó de cuestionarle con grabadora en mano sobre la supuesta batalla contra el cáncer que libraba desde hacía algún tiempo. "Es totalmente falso —le respondió contundente Isabel—. Mi enfermedad tiene que ver con un problema de articulación: mi cadera se llenó de un líquido que se empezó a endurecer y acabó con la cabeza del fémur. Después de 26 operaciones en cinco años, lo último que me diagnosticaron es una distrofia del sistema simpático y parasimpático." Ésa y otras declaraciones se incluirían en el texto de portada prospectado para la edición del 20 de enero de 2006.

El efecto dominó comenzaba con la primera ficha que había caído. Beto tenía la certeza de que de ahí en adelante el instinto de competencia que seguramente invadiría a las otras mujeres le haría el camino más fácil.

"Ya nos dio la entrevista la esposa de Madrazo y la mujer del Peje está por confirmar, ¡ni modo que no salga en la portada la esposa de Felipe Calderón!", le dijo Beto Tavira vía telefónica a Juan Ignacio Zavala Gómez del Campo, hermano de Margarita, quien colaboraba en la campaña del aspirante presidencial del PAN. Bastaron un par de días para que Juan Ignacio confirmara la participación de su hermana en el especial. A partir de entonces cedió la estafeta a su otra hermana, Mónica, quien se convirtió en el enlace directo entre Beto y Margarita Zavala.

No había muchas posibilidades de fechas. A pesar de que el artículo se publicaría en enero de 2006, Beto le había dejado muy claro a Mónica que el equipo de la revista debía cerrar esa edición a más tardar el 15 de diciembre de 2005, y que eso significaba que prácticamente ya tenían que estar todas las páginas en la imprenta, por lo que la presionó para que el encuentro fuera lo antes posible. Finalmente acordaron que sería el 22 de noviembre de 2005 en la casa familiar de los Calderón Zavala, en la colonia Las Águilas, al sur de la Ciudad de México.

Acto seguido, Beto le solicitó a Mónica las tallas de ropa, número de zapatos y marcas predilectas de su hermana, con el fin de que la coordinadora de moda sacara de las tiendas los atuendos para la sesión de fotos. Antes de colgar, Mónica le dijo que Margarita se comunicaría con él para terminar de precisar los detalles. Y efectivamente, un día antes de la producción, Margarita lo llamó a su celular… Lo que no le dijo Mónica fue que esa Margarita no era la señora de Calderón, sino una mujer con el mismo nombre que había sido contratada como asesora de imagen: se llamaba Margarita White.

En esa primera conversación a través de sus respectivos teléfonos celulares, Beto oyó al otro lado del auricular a una mujer con un tono de voz pausado y un timbre suave. Se le notaban los modales refinados, su conocimiento en los menesteres de la inteligencia emocional y, sobre todo, la capacidad de hacer sentir a su interlocutor alguien especial. Margarita White le preguntó sobre el ángulo de la entrevista, el tiempo que duraría y sobre cómo sería la logística. Beto le explicó que por parte de la revista le llevarían a la esposa de Calderón ropa y accesorios de los que pudiera escoger con lo que se sintiera más cómoda. La señora White le advirtió que ella personalmente le había hecho varios *outfits* a Margarita con su propia ropa por si no se sentía a gusto con nada más. Todo estaba en sintonía. Sólo una objeción le hizo Margarita White a Beto disfrazada de pregunta: "Considero que en esta ocasión no es conveniente el uso del rebozo, ¿tú qué opinas?".

Él le compró de inmediato la proposición. Ya venía de ver los trajes sastre en los que se había enfundado la esposa de Madrazo y, para efecto de unificar los estilos de las tres mujeres que aparecerían en la imagen de portada, consideraba que no era prudente que Margarita usara el rebozo encima de los sacos salidos de las creatividades más refinadas de grandes diseñadores. A pesar de ser muy *open minded*, Beto no estaba de acuerdo en el *ménage à trois* entre el pantalón, el blazer y el rebozo. Decía que eso iba en contra de la Biblia que a él le permitía identificar entre el bien y el mal: la de la moda.

Finalmente llegó el día. El equipo de producción arribó una hora y media antes de la cita para poder descargar y montar el equipo. El fotógrafo francés Fabien Tijou instaló el ciclorama, las luces y la cámara. Alex Reynal buscó dónde colocar su maletín con lo necesario para maquillar y peinar a la entrevistada en cuanto apareciera. Beto también llegó mucho antes para operar lo que fuera necesario con Mónica Zavala. La única que estaba angustiadísima era la coordinadora de moda, Luz María Carrera, quien tenía listos todos los cambios de ropa pero no así los zapatos. Y es que ¡no había encontrado del número siete mexicano/diez americano que calzaba Margarita! Mónica la tranquilizó al confesarle que ése siempre había sido un verdadero problema para la esposa del político panista. "Mi hermana calza grande", bromeaba.

Alrededor de las cuatro de la tarde, Margarita Zavala cruzó la puerta de su casa acompañada de sus tres hijos. Ya la esperaba todo el equipo de *Quién*. Saludó a cada uno de beso en la mejilla. Les preguntó su nombre y luego presentó de manera grupal a María, Luis Felipe y Juan Pablo. A continuación encomendó a sus descendientes con la persona que le ayudaba a cuidarlos y se sentó en una silla del comedor para ser maquillada y peinada. Era notable que no dejaba de hablar con todo y la secadora de pelo encendida en su máxima potencia.

Posteriormente se dirigió al vestidor de su cuarto donde se encontraban los cambios de ropa que la coordinadora de moda le había seleccionado. Las creaciones de varias marcas de diseñador estaban dispuestas para que Margarita escogiera las que más le gustaran. También había aretes y anillos Bvlgari. "No me lo tomen a mal, muchachos, pero no me voy a poner esto —le dijo Margarita a todos los que se encontraban de testigos en ese lugar, entre ellos Beto Tavira—. Yo soy ésta que ustedes ven. Nunca he usado esta ropa que amablemente me traen. Es más, ni siquiera quepo en esta ropa", quiso terminar en broma algo que de inicio ya le había subido la bilirrubina a los presentes.

Y en gran parte tenía razón… en el tema de las tallas. Margarita tenía una forma muy particular de cuerpo. Debido al ancho de su cadera, era imposible que le entraran los pantalones que llevaban a juego con sacos y tops. Las faldas también le jugaron una mala pasada. De todo lo que le llevó el equipo de *Quién*, solamente hubo un cambio que le dio tregua, y era todo de Emporio Armani. Se escuchó un aplauso cuando Margarita Zavala salió enfundada en ese pantalón y saco sin que se quejara de que no le cerraba. Para fortuna de todos, también estaban los *outfits* que había dejado preparados Margarita White por si se necesitaban.

El fotógrafo le pidió a la señora de la casa que por favor comenzaran la sesión con uno de ellos debido a que las primeras tomas serían en el jardín. Dicho lo siguiente, Margarita Zavala volvió al baño para ponerse una blusa blanca con cuello en V sin mangas y una falda negra con rayas blancas delgadas.

Mientras tanto, Margarita White llamaba por teléfono alternativamente a Mónica y a Beto para supervisar a distancia la producción.

—¿De qué privilegios goza esa Margarita White que sólo llama y llama en lugar de que esté atendiendo personalmente a "su cuenta"? —se quejó con Mónica Zavala un Beto Tavira que cuando se le acababa la paciencia, se le acababan los filtros de lo que decía.

—Pues es que Margarita White no puede caminar —le respondió Mónica bajando la voz.

—¡¿Cómo que no puede caminar?! —la conversación comenzó a adquirir la misma complicidad de dos señoras en un barrio popular, formadas en la fila de la leche de la Conasupo, esperando su turno, con una cubeta de plástico cargada en el antebrazo.

—¿Qué no supiste lo que le pasó?

—¿Y por qué lo tengo que saber? Ni la conozco.

—Pero sí conoces a su esposo ¿no? ¿Conoces a Paco Gil, el secretario de Hacienda?

—¡No me digas! ¿De verdad es esposa del de Hacienda? Claro que lo conozco. Todos los que somos ensartados con los impuestos en este país lo conocemos… Pero a su esposa no la ubico.

—¡Es la de los salones de belleza, Alberto Tavira!

—Aaaaaaaah. ¿La de los spas en El Palacio de Hierro? ¿Los que llevan su nombre?

—Esa mera.

—¿Oye, pero cómo voy a creer que está inválida?

—Yo nunca te dije que inválida. No puede caminar bien… O sea, sí camina pero con mucha dificultad, con bastón. Luego veo que la traen en silla de ruedas.

—Pero ¿qué le pasó?

—Margarita tuvo una embolia y perdió la capacidad motriz de las piernas. Pero ya grande, casada, con hijos grandes.

—¿Y por qué la tiene trabajando ese desgraciado del Paco Gil?

—Ella es un mujerón. Una señorona. Fuerte como pocas. Hasta donde tengo entendido es elección de ella.

"¡Esto sí me queda! ¡Ésta soy yo!", asintió Margarita Zavala mientras salía del baño con su propia ropa. Misión cumplida. La protagonista de esta historia estaba decorada lo necesario para portada de revista. Sin más, descendió por las escaleras. Una vez abajo, de pronto, recordó que se le había olvidado algo. Le gritó a Mónica, quien todavía estaba arriba, que por favor le bajara su rebozo gris. Se lo colocó en la espalda media sujetado por los antebrazos y preguntó dónde se tenía que colocar para la foto. En milésimas de segundos todos los rostros de los espectadores se fueron alargando hasta que sus quijadas hicieron un hoyo en el piso. No hacía falta ser Anna Wintour de la revista *Vogue* para darse cuenta de que lo que estaba haciendo Margarita era una bofetada de ida y venida a los cánones del buen vestir.

El fotógrafo comenzó con el primer cañonazo de la guerra. "Discúlpame que te diga las cosas como son —le dijo a Beto apartándolo y en voz baja—, pero yo no puedo llevar esa imagen para la portada. ¿Qué opinas si le sugerimos que se quite el rebozo? Todo está impecable, pero el rebozo no tiene nada que ver con la publicación." Beto se solidarizó con el argumento desde el minuto uno. Se dirigió hacia Mónica para tratar de persuadirla primero a ella para luego ir en coalición, como los partidos políticos, en esa contienda. Mónica no necesitó recurrir a eufemismos: "Díselo y te va mandar a la fregada".

Cambió de estrategia. Beto se alejó del lugar donde el fotógrafo estaba haciendo pruebas con polaroids y llamó desde su teléfono celular a Margarita White para informarle que se había cumplido la profecía: Margarita Zavala se había puesto el rebozo para la sesión de *Quién*, la revista que representaba el glamour, lo aspiracional, las tendencias.

No era necesario convencer en ese tema a Margarita White. La mujer del secretario de Hacienda lo entendía perfecto. De hecho le había pedido, suplicado, implorado a la Zavala que bajo ninguna circunstancia se lo fuera a poner, ni con los trajes sastre con los que estaba programado que apareciera ni con ningún cambio. "¡Se lo dije perfectamente! ¡Comunícame con Margarita, por favor!" Beto hizo llegar el teléfono como se le indicó. Se apartó de la escena como quien estaciona un coche bomba y se baja de él apresuradamente, a pasos cortos y con los puños cerrados a los costados de los oídos esperando a que explotara.

De inicio se escuchó la voz de la esposa de Calderón esgrimiendo cordialmente los argumentos con los que llevaba cerca de tres horas evangelizando a todos los feligreses de la revista *Quién*: "Ésta soy yo", "A mí me gusta el rebozo", "Es parte de mi estilo", "No me importa que me critiquen", "Quiero dignificar el rebozo"... La señora White de Gil insistía al otro lado de la línea que se lo quitara, seguramente con sus mejores argumentos. La Zavala volvía con los suyos. Cuando se acabaron los de ambas la decisión fue contundente: "No me quito el rebozo".

El celular volvió a su dueño. Palabras más palabras menos, Margarita White le indicó a Beto que tratara de maniobrar para que Margarita se tomara unas fotos con rebozo y otras sin rebozo. Ya en la redacción de la revista seleccionarían las que mejor se adaptaran a sus necesidades.

El cansancio, el estira y afloja y los niños que ya demandaban estar con su mamá fueron los factores decisivos para que Margarita Zavala cediera en algunas tomas su lucha por la dignificación del rebozo. Ya caída la noche terminó la producción. La foto del recuerdo, de la señora

Zavala con sus tres hijos, más tarde ilustraría la carta editorial del top de primeras damas que hasta ese momento estaba incompleto.

Faltaba la entrevista con Beatriz Gutiérrez Mueller,[*] la esposa del candidato del PRD, Andrés Manuel López Obrador, quien a punto del cierre de la revista se la concedió a Beto Tavira vía telefónica, sin fotos. Las declaraciones que hizo para ese primer ejemplar de 2006 sacudieron a propios y extraños del equipo de AMLO. Pero ésa es otra historia.

Días después del *shoot* con la mujer de Calderón, la encantadora Margarita White llamó por teléfono a Beto para informarle que había renunciado a llevar la imagen de Margarita Zavala. No dio muchas explicaciones, pero al menos le dejó saber que para ella era muy complicado trabajar con alguien que no se dejaba asesorar en lo mínimo. Margarita White le explicó que tampoco estaba en las mejores condiciones físicas para esa batalla. A pesar de que la esposa del secretario de Hacienda manejaba muy bajo perfil, e incluso había solicitado desde el inicio que por favor nunca se incluyera su crédito en la producción de las fotos, sabía que era inevitable que su nombre se filtrara como la artífice de la imagen de Margarita Zavala. Y esa imagen no era la que ella hubiese querido construir.

La edición número 107 de *Quién* se publicó con el titular: "Se busca primera dama. Destapamos a las mujeres de los candidatos". Debajo de éste aparecían la foto de la esposa de López Obrador a la izquierda —como debe ser según la geografía política—, en medio la de la mujer de Madrazo y, a la derecha, como se estila en los partidos conservadores, la de la esposa del candidato del PAN. De las fotos de Margarita Zavala, se eligió para la portada la imagen del traje sastre Armani. El divino. El sobrio. El que sí le quedó. En las páginas interiores del reportaje aparecieron tres fotografías más de la señora de Calderón: una con un *outfit* conformado por pantalón café jaspeado y saco amarillo, seleccionado por Margarita White; otra con el mismo cambio que traía en la portada, y la última foto con la blusa blanca con cuello en V sin mangas

---

*Ver "Andrés Manuel López Obrador. Locos por El Peje", en *Quién confiesa, op. cit.*, p. 103.

y falda negra con rayas blancas. En esa toma, Margarita Zavala aparecía sentada en una de las sillas del jardín de su casa y, en el brazo del asiento, apenas se alcanzaba a ver doblado, bajo su antebrazo, el rebozo gris; ese pequeño pero simbólico pedazo de tela que fue el detonante de uno de los secretos mejor guardados en el mundo de la política: el divorcio de las Margaritas.

EL DEDAZO DE CALDERÓN

La tensión y la ansiedad se sentían en la atmósfera. Un silencio nervioso prevalecía entre los presentes ese domingo que, atentos, no despegaban la vista del televisor que tenían enfrente.

El equipo de *Quién* seguía el desarrollo de las elecciones presidenciales del 2 de julio de 2006 desde la oficina. Era la única de todas las revistas de Editorial Expansión cuya redacción estaba trabajando; qué curioso, la "más superficial" de las publicaciones del Grupo, así considerada no sólo por la gente en general, sino por muchos otros colegas de la misma empresa. Y ésa, la revista del corazón, dedicada a la prensa rosa, era la única que desde temprano había tenido a sus reporteros, fotógrafos, diseñadores y editores movidísimos haciendo la cobertura de un momento histórico para el país, como cualquier medio del llamado *hard news,* es decir, la nota dura, en caló periodístico.

Sabiendo con mucha anticipación de este acontecer, los editores de *Quién* habían planeado muy bien lo que publicarían. De antemano, habían hecho un reportaje biográfico para cada uno de los tres candidatos de entre los cuales podría salir el futuro presidente de México: Felipe Calderón Hinojosa por el Partido Acción Nacional, Roberto Madrazo Pintado por la Coalición de la Alianza por México (PRI y PVEM) y Andrés Manuel López Obrador por parte de Coalición por el Bien de Todos (PRD, PT y Convergencia).

Varios meses atrás, la editora general de la revista, Diana Penagos, había encargado la investigación lo más detallada posible de los gustos, pasiones, amores y desamores de cada uno. Fue muy enfática en pedir que hubiera fotos inéditas de los tres de lo que en la revista solían llamar "línea de vida": de ellos de bebés, de cuando hicieron su primera comunión, de cuando eran estudiantes pubertos, de sus bodas, de cuando se convirtieron en papás, de sus padres, hermanos, amigos, etcétera. Una imagen vale más que mil palabras, y en el periodismo del corazón, mucho más.

Alberto Tavira sería el encargado de coordinar la elaboración de los perfiles. Él mismo se ocupó del de Calderón; contactó a la biógrafa de Andrés Manuel, Blanca Gómez Cantú, para que hiciera el del popularmente conocido como Peje y, cuando Diana le preguntó quién sería el responsable del de Roberto Madrazo, desenfadadamente contestó:

—Ay, Dianis, ése ni vale la pena hacerlo, seguro que ni figura. Vamos a trabajar en balde.

—Ya sé que tiene pocas posibilidades, Beto, pero no importa, más vale prevenir que lamentar, aunque nos quedemos con él guardado. Uno nunca sabe cuándo podremos usar ese material. Imagínate que en una de ésas nos da la sorpresa y nosotros, por confiadotes, ahí nos tienes, pariendo chayotes.

Así que ese 2 de julio, ahí estaban, los tres perfiles, perfectamente editados, esperando a que los electores decidieran cuál de ellos ocuparía la portada.

También con semanas de antelación, habían planeado la cobertura en calle del mero día de las votaciones. Todos los fotógrafos de los que disponían, de casa o *freelancers* (a los cuales habían contratado antes de que ningún otro medio lo hiciera), estaban asignados a alguna misión: marcaje personal a cada uno de los candidatos; enviados a la sede de cada uno de los partidos para dar testimonio de lo que ahí ocurría, y los designados a las casillas donde sabían que votarían los personajes más representativos del mundo *Quién*. De cualquier manera, era imposible cubrir solos un evento nacional de esa naturaleza, por lo que igualmente habían cerrado convenios con ciertas agencias fotográficas para poder tener acceso a material exclusivo.

A Jessica Sáenz, líder del equipo paparazzi de la revista, y a su incondicional fotógrafo Saúl Díaz, les había tocado ser la sombra de Beatriz

Gutiérrez Mueller,* la mujer del Peje. Tenían la consigna de retratarla mientras votara por su amorcito y el dúo dinámico había conseguido la foto de Beti caminando por la calle, entrando en la casilla y saliendo con el pulgar entintado y su credencial del IFE en la mano.

En fin, todo estaba listo para que más de la mitad de la revista se dedicara al tema. Los coordinadores de foto pendientes para recibir las imágenes que los fotógrafos fueran mandando en el transcurso del día, hasta que se cerraran las casillas. Los diseñadores dispuestos a ir formando las páginas de acuerdo con esquemas previamente hechos. Redactores y editores listos para compilar las crónicas de los reporteros, monitorear lo que transmitieran los medios electrónicos y armar los artículos. La imprenta en espera de recibir los últimos pliegos y la portada para terminar de imprimir y encuadernar. El resto de la revista ya estaba impresa. La distribuidora que se encargaba de repartir los ejemplares en las tiendas y voceadores ya estaba avisada que en cuanto se terminara de imprimir todo, arrancaran camiones para que entre el martes 4 de julio y miércoles 5, *Quién* ya estuviera en el anaquel, lista para satisfacer el hambre de información de sus lectores.

Si se toma en cuenta que el proceso para imprimir una revista no es tan rápido como el de un periódico, era una verdadera proeza cumplir con los tiempos que se habían propuesto. Pero no era la primera vez que lo hacían, por lo que ya contaban con un músculo entrenado para ello.

Como hormiguitas, cada quien a lo suyo, en perfecta sintonía, fueron cumpliendo con lo establecido en su cronograma del día. Todo marchaba sobre ruedas, aceitadito… Hasta que lo único que restaba era conocer al ganador. Y ahí estaban todos, ese domingo 2 de julio, en cuenta regresiva, mordiéndose las uñas, esperando el resultado.

Las horas pasaban y la contienda era más cerrada que una carrera de caballos en el hipódromo. El Programa de Resultados Electorales Preliminares (PREP) comenzó a difundir resultados a eso de las ocho de la noche. Las barras de las gráficas tan pronto se pintaban de amarillo como lo

*Ver "Andrés Manuel López Obrador. Locos por El Peje", en *Quién confiesa, op. cit.*, p. 103.

hacían de azul. Minuto a minuto se rebasaban por una nariz. Y aunque el PREP está facultado para medir y anunciar las tendencias, los resultados que arroja no son oficiales. Es necesario esperar a que se valide la elección.

A las nueve de la noche, la tensión era prácticamente insoportable en la redacción.

—Diana, ¿qué hacemos? La imprenta no cesa de presionar, no pueden tener tanto tiempo las máquinas paradas esperando —era Jorge Juárez, el encargado de producción, que reclamaba impaciente. Su oficina se encontraba en el sótano de Expansión y desde su búnker, era un personaje clave para la revista. Incondicional y siempre apoyador en favor de la nota, aunque ya había pasado por momentos como ése varias veces con *Quién*, no podía evitar ser un cuchillito de palo que alimentaba el nerviosismo; obvio, siendo que él era el enlace entre la imprenta, circulación y distribución, uno de los pilares que sostiene el engranaje.

—Diles porfa que no depende de nosotros, que no podemos adelantarnos, que no podemos enviarles nada más. Tenemos que esperar hasta que el IFE dé su veredicto.

Las diez y nada sereno. El azul y el amarillo seguían en empate técnico en las gráficas.

Las once. Para esas horas, todos en la redacción ya estaban con los ojos rojos, varios litros de café encima, mal alimentados por unas rebanadas de pizza y los ánimos caldeados. "¿Ves, Dianis? Te lo dije. Madrazo ni por equivocación", era Beto que no podía evitar el clásico reclamo a toro pasado. Porque además de la presión del cierre, también estaban las inclinaciones políticas de cada quien y el interés común de lo que sucediera de ahí en adelante en el país. Había quienes habían votado por López Obrador, aunque la gran mayoría en la redacción había tachado su boleta de azul, por Calderón. Había quienes incluso habían llevado las cosas al extremo.

—Qué guapo es Calderón. Míralo, Dianis, es guapísimo, ¡me encanta! —Érika Roa, quien recientemente había sido ascendida de editora de política y realeza a editora adjunta de la revista, afirmaba enfáticamente queriendo convencer a su jefa de su buen gusto. Lo veía como un candidato no sólo a la Presidencia, lástima que ya estaba casado.

—Me cae, Eri, que tú y yo nunca nos vamos a pedalear nuestras bicicletas —contestó Diana muerta de risa alivianadora en esos momentos de estrés. No se explicaba cómo era posible que Érika viera guapo a Calderón. Para Diana, no había manera, definitivamente no encajaba con su prototipo de galán.

Y por fin a esa hora, a las once de la noche, Luis Carlos Ugalde, el consejero presidente del IFE, salió a dar el tan ansiado anuncio oficial. Como si sonaran detrás de él tambores imaginarios de circo que vaticinan un momento cumbre del espectáculo, el equipo de *Quién*, solitario en aquella oficina, un domingo de noticias que marcarían un parteaguas, vio su cara a cuadro, esperanzado, en posición de "en sus marcas, listos...".

Pero el "fuera" nunca llegó. En su lugar, Ugalde anunció que el procedimiento de resultados preliminares conocido como conteo rápido no permitía determinar un ganador, pues la diferencia de votos entre Felipe Calderón y Andrés Manuel López Obrador era mínima, de tan sólo un 0.56%. Se podría saber con certeza quién sería el próximo presidente constitucional de los Estados Unidos Mexicanos hasta el 5 de julio.

Helados. Así se quedaron todos en la redacción de *Quién*. Se volteaban a ver unos a otros desconcertados. "¿Y ahora qué hacemos?", se preguntó Diana consternada. Ésta sí era la primera vez que se enfrentaba a una situación de esa naturaleza.

No tuvo mucho tiempo para cavilaciones. El teléfono de su oficina ya estaba sonando.

—Diana, ¡¿ahora qué hacemos?! —pronunciaba en voz alta Jorge, de producción, las palabras que la editora general había articulado en su mente. La reacción en cadena no se había hecho esperar. Más había tardado Luis Carlos Ugalde en dar la noticia, que la imprenta en hacer la llamada de desesperación a Jorge.

—George, no sé... Esto no me lo esperaba... Por favor, hagamos un plan a ver si podemos aguantar hasta el 5 de julio y salir a tiempo —le rogó Diana tratando de mantener la calma en medio de la tormenta.

—Déjame checar. Ahorita llamo a la imprenta —le indicó Jorge bajando inmediatamente el tono, entendiendo lo que estaba pasando y que estaba fuera del control de todos—. Mira, por hoy no podemos hacer más. Mañana pensaremos con mayor claridad y decidimos qué hacemos —dijo, leal y equipero como era, con la camiseta bien puesta.

Así terminó esa larguísima jornada. Con las caras largas dejaron la oficina, resignados, convencidos de que en la mañana las cosas lucirían mejor.

Al día siguiente, a primera hora, ya estaban sentados alrededor de una mesa Diana, Jorge, Érika y Paola Alonso, editora de arte de la revista, trazando un nuevo plan, con calendario y planillo editorial en mano. Era el 3 de julio, sólo faltaban dos días para que se supiera el resultado de las elecciones. Podrían soportar. La fecha oficial de salida de *Quién* era el 7 de julio. Si cerraban el 6, podrían estar a la venta el 7, máximo 8 de julio en toda el área metropolitana de la Ciudad de México, aunque llegara un poco más tarde al interior de la República. Un día de retraso podían permitírselo. Además, el tiempo se acortaba porque podían armar la cobertura del mero día, enviar ese pliego a imprenta y dejar únicamente para el final el perfil del ganador, que ya estaba hecho, y la portada.

Para llegar a buen fin en situaciones como éstas, hay que ser organizado en grado milimétrico. Afortunadamente, Paola Alonso lo era. Su equipo de arte funcionaba como un relojito, así que por el lado de diseño, tampoco habría problema. Sólo restaba esperar el día D.

Esas cuarenta y ocho horas transcurrieron lentas, como suele hacerlo el tiempo cuando quiere hacer sufrir al impaciente. Pero no fueron en balde, porque Diana, quien solía colocarse en el peor de los escenarios para que cualquier contratiempo no la sorprendiera desprevenida, ya estaba pensando en un plan B para la portada por si algo pasaba que no permitiera declarar un ganador de la contienda electoral. No era fatalista, simplemente el ambiente político que se vivía en el país era realmente tenso. López Obrador calificaba las elecciones de fraudulentas y alegaba que había habido un sinnúmero de irregularidades, por lo que su partido, el PRD, no las reconocería como válidas. Lo gritaba a los cuatro vientos, advirtiendo que si el IFE no lo ratificaba a él como el nuevo presidente de la República, no aceptaría a nadie más como tal. El conflicto se veía venir.

En el periodo de gracia que la imprenta les había concedido, Diana convocó a su equipo para repasar los otros temas que venían en ese número de la revista. Necesitaban evaluar cuál podría crecer en caso de una emergencia. En ellos, se incluía uno muy del corazón. El 25 de junio de ese 2006 había contraído matrimonio por segunda vez la actriz australiana Nicole Kidman. Por supuesto que *Quién* hacía un reporte muy completo de la boda, sin embargo, no contaba con material exclusivo; en realidad ninguna revista lo tenía, todas publicaban más o menos la misma historia con las mismas imágenes compradas a agencias fotográficas, y lógicamente los semanarios internacionales, por periodicidad, saldrían antes que ellos. Ésa era la razón por la que a Diana no le convencía ese contenido de portada. Evidentemente había que llevarlo en interiores, simplemente por servicio a sus fieles lectores, pero eso de salir después que la competencia con lo mismo, no era la mejor opción. No obstante, dadas las circunstancias, no había otra. Siendo el personaje de talla internacional que era, con una historia personal como la que tenía —se había divorciado de Tom Cruise, que supuestamente no podía tener hijos, y se casaba con un cantante de country, Keith Urban—, podría ser un buen reportaje salvador si las cosas se ponían feas llegado el momento.

El problema radicaba en que no era lo suficientemente amplio para cubrir las páginas destinadas al perfil del ganador de las elecciones, además de que ya ocupaba su propio espacio. Si sumaban todas las páginas, las que habían contemplado para informar vida y obra del próximo presidente de México y las que ya ocupaba la boda de Nicole Kidman, el hueco era considerablemente grande. ¿Con qué otra cosa podrían completarlo? Además, habría que volver a foliar esas páginas sin afectar el resto de la edición que ya estaba impreso. Se puede decir que trabajaban con una camisa de fuerza puesta.

—Marcia, necesitas pensar en un plus que nos permita llenar el espacio y dar al lector algo distinto, nuevo, noticioso —indicó Diana a Marcia Frías Paulín, la editora de espectáculos internacionales.

—La luna de miel —intervino Érika Roa.

—Se ha mantenido en supersecreto. Se maneja que puede ser en Bora Bora o en Fiyi —contestó Marcia—. ¡Está cañón conseguirla!

—Llamemos a todas las agencias paparazzi que conocemos, seguro están sobre la nota —replicó Diana.

En algún momento de su trayectoria en *Quién*, Érika había sido la encargada de las agencias paparazzi, por lo que las ubicaba perfectamente y tenía una excelente relación con ellas. Pronto hizo una lista de las que muy probablemente estarían siguiendo a los lunamieleros. Ella y Marcia se dividieron quién hablaría a quién y pusieron manos a la obra. "Si lo logramos, a ver en cuánto nos va a salir el chiste, ¡ojalá no nos cueste el presupuesto del mes!", pensó Diana, aunque también sabía que si el 5 de julio el cónclave electoral decía "*habemus* presidente", y efectivamente conseguían las imágenes del viaje de novios de Nicole Kidman y Keith Urban, estas últimas podrían guardarse para publicarse en el siguiente número de la revista.

Una vez informado el plan sustituto a Paola Alonso y Jorge Juárez, y ya todos claros sobre los distintos escenarios planteados, continuó la espera ya con la tranquilidad de tener una estrategia.

El día D no fue el 5 de julio; el desembarco en las oficinas del IFE fue hasta el 6 alrededor de las tres de la tarde. El *deadline* para el cierre se acortaba y el estrés en la redacción de *Quién* aumentaba. La montaña rusa de emociones que esta espera significaba era más grande que la de cualquiera de Six Flags.

Por fin, exactamente a las 15 horas con 20 minutos, Luis Carlos Ugalde, presidente del IFE, declaró a Felipe Calderón como el nuevo presidente de México, luego de un conteo oficial de actas que duró más de treinta horas.

Todos en la revista contenían la respiración y cuando estaban a punto de soltarla y salir corriendo a terminar de cerrar la edición número 119… surgió el pero. Uno muy grande: el PRD había solicitado la anulación de las elecciones y el Tribunal Electoral del Poder Judicial de la Federación (TEPJF) reconocía que había habido irregularidades en el proceso electoral, por lo que se procedería a un recuento de votos antes de que el TEPJF validara la elección.

En resumen, luego de una angustiosa espera, seguían en las mismas. Había pero no había presidente.

—¡Pasemos al plan B! —ordenó Diana apresurada.

—¡No tenemos más de lo que ya teníamos de la boda de Nicole! —contestó una Marcia alarmada. La pobre parecía que estaba a punto de sufrir un ataque al corazón—. Hice un reportaje de la historia de amor que nos puede servir para completar —remató.

—Está perfecto, Marcia, ¡con eso nos vamos!

Justo cuando se disponían a terminar de diseñar y a hacer los titulares que irían en la portada, la suerte se puso de su lado. Ese equipo tenía magia. Siempre que estaba en apuros, algo sucedía que el universo conspiraba en su favor y las cosas terminaban por acomodarse.

Precisamente en ese instante, una de las tantas agencias paparazzi a las que habían recurrido acababa de enviar fotos de la luna de miel de Nicole Kidman y Keith Urban. *Quién* era la primera revista a la que se las ofrecía. La pareja aparecía muy amorosa en Bora Bora. Las imágenes no eran muchas, pero tenían todos los ingredientes necesarios: Nicole en bikini, una isla paradisiaca y hasta beso en la boca. Muy romántico e idílico.

¡Bingo! Marcia, Érika y Diana no lo podían creer y daban gracias al cielo porque su esfuerzo había sido recompensado de tal manera. Ahora sí soltaron la respiración con profundo alivio y el corazón de Marcia contuvo su carrera loca. La revista saldría con fotos inéditas de una de las celebridades más queridas y aspiracionales en uno de los momentos más importantes de su vida. El precio de la exclusiva era caro, mas no exorbitante, pagable. Compraron los derechos para México y finalmente, tras una tarde de trabajo contrarreloj, ese número de la revista *Quién* salió a la venta, como debía ser, el 7 de julio de 2006, con la boda y luna de miel de Nicole Kidman en portada y en el recuadro inferior izquierdo la cobertura del día de las elecciones con el título "Quién estuvo con quién el 2 de julio" y una imagen dividida (como se encontraba el país) con un retrato de cada lado de los dos candidatos en discordia contrapuestos, enfrentados, viéndose cara a cara.

El carrito de la montaña rusa en el que habían estado subidos apenas estaba aterrizando y deteniendo su marcha, cuando tuvo que aprestarse a arrancar de nuevo. La fecha de la próxima edición era el 21 de julio, así que el equipo de *Quién* tenía escasas dos semanas para recomponerse. ¿Y ahora, cuál sería su siguiente portada? Tenían listos los perfiles biográficos de López Obrador y Calderón, pero no sabían cuándo el TEPJF validaría la elección. Eso podría tardarse unos días, semanas o hasta meses, lapso en el cual Felipe y Andrés Manuel estaban obligados a restringir sus apariciones en los medios hasta que se diera la resolución definitiva.

Se imponía otro *team back* en *Quién*. La propuesta era: publicar el reportaje de Calderón y su familia en el número en puerta simplemente porque en ese momento Felipe era el virtual presidente, y si el panorama daba otro giro, entonces sacar el del Peje en una futura edición. La intención era mostrar a los lectores cómo eran en la intimidad, fuera de los reflectores, los probables habitantes de Los Pinos.

Diana hizo base con los altos mandos de Expansión, quienes aprobaron la moción. John Reuter, CEO del Grupo, puso como única condición que el texto fuera revisado por un abogado especializado en cuestiones electorales. No quería que por ignorancia hubiera alguna imprecisión que diera pie a demandas o violara alguna ley electoral. La editora general de *Quién* agradeció dicha iniciativa, porque tendría otro par de ojos frescos que los ayudarían a blindarse contra errores garrafales y a cuidar la impecable reputación que la revista tenía en cuanto a credibilidad. Finalmente, ni ella ni nadie de su equipo eran expertos en la legislación y jurisprudencia electoral y las cosas debían hacerse profesionalmente, de forma impecable, o mejor no se hacían. Bien que mal, una de las ventajas que el margen de tiempo establecido por el Tribunal Electoral les daba, era poder buscar asesoría de un especialista, pulir el artículo y protegerse.

El texto fue y vino con comentarios muy puntuales del experto, quien fue muy respetuoso y objetivo en señalar solamente lo que pudiera ser tomado como una falta a la ley o que pudiera ser tergiversado por un malintencionado.

La foto de portada que tenían contemplada era una de archivo en la que Felipe Calderón había posado para *Quién* con toda su familia (su esposa Margarita Zavala, sus tres hijos y hasta el perro) aproximadamente un año atrás. Pese a que había transcurrido tiempo desde entonces, los integrantes se veían prácticamente igual a como estaban en ese 2006; hasta el más pequeñito de los Calderón-Zavala, Juan Pablo, quien por su corta edad, alrededor de un año cuando se hizo la sesión fotográfica, podía haber mostrado más cambios. Cualquiera hubiera pensado que esa imagen había sido captada durante ese *impasse*. Era ideal.

El titular rezaba "Con un pie en Los Pinos, quiénes son y cómo viven los Calderón-Zavala", y en la apertura del artículo se leía "La virtual familia presidencial".

Cuando ese número por fin vio la luz, el viernes 21 de julio de 2006, los editores estaban realmente satisfechos con el resultado: el *timing* había sido perfecto, el material gráfico memorable, se había cuidado hasta el último detalle, se habían seguido las reglas que el TEPJF había dictado y todo mundo contento... o al menos eso creían.

El recuento parcial de votos comenzó dos semanas y media después, el 9 de agosto, ante las encarnizadas protestas de López Obrador, que demandaba un recuento total al grito de "voto por voto, casilla por casilla". Dicha demanda no procedió, y el Tribunal emitió su dictamen el 5 de septiembre en el cual validaba a Felipe Calderón Hinojosa como el presidente constitucional de los Estados Unidos Mexicanos para el periodo 2006-2012. Ahora sí, era oficial el "*habemus* presidente", el cónclave electoral había emitido humo blanco. El perfil biográfico que el equipo de *Quién* había hecho de Andrés Manuel López Obrador quedó archivado en un CD dentro de alguna gaveta.

Unos meses después, cuando la rutina retomaba su cauce en las oficinas de *Quién*, Blanca Gómez Morera, directora editorial de revistas femeninas de Expansión, mandó llamar a Diana Penagos: necesitaba hablar con ella de algo sumamente importante.

—Dianis, prepárate porque vas a ir a presentarte con Felipe Calderón —le reveló muy emocionada.

—¡¿Cómo?! ¡¿Cuándo?! —reaccionó la editora general de *Quién* sorprendida ante la inesperada noticia que le daba su jefa. Apenas estaba recuperando el aliento de su reciente aventura electoral cuando le avisaban que debía subirse de nuevo al carrito de la montaña rusa.

—Viene un periodista supertop de la revista *Time* a entrevistarlo antes de que tome posesión y nos permitieron que dos editores de Expansión lo acompañaran. Van Alberto Bello [director editorial de las revistas de negocios] y tú —le dijo Blanca muy contenta.

Tenía poco, aproximadamente un año, que el gigante Time Inc., división editorial de Time Warner y dueña de la revista *Time*, entre muchos otros títulos, había comprado Grupo Expansión. Para el emporio estadunidense, la empresa mexicana era un hermanito menor allende las fronteras al que apenas le ponía atención y de cuya existencia muchos ni sabían. Gracias al momento histórico que vivía México, John Reuter había logrado que el gran consorcio volteara a ver al miembro más nuevo de la familia y le permitiera colar a uno de sus periodistas estrella a dicha entrevista. Era lógico que Alberto Bello estuviera presente en aquel encuentro, siendo el director editorial de la revista *Expansión*, la más importante de negocios del país, pero que también fuera la editora de una revista femenina, y además del corazón, era insólito. Para Blanca había sido una gran victoria haber conseguido ese acceso para uno de los títulos que manejaba y estaba feliz por ello.

La entrevista la haría el enviado de *Time*, un viejo lobo de mar, con años de experiencia, vasta cultura, un gran colmillo y muchas entrevistas a primeros mandatarios en su haber. Los mexicanos que lo acompañaran debían estar a la altura, porque además era la oportunidad de que los jefes gringos constataran que la apuesta que habían hecho por la compañía mexicana de medios había sido la correcta.

—No sabemos cuánto tiempo nos van a dar con Felipe ni si vas a poder hacer preguntas, Dianis, pero lleva algunas preparadas por si las dudas —le ordenó Blanca.

Diana sintió el peso de la responsabilidad y al mismo tiempo se daba cuenta de que era una enorme oportunidad para entrar con el pie derecho a la fuente que cubriría los próximos seis años en aspectos de su vida privada que habría que tratar con delicadeza.

La reunión con el presidente electo de México tendría lugar en las oficinas del Comité Ejecutivo Nacional (CEN) del Partido Acción Nacional, ubicadas en la colonia Del Valle, en la Ciudad de México, unas semanas antes de su toma de posesión.

El sol brillaba en todo su esplendor esa mañana en la que los tres periodistas hicieron su arribo al CEN del PAN. Diana se sentía un poco intimidada ante sus compañeros, ambos aguerridos reporteros de *hard news*; sobre todo ante el gringo alto, trajeado, ya entrado en edad, de aspecto serio, que venía en representación de *Time*. Para colmo, la entrevista se llevaría a cabo en inglés. La única mujer del grupo esperaba con toda su alma que si tenía que hablar en ese idioma, las palabras no se le enredaran en la lengua e hiciera el ridículo. Sabía inglés, pero no lo practicaba seguido, y temía que los nervios hicieran de las suyas. Afortunadamente ayudaba que se sentía cómoda en la ropa que llevaba. Para Diana, su uniforme de diario era algo así como jeans con una playera o blusa suelta, flats y cero maquillaje, si acaso algo de color en mejillas y labios; contrario a lo que la mayoría de la gente imaginaba de la editora de *Quién*. Muchas veces, cuando la gente la conocía en persona, mostraba una mirada de desilusión o extrañeza que la barría de pies a cabeza y preguntaba: "¿Tú eres la editora de *Quiéeen*?", porque en su mente había construido una imagen muy parecida a Miranda Priestly de la película *El diablo viste a la moda*. Nada más lejos de la realidad.

Generalmente Diana acudía a la oficina con un look muy casual, sin embargo, obviamente para ocasiones como ésa trataba de esmerarse un poquito y vestirse más formal. Ese día iba en papel muy ejecutivo, con el clásico pantalón negro y una elegante blusa camisera de seda.

Los hicieron subir unas escaleras muy iluminadas, a un segundo piso, y a continuación llegaron a un pasillo afuera de una oficina en la que supusieron despachaba Felipe. Les indicaron que se sentaran en un sillón de tres plazas, el único mobiliario que había, y que hacía las veces de sala de espera. Apenas se habían acomodado cuando de pronto hizo su aparición Margarita. Caminaba distraída, dando órdenes a una asistente que la seguía y apuntaba en una libretita las indicaciones de la señora Calderón. Quien no hubiera sabido quién era ella, jamás hubiera adivinado que se trataba de la futura primera dama de México. Sencilla en su apariencia, con una falda recta a la rodilla, una blusa blanca y zapatos bajos, para nada daba pistas de ser un personaje de tal envergadura.

Cuando se topó con los tres visitantes sentados en el sillón, sonriente los saludó, les tendió la mano educadamente y les preguntó quiénes eran. Una vez hechas las presentaciones, se sentó un momento a su lado, en el brazo del sofá, de lo más natural e inició una conversación cualquiera mientras les pedía que no desesperaran, que en unos minutos los recibiría su marido. En realidad llevaban minutos esperando, la de Margarita era pura cortesía.

Ése fue el día que se conocieron, el primer encuentro de varios que Diana y Margarita sostuvieron a lo largo de los seis años de periodo presidencial.

Acto seguido, otra asistente los hizo pasar a una pequeña salita dentro de la oficina. Estaba conformada por dos sillones de una plaza y un sofá, tapizados en piel negra, brazos y patas de madera, y al centro una pequeña mesa también de madera, muy sobrios. No obstante, se sentía calidez; nada de afectaciones o de ambiente muy formal, como suele ser en el ámbito de la política.

Ya los esperaba el recién nombrado presidente en mangas de camisa, con corbata, de pie. Afable, se adelantó unos pasos para salir a su encuentro. El primero en saludar y presentar sus credenciales fue el gringo, enseguida hizo lo propio Alberto Bello y después tocó el turno a Diana.

—Buenas tardes, señor… —saludó mientras le tendía la mano. Estaba algo confundida, no sabía si llamarle ya "señor presidente" o si no era políticamente correcto—. Soy Diana Penagos, la editora general de la revista *Quién*.

—Ahhhhh, así que tú eres Diana Penagos —respondió Calderón al tiempo que la sonrisa en su cara se borraba para sustituirla por un semblante serio. Entonces, levantó el brazo y, en tono de reproche, la miró directo a los ojos intimidante, la señaló con el dedo índice moviéndolo de arriba a abajo como queriendo regañarla, como diciendo "tú…".

Automáticamente las cabezas de sus compañeros voltearon hacia ella con un signo de interrogación en la cara, el mismo que tenía Diana, quien con la boca entreabierta por el asombro, se paralizó. No entendía qué estaba pasando. No se lo explicaba, igual que los dos hombres a su lado, cuya mirada sentía como un reflector alumbrándola.

—Sí, yo soy. No tenemos el gusto de conocernos. Por cierto, ¿viste el reportaje sobre ti que publicamos en la revista? —atinó a preguntarle en medio del ambiente cortante, tragando saliva y hablándole de tú, olvidándose por completo del protocolo. Esperaba con eso poder romper el hielo, esperanzada en obtener una respuesta positiva.

—Esa foto… Esa foto… —decía mientras continuaba moviendo el dedo acusador de arriba a abajo—. ¿Por qué la publicaste? —le reclamó.

—¿Cuál foto? —preguntó desconcertada.

—La de toda mi familia en la portada, cuando estábamos en espera de la resolución del Tribunal —le respondió conteniéndose para no perder el estilo. Todo se borró alrededor. Parecía que en esa oficina sólo estaban ellos dos, uno frente al otro.

—¿En la que ustedes posaron? —contestó Diana con otra pregunta, tratando de averiguar cuál era realmente la molestia del próximo señor presidente que ella no alcanzaba a entender—. Pero si esa foto es vieja.

—Precisamente, todo mundo pensó que yo me había puesto para tu revista cuando no debía haberlo hecho. Hubo reclamos. Nadie me creía que era de tiempo atrás y por poco me metes en un problema.

Ahora captaba. Lo que Diana había pensado que era una ventaja en la imagen, el hecho de que pareciera reciente, había jugado en contra de él, pues había parecido que los Calderón habían posado frívolamente, sin acatar el mandato del TEPJF de no salir en medios mientras se realizaba el recuento de los votos y hasta que no se emitiera el fallo final.

¡Qué coraje! ¡Y tanto que habían cuidado todos los detalles con el especialista en derecho electoral! El resto del reportaje había pasado a segundo plano. Ese hecho fatal había borrado todo lo demás. En ese momento Diana se dio cuenta de la falta de sensibilidad política de la que había pecado. "Discúlpame, por favor, para nada fue intencional", fue la única réplica que pudo dar.

Con eso tuvo. Felipe relajó los hombros, como quien se quita un pendiente de encima —los otros dos periodistas también—, los invitó a sentarse, les ofreció algo de tomar y muy campante le señaló al gringo que ya podía empezar la entrevista. El ambiente se distendió. Calderón contestó una a una, en un inglés fluido, las preguntas que le hizo por alrededor de media hora.

Alberto Bello intervino solamente una o dos veces y Diana ninguna. Después del episodio incómodo, permaneció sentadita, calladita, únicamente escuchando atentamente. Había quedado ciscada, por lo que prefirió guardar una sana distancia y ser una simple observadora. Ya habría otra oportunidad de resarcir el malentendido. Sin embargo, ahora que lo veía en carne y hueso, pudo constatar que, aunque tenía personalidad, guapo, lo que se dice guapo, no le parecía. "No cabe duda de que para todo hay gustos", pensó acordándose de Érika.

Diana estaba consciente de que tendría que ser doblemente escrupulosa en el futuro. No quería que en ningún momento de los seis años que venían por delante, por un descuido así, el presidente de México le volviera a aplicar el dedazo.

La flor más bella de Polanco

L a fila daba la vuelta a la manzana. Unas tras otras, formaditas, pacientes, unas envueltas en rebozos, otras cargadas de bolsas y paquetes o con su bebé a la espalda, las mujeres esperaban lo más pegaditas que podían a la pared, buscando la poca sombra que las protegiera de los inclementes rayos del sol.

Mientras caminaba por la calle Privada de Horacio, Diana Penagos fue pasando una a una a las señoras, en su mayoría de origen humilde, que aguardaban su turno ya fuera recargadas en el muro precisamente del edificio al que se dirigía o sentadas de plano en la banqueta. Tenía cita en Radio Fórmula para hacer una intervención en el noticiario que conducía Eduardo Ruiz Healy con el fin de hablar del séptimo aniversario de la revista *Quién*. No era un cumpleaños más de la publicación —de la cual ella llevaba siendo editora general poco más de un año—; ese 2007 se le había hecho un rediseño total y para comunicarlo se acompañaría con una estrategia muy importante de difusión. El plan incluía una gran fiesta, anuncios en parabuses, programas de lealtad con voceadores y un *road show* de medios para dar a conocer la reinvención de la niña bien de Grupo Expansión.

El programa radiofónico de Ruiz Healy era uno de los que comprendía la gira de medios a los que Diana y otros integrantes de *Quién* tenían que acudir con la edición de la primera quincena de mayo en la mano, justo con la que la revista cumplía siete años de vida y con la que estrenaba imagen. La cabina desde la que el periodista transmitía se encontraba en las instalaciones de Polanco de Grupo Fórmula, precisamente donde pretendía entrar la larga fila de mujeres de todas edades.

Mientras recorría el tramo que le faltaba para llegar a la puerta principal, Diana se preguntaba a qué se debía el gentío femenino. Optó por no quedarse con la curiosidad y consultó con una de las señoras que hacían cola, quien la sacó de la duda: habían anunciado por la radio que por ser 10 de mayo la radiodifusora entregaría una cantidad limitada de regalos a las mamacitas en su día. Hasta entonces cayó en la cuenta de que ese jueves era Día de las Madres. Con razón, eso lo explicaba todo.

Estaba en eso de las averiguaciones cuando de pronto oyó a sus espaldas una voz que le pareció conocida. Volteó la cabeza y su mirada se topó con una mujer morena clara, de pelo lacio castaño oscuro, de alrededor de 1.70 metros de estatura, de complexión mediana, de huesos más bien tirando a anchos, ataviada de manera sencilla con blusa camisera y pantalón de vestir. Estaba ligeramente agachada, dándole sonriente una flor a una de las señoras de la fila y felicitándola por el Día de las Madres. Atrás de ella, una chica joven, más chaparrita, luchaba por seguirle los pasos y por controlar un bulto enorme que traía en brazos del que rebosaban rosas rojas. Era de ahí de donde la mujer que regalaba flores las iba jalando una por una para dárselas a las mamás y mamacitas apostadas en la calle.

Al sentir los ojos de Diana puestos en ella, la esposa del recién nombrado presidente de México alzó la mirada. La editora de *Quién* pensó que la flamante primera dama del país no la reconocería. La familia presidencial tenía escasos cinco meses de haberse mudado a la residencia oficial de Los Pinos, pues Felipe Calderón Hinojosa se había colocado la banda presidencial apenas en diciembre pasado.

Diana y Margarita se habían visto unas tres veces. Se habían conocido en un encuentro fugaz en las oficinas del Comité Ejecutivo Nacional del Partido Acción Nacional hacía casi un año;[*] después se habían visto en un desayuno que habían tenido varios de los editores de las distintas revistas de Grupo Expansión con ella, en el cual les había ro-

* Ver "El dedazo de Calderón".

gado que fueran muy cuidadosos cuando publicaran algo de sus hijos, pues eran unos niños y quería que tuvieran una infancia lo más normal posible dadas las circunstancias, y la tercera había sido unos días atrás, cuando Diana la había entrevistado en Los Pinos, material que no se había publicado porque ella no quería que fuera portada y Diana todavía tenía la esperanza de convencerla.

Margarita Zavala le sonrió dando muestra clara de que sabía perfectamente quién era ella.

—Margarita, ¿cómo estás? ¿Te acuerdas de mí? —preguntó Diana, adelantándose para saludarla.

—Claro que sí, Diana, ¿cómo estás tú? —le contestó al tiempo que le daba un beso en el cachete desenfadadamente, como si fueran amigas de toda la vida, en lugar de estrecharle la mano.

—¿Qué haces aquí? —le preguntó Diana inquisitivamente, tratando de investigar el verdadero objeto de su visita a aquella zona de la Ciudad de México.

—Venía pasando en el coche, vi la fila y decidí traerle flores a estas mujeres como un pequeño festejo de 10 de mayo —le dijo sin que se notara siquiera un amago de que hubiera una segunda intención.

De reojo, Diana escaneó el lugar en un santiamén. Le sorprendió no ver escoltas resguardando la seguridad de la primera dama. Por más que Diana buscaba disimuladamente, sólo detectaba la presencia de Margarita y su asistente, que en ese momento la hacía de florista.

—¿Vienes sola, Margarita? ¿No traes seguridad? —no pudo contenerse y soltó la pregunta que le rondaba en la cabeza.

—Allá, mira —le señaló una camioneta a lo lejos—. Todavía no me acostumbro y traigo la mínima indispensable.

Se veía a un agente de seguridad de pie afuera de la camioneta negra estacionada discretamente. Si había más elementos dentro, no se notaba. Nadie hubiera adivinado que ese automóvil parado en la calle como cualquier otro tenía el encargo de proteger a la esposa del presidente de México.

Dadas las experiencias que había tenido con Marta Sahagún de Fox, la anterior primera dama del país, Diana no pudo evitar sorprenderse con el contrataste de ver a Margarita caminando tan campante en la calle como cualquier hija de vecino.

—Margarita, qué lindo gesto —le dijo sinceramente.

—¿Te puedo pedir un favor? —la interrumpió antes de que Diana pudiera emitir una palabra más— No vayas a publicar nada en tu revista de esto. No vayas a poner nada de que me viste aquí repartiendo flores, si no, la gente diría que lo hice por proselitismo y se desvirtuaría la intención. Estas cosas me gusta mantenerlas en privado. ¿Me podrías ayudar con eso?

—Claro, Margarita, por supuesto —accedió Diana. En verdad le parecía loable el detalle que la primera dama había tenido con esas mujeres, pero sobre todo, le impresionaba la sencillez con la que se manejaba.

A Diana le pasó por la mente la idea fugaz de mencionarle a Margarita lo de la publicación pendiente de su entrevista. Era el momento perfecto. El destino las había puesto ahí, a las dos, sin intermediarios. Pero mientras Diana se debatía entre si venía al caso o no hacerlo, Margarita se despidió de ella cortésmente, con otro beso en el cachete, y se alejó caminando despacio, con su asistente detrás, mientras continuaba con su labor de regalar flores a las mujeres situadas en la banqueta, al rayo del sol. Ese instante de duda hizo que a Diana se le desvaneciera la oportunidad entre los dedos como arena.

Estaba reprendiéndose a sí misma por no haber aprovechado la ocasión que el destino le había colocado en bandeja de plata —"¡Sonsa, tenías la mesa puesta!"—, cuando oyó que una señora de las que hacía cola le preguntaba a otra:

—Oye, ¿tú sabes quién era esa señora que nos regaló flores?

—Ni idea. Ni su nombre nos dijo.

—Pos qué buena gente.

—Pos sí.

"¡¿Es en serio?!", pensó Diana, "¡¿No saben quién es Margarita Zavala?!" No lo podía creer. Después de todo lo que había pasado en las elecciones del año anterior, de haber sido el tema recurrente en las ocho columnas de los periódicos nacionales, del plantón de Reforma de López Obrador, de haber sido transmitido el zafarrancho de la toma de posesión de Felipe Calderón en San Lázaro, de que la imagen de su posterior llegada al Auditorio Nacional con su esposa e hijos al lado estuvo en los principales noticiarios del país, esas ciudadanas comunes no tenían ni la más remota idea de que esa mujer era la esposa del presidente de México.

—Es Margarita Zavala —les informó a las dos señoras.

—¿Y ésa quién es? —contestó una.

—Nuestra primera dama.

—¿A poco? —preguntó la otra con asombro.

—¿La esposa del presidente? —quiso confirmar la primera.

—Así es.

—Pos mira tú. Se ve buena persona.

Y así, impávidas se quedaron esas mujeres ante la revelación de que la rosa que sostenían en la mano había sido regalo de la primera dama de México. A ellas, lo mismo que al resto de las que estaban en la fila, les daba igual quién era la señora que les había dado flores; ellas lo único que querían era entrar por el regalo que les habían prometido en Radio Fórmula.

DIVA MATA PRIMERA DAMA

—¡Dianis! —entró emocionado Beto Tavira, el editor de política de *Quién*, a la oficina de su jefa, la editora general de la revista—. ¡¿Qué crees?! ¡Me acaban de confirmar la entrevista con Margarita Zavala!

—¡Vientos, Beto!— aplaudió Diana Penagos sumándose al alboroto de quien unos años después se convertiría en su mano derecha como editor adjunto. Sin embargo, como suele suceder, la felicidad completa sólo duró un instante; pronto vino el frijol en el arroz.

—Sólo hay una cosa, Dianis: no quiere salir en portada —soltó Beto apesadumbrado. No todo podía ser tan perfecto.

—¡¿Cómo que no quiere salir en portada?! ¡¿Es la primera entrevista que da como primera dama del país y la vamos a llevar en interiores?! Imposible. No hay manera. Va a pasar totalmente desapercibida. No puede ser.

Diana no soportaba la frustración. Llevar una exclusiva así, buscada y deseada no sólo por la prensa del corazón, sino por todos los medios nacionales y extranjeros, y no poderla explotar en todo su esplendor era una cosa que simplemente se negaba a aceptar.

—Eché mano de mis mejores artes para persuadirla pero nomás no quiere. Le dije que eso ya no estaba en mis manos, que hablaría contigo, pero es eso o nada. ¿Qué hacemos? ¿Tratas tú de convencerla? —la cara de congoja de Beto era un reflejo de su impotencia.

—Tú sigue adelante con la entrevista, ponle fecha y pregúntale cuánto tiempo vamos a tener para las fotos. Ojalá pose con los niños, toda

207

la familia por primera vez en Los Pinos. El chiste es tener el material y luego ya hago yo mi labor de convencimiento —Diana no se dejaría vencer sin dar batalla. Un paso a la vez, ésa era su filosofía. Lo primero era tener el testimonio grabado y luego ya verían.

Esta conversación tuvo lugar a mediados de abril de 2007, únicamente cuatro meses después de que Margarita Esther Zavala Gómez del Campo asumiera su rol como primera dama de México. Su esposo, Felipe Calderón Hinojosa, había tomado posesión como presidente de la nación el 1 diciembre de 2006, y desde que había sido declarado ganador de las elecciones en julio de ese mismo año, Diana y Beto se habían propuesto que la primera entrevista que ella diera una vez instalada en la residencia oficial de Los Pinos fuera para *Quién*.

Margarita había establecido claramente su intención de desmarcarse de la imagen que Marta Sahagún de Fox había dejado como su predecesora y lo primero que haría para asegurarse de que así fuera sería no tener un papel preponderante en los medios de comunicación. No quería robarle protagonismo a su marido por ningún motivo. Estaba tan decidida a llevar a cabo ese objetivo que el simple hecho de que hubiera aceptado recibirlos en su nuevo hogar y hablar con ellos sobre la gran responsabilidad que se le venía encima era en sí un gran logro. Un logro bien merecido, porque Beto había estado día tras día negociando con Jimena Cándano, quien entonces ostentaba de manera oficial el cargo de directora de Investigación y Análisis de la Presidencia de la República, pero en realidad era la mano derecha de Margarita.

La gestión para que se diera el encuentro duró no uno ni dos ni tres, sino varios meses. En ese tiempo, en el que hablaban por lo menos una vez a la semana, Jimena y Beto se hicieron cuates. No faltaba el día que ella aprovechaba el hostigamiento por parte de él para comentarle su punto de vista sobre lo publicado en la revista en turno y luego darle una imaginaria palmadita en la espalda con un: "No te desanimes, Beto. Ya verás que lo vas a conseguir". Ésa fue la frase que Jimena más veces repitió desde el teléfono de su despacho ubicado en Los Pinos.

Y Beto lo consiguió. En las primeras semanas de abril de 2007 fue ella la que llamó a las oficinas de Grupo Editorial Expansión. Marcó la extensión del editor de política de *Quién* y, en cuanto éste puso la bocina en su oreja, escuchó una voz eufórica: "¡Ya tienes fecha para la entrevista con Margarita!". Dadas sus dotes histriónicas, Beto se instaló en el personaje que se saca el Melate. Aquello se convirtió en una fiesta de pueblo, de esas que se celebran durante días.

—Dianis, que sólo nos va a dar una hora —era otra vez Beto en su oficina, ahora con una mala nueva.

—¡¿Una hora para todo?! ¿Entrevista y fotos? ¡Está cañón!

El reportaje se estaba complicando más y más. Por lo general, en la revista tenían la política de que la sesión fotográfica no se llevara a cabo el mismo día que la plática entre el reportero y el entrevistado. Un *photo shoot* para una publicación de estilo de vida, incluso uno de corta duración, se lleva varias horas, pues incluye maquillaje, peinado, cambios de ropa, dos o tres escenarios distintos, aunque sea en la misma locación, y por lo general los fotografiados terminan muy cansados: lo que menos quieren después es hablar con un reportero. Tampoco es cosa de hacer las preguntas durante la sesión, pues ahí toda su concentración está puesta en "¿cómo me veo?". Por eso lo ideal es hacer la entrevista antes, casi en una charla relajada de café; si es posible, estando los involucrados solos. Es la única forma de conseguir cierta intimidad, de que se establezca una conexión entre entrevistador y entrevistado, de que haya un lazo de confianza que le permita a uno hacer las preguntas que tiene que hacer, hasta las incómodas y delicadas, y al otro contestarlas —o no— con calma y bien pensadas. Además, eso también permite que la imagen que toma el fotógrafo sea congruente con el giro que toma la nota. Uno nunca sabe si durante la plática sale un tema escabroso que no se esperaba y ¡zas!, hay que saber reaccionar y cambiar el rumbo.

—Sí, una hora para todo —contestó Beto lamentándose.

—¿Ella sola o van a estar los niños? —quiso saber Diana. Si sus hijos iban a estar, era una muy buena noticia, no obstante, dificultaba aún más

209

las fotos. Se trataría de cuatro personas a retratar en una media hora, para que la media hora restante se dedicara a la entrevista. Además, para un pequeño, una sesión de fotos puede ser una monserga desesperante; sobre todo tomando en cuenta que el menor de los Calderón Zavala apenas rondaba los cuatro años.

—Con los niños —respondió Beto, consciente del reto que eso implicaba.

—¿Le vamos a llevar ropa? —inquirió Diana temerosa, porque con el tiempo tan ajustado, sería prácticamente imposible disponer cambios para todos.

—No, Margarita se rehúsa terminantemente a que le llevemos vestuario, ni a ella ni a los niños, porque no le gusta usar cosas que no son de ella. ¡Ah! Y tampoco quiere que llevemos maquillista, dice que se siente rara cuando la dejan muy exagerada. También nos pidió que no llevemos joyas porque no usa. Llegarán listos.

—Tengo miedo… Pero bueno, eso ayuda para aprovechar el tiempo. Vamos a tener que buscar un fotógrafo que además de bueno, sea rapidísimo. Tú y Vivi [Viviana Cárdenas, recién nombrada editora de arte de la revista, quien dirigiría la sesión] van a tener que planear muy bien. Tendrás que ser muy puntual en las preguntas que vayas a hacer, Beto.

El artículo no se estaba dando precisamente como Diana lo hubiera querido, pero era lo que había y tenían que tomarlo. Lo bueno es que Jimena Cándano había accedido a la petición de Beto de que les permitiera hacer *scouting* del lugar previo al encuentro con Margarita.

El jueves 26 de abril, a las 9:30 de la mañana, el equipo de arte de la revista y Beto cruzaron al menos tres retenes para llegar a la casa Lázaro Cárdenas en Los Pinos, donde despachaba Margarita Zavala. A pesar de que ése no era el día de la entrevista estaban igual de nerviosos porque, para todos, era la primera vez que ingresaban a la residencia del presidente de México. Hicieron algunas tomas, reconocieron los espacios e identificaron las necesidades técnicas. Salieron de ahí con las emociones a flor de piel.

La segunda quincena de abril estaba pintando movida. Tenían dos superreportajes en puerta: la entrevista con la primera dama del país y, el 30 de ese mismo mes, la boda del año, la de Paulina Rubio con Nicolás Vallejo Nájera, mejor conocido como Colate. Así que la atención de la editora de *Quién* estaba repartida entre ambos. La fuente de política y la fuente de espectáculos hacían malabares con sus nervios.

Sabía que la Chica Dorada había vendido su boda en exclusiva para *¡Hola!*, por lo tanto, lo que correspondía en ese caso era armar un plan paparazzi para poder cubrir algo. Estaba resignada a no tener la portada, porque *Quién* no podía competir con las cantidades que la revista española solía pagar por las exclusivas, aparte de que prefería invertir en las investigaciones periodísticas. En Expansión estaban convencidos de que, de la otra manera, sólo contribuirían a prostituir el mercado, se volvía una subasta en la que la celebridad se iba con el mejor postor, y esto lo único que hacía era elevar los precios en cantidades estratosféricas. Hay que recordar que en aquellas épocas no existían las redes sociales, por lo que obtener un atisbo de la vida privada de los personajes era mucho más difícil. A pesar de ser personas públicas, no lo eran tanto como se volvieron después, cuando ellos mismos o cualquier reportero ciudadano podía subir sus fotos a Facebook, Twitter o Instagram. Además, cuando un artista vendía su historia a la revista hispana, la seguridad que protegía la secrecía del evento era bárbara. Hasta se llegaban a poner carpas para que ni por aire se escapara alguna imagen, de forma que ni un helicóptero o avioneta pudiera tomar desde el cielo ningún detalle revelador de tan ansiado momento.

Joe Bonilla, entonces mánager de Paulina Rubio, había dicho que la feliz pareja saldría unos minutos a posar para toda la prensa; ésas serían las fotos oficiales y tan tan, ese cuento se habría acabado. Para ver lo demás, habría que esperar la edición española con la cobertura.

A Beto Tavira aquella boda lo traía loco. Además de su inclinación por la política, era un fan apasionado de la Pau y, aunque la de espectáculos no era su fuente, había estado haciendo indagaciones por su parte para ver qué podía aportar. En aquella redacción de *Quién* era muy común que todos los editores cubrieran de todo, sin el típico celo

211

periodístico, en una verdadera labor de equipo, simplemente por el placer de conseguir la nota.

—¡Dianis! ¡Ya tenemos fecha para la entrevista con Margarita! —le informó Beto— ¡Es el mismo día que la boda de Pau! El 30 de abril a las cuatro de la tarde.

—¿En serio, Beto? ¡Qué coincidencia! —aquello era como participar en un acto de circo a tres pistas—. Pero bueno, ya está todo listo, ¿no?

—Sí, ya tenemos al fotógrafo, va a ser Pedro Flores, y será por la tarde. Nos va a recibir en su oficina en Los Pinos y probablemente podamos salir al jardín a hacer algunas tomas.

—Buenísimo, pues ya estamos. Oye, por cierto, ¿conseguiste más información de la boda de Paulina?

—Sí, que va haber un festejo preboda el domingo anterior. Sería bueno volar a alguien desde el viernes o sábado en la mañana.

—Mil gracias, Beto, lo veo entonces con Saúl y JJ —Saúl Díaz y Juan José Pérez eran los paparazzi estrella de *Quién*. Muy altos y fornidos, eran aguerridos como ellos solos. Pocas cosas podían interponerse entre sus lentes y la nota.

Al menos uno de los dos reportajes que eran el motivo de sus desvelos en esos días ya estaba resuelto. Diana se quedó tranquila de que los pasos en el artículo de Margarita se estaban dando firmes. Portada o no, era un hit traer a la esposa del presidente hablando por primera vez desde que su esposo había sido elegido por el pueblo de México.

Unos días después, en la tarde del jueves previo a que los dos importantes sucesos tuvieran lugar, el mismo jueves en que se había hecho el *scouting* en Los Pinos, Beto apareció de nuevo en la oficina de Diana. En esta ocasión se le notaba todavía más inquieto que en las anteriores. Por esas fechas se estaba volviendo costumbre tenerlo ahí al borde del colapso. La editora general de *Quién* temió lo peor. Pensó que igual y la primera dama se había arrepentido y la entrevista se había venido abajo.

—Dianis, me vas a matar —anunció con cara de funeral.

—Me estás asustando, Beto, ¡¿qué pasó?!

—Es que, ¿qué crees? —respondió aquél, compungido.

—Ya dime, ¡me estás matando, pero de la incertidumbre!

—Tengo la oportunidad de entrar a la boda de Paulina y Cola-te —dijo con cuidado; no sabía si entusiasmarse o agüitarse, dependería de la reacción de su jefa—. Eugenio López [fundador de la Colección Jumex y uno de los mejores amigos de Pau] me metería como invitado. Van a revisar a todos los asistentes y van a quitar celulares, sin embargo, podríamos alquilar un coche, me llevaría a Saúl y JJ para que pasen por mi chofer y mi guarura e intento meter una cámara escondida.

Diana quedó estupefacta. No daba crédito a lo que había oído. ¿Podía ser cierta tanta belleza faltando menos de dos días para el fin de semana de la boda? Tardó unos segundos en reaccionar mientras Beto esperaba ansioso, observándola ilusionado.

—¿Y la entrevista con Margarita? —por fin pronunció dubitativa.

—Es que justo es eso, se empalman las dos.

—¿Y tú qué quieres? —preguntó Diana, aunque ya sospechaba la respuesta.

—¡Me muero por ir a la boda de Paulina! —se descosió Beto—. ¡Dianis, tú sabes que soy superfan, que me fascina! ¡Tengo que estar ahí! Por favor, por favor, por favor, ¿síiiiiiii?

—Yo sé que es tu máximo, pero trabajaste tanto para conseguir a Margarita… ¿En serio vas a dejarla ir? ¿Quién iría con ella?

—Eso te quería pedir… ¿Me harías el favor? ¿La harías túuuu?

—¿Estás cien por ciento seguro de que la vas a dejar ir?

—No confío en nadie más que en ti, Dianis —le dijo con ojos de borrego a medio morir. Cuando Beto ponía a funcionar sus dotes seducto-ras para conseguir lo que quería, podía ser encantador, era casi impo-sible que alguien se le negara.

—Bueno, va. Yo la hago, pero ¡ay de ti si no me traes una super-nota, ¿ehhhh?! Y disfrútalo. Ya tendrás qué contarle a tus nietos —sonrió Diana. No había otra respuesta posible. Ella sabía que él no regresaría con las manos vacías, estaba feliz porque todo indicaba que conseguirían cubrir los dos superreportajes del momento. Al final la diva había gana-do en el corazón de Beto. No hubo primera dama que pesara más que su pasión por la Chica Dorada.

El equipo de *Quién* llegó a Los Pinos una hora antes de la entrevista para tener tiempo suficiente de pasar los filtros de control, hacer un rápido *scouting* de la locación y montar lámparas y tripiés, de forma que todo estuviera listo para recibir a Margarita cuando ella hiciera su entrada triunfal. No había minutos que perder, y el margen de maniobra era mínimo.

A su arribo, fue conducido a una confortable sala de estar que conectaba con una oficina más pequeña. La habitación contaba con un enorme ventanal de piso a techo que daba al jardín, lo que permitía la entrada de luz y otorgaba una vista privilegiada. Ahí uno se olvidaba de estar en una de las zonas más caóticas de la ajetreada Ciudad de México. Se respiraba naturaleza. "Apenas así puede uno manejar la tensión que estar aquí significa", pensó Diana.

Decidieron que el jardín era el mejor escenario para las fotos. "¿Podemos hacer la sesión afuera?", pidieron permiso y ante la respuesta afirmativa, dispusieron el equipo fotográfico para captar a los niños jugando, literal, entre los pinos, y hacer tomas muy casuales y divertidas de madre e hijos.

Aunque las nubes aborregadas anunciaban lluvia, optaron por arriesgarse, con la esperanza de poder obtener algunas imágenes antes de que el cielo les cayera encima. "A ver si no tenemos que salir corriendo con la familia presidencial para que no se moje", se dijo Diana, esperando que su pensamiento no fuera de profeta.

Mientras aguardaban a que diera la hora, la editora general de *Quién* se asomó por la puerta de la sala de estar para ver si ya venía Margarita. El salón donde estaban daba a un amplio pasillo con piso de mármol y una ancha escalinata del mismo material. Diana recorría el lugar con la mirada (no todos los días entra uno a la casa del presidente), cuando de pronto vio a Margarita bajando las escaleras enfundada en una blusa blanca —básica en cualquier clóset, diría la diseñadora venezolana Carolina Herrera— y falda negra de corte circular con zapatos negros de tacón mediano. La seguía, a unos dos o tres escalones de distancia, una señora de expresión seria, ya mayor (andaría por los setenta años de edad), de tamaño *petite*, muy finita de complexión, peinada de salón, vestida de manera similar a su jefa: falda y chaqueta negras con

214

una blusa blanca y zapatos negros bajos. Cargaba una gigantesca caja de metal, de ésas en las que los maquillistas acostumbran llevar su material, de las que cuando se abren se despliegan en varios niveles, revelando el mundo de colores que llevan dentro. Parecía que el peso la vencería en cualquier momento. Se veía tan frágil…

—Hola, Margarita —se adelantó Diana a saludar—. Beto no pudo venir, le salió una emergencia de trabajo y vine yo en su lugar. Me pidió que te dijera que lo siente muchísimo —le informó mientras imaginaba a su editor de política bronceado, bajo los rayos del sol de Xcaret, fascinado ante la presencia de su admirada Pau y diciendo, como la canción de Bacilos, "tranquila, querida, Paulina sólo es una amiga".

—Hola, Diana, enseguida bajan los niños.

—Oye, Margarita, no trajimos maquillista porque así nos indicaron, pero habrá que matar brillos una que otra vez…

—No te preocupes, ella es mi maquillista. Ha estado aquí por varios sexenios —la tranquilizó mientras volteaba y señalaba a la señora mayor que apenas podía con el estuche de maquillaje y venía atrás de ella—. Es la maquillista oficial de Los Pinos y yo no voy a contratar a nadie más porque no pienso generar gastos innecesarios al país —sí daba la impresión de llevar ahí eternidades. "Esperemos que no le falle el pulso", pensó Diana, y procedieron a salir al jardín.

Minutos más tarde aparecieron los hijos de Margarita muy ordenados, contrario a lo que uno pudiera pensar cuando los críos hacen su entrada, que generalmente es bulliciosa. Iban vestidos como lo que eran, como niños. Nada de formalidades: daban la sensación de que hacía unos segundos estaban haciendo sus tareas escolares y aquellos desconocidos se habían entrometido en su día a día, y no que estuvieran nerviosos porque iban a salir en una de las revistas más posicionadas y de mayor circulación del país, y mucho menos que ansiaran hacerlo.

María, la única mujer y la mayor, era la más penosa. Llevaba una blusa floreada a juego con una falda blanca. Entrelazaba sus manos sobre su femenino atuendo y agachaba la cabeza, en una actitud que francamente transmitía su deseo de terminar lo antes posible. Luis Felipe, el de en medio, traía cara de pocos amigos. Con camisa color beige oscuro cerrada hasta el último botón del cuello y pantalón negro, él no se molestaba en ocultar su disgusto por tener que salir en la foto; de hecho, no se cansaba de decírselo a su mamá en voz alta, para que todos lo oyeran. "Pobre —pensó empáticamente Diana—, la verdad qué fastidio para un niño tener que estar posando para las fotos. Y esto es sólo el comienzo…" Juan Pablo, el más chico, era el más abierto y carismático de los tres. A su corta edad, se mostraba como pez en el agua y obedecía a su mamá en todo lo que ésta le pedía. Iba de beige de arriba abajo; pantalón tipo cargo, suéter con camiseta a rayas blancas y negras debajo, una capa morada colgando a la espalda y una espada de plástico en la mano. Era su traje de superhéroe, con el que posó con toda naturalidad con el beneplácito de su mamá, sonriente, divertido, con cara de pingo, haciendo expresiones chistosas y formando con sus deditos la v de la victoria. Aquello para él no era nada más que un juego.

Estaba la familia acomodándose en las posiciones que Pedro les marcaba, cuando el mal augurio de Diana se hizo realidad: las primeras gotas de agua comenzaron a caer. Inicialmente, todos se mostraron indecisos de si correr a protegerse bajo techo o quedarse ahí y esperar a ver si la nube de mal agüero pasaba y los dejaba seguir en paz. Pedro aprovechó ese instante de duda para hacer algunos disparos, pero la llovizna comenzó a arreciar. Al unísono, la familia presidencial empezó a caminar aprisa hacia el interior con elementos del Estado Mayor detrás de ella tratando de protegerla con paraguas, y el equipo de *Quién* siguiéndolos, cargando precipitadamente y como Dios les dio a entender cámaras y luces. Era una estampa realmente cómica.

Por fin alcanzaron resguardo. Apenas se estaban sacudiendo la poca agua que les había caído, cuando de repente, el sol volvió a brillar tímidamente. Se voltearon a ver unos a otros entre sonrisas irónicas que querían asomar en sus bocas y caras de "¿qué hacemos?". Margarita salió al rescate: "¿Qué les parece si volvemos a salir aquí cerquita, tomamos unas cuantas fotos rápido y nos metemos?". Siendo que de ella venía la propuesta, todos respiraron aliviados y ahí fueron en bola de nuevo al jardín.

Dos, tres fotos, no más, fue lo que les permitió el cielo. Parecía que lloraba de risa jugando con sus sentimientos. Otra vez se soltó la lluvia, ahora más fuerte, y otra vez fueron todos para dentro. Afortunadamente, Margarita y los niños tomaron el episodio con humor y la única consecuencia fue que perdieron un tiempo precioso. Porque eso sí, ella seguía firme en que sólo tenían una hora.

Ya en la sala de estar, se acomodaron en el sofá Margarita, María, Luis Felipe y Juan Pablo. En un abrir y cerrar de ojos, Pedro montó el set y continuó con su labor. Fotos todos juntos, fotos de madre e hija, fotos de Margarita con los hombres…

Cuando Diana consideró que ya era suficiente, le indicó que le cortara a los disparos con un ademán. Con tanto ir y venir, le quedaba muy poco tiempo para la entrevista, y Margarita no sería de las que sueltan prenda fácil. Esperaba de todo corazón que, a pesar de los contratiempos, Pedro hubiera logrado por lo menos una buena toma para la portada.

Los niños se despidieron muy educados, Luis Felipe claramente aliviado, y Margarita y Diana pasaron al despacho contiguo para dar inicio a la plática pendiente mientras Pedro, el asistente de éste y Viviana revisaban el material fotográfico en la sala de estar.

Se sentaron alrededor de una mesa redonda de madera impecablemente pulida con sendos cafés. Al fondo se encontraba un escritorio estilo Chippendale no muy grande, también de madera. Diana estaba a punto de prender su grabadora cuando Margarita la detuvo con un gesto de la mano, se paró, abrió la puerta y pidió a su asistente personal que entrara. Ésta hizo lo propio, se acomodó en su silla y, a su vez, prendió su grabadora. Así ellas también tendrían el audio de la entrevista. Ya algunos periodistas habían tergiversado sus declaraciones, le indicó Margarita a Diana.

Pedro todavía aprovechó para hacer unos últimos disparos mientras calentaban los motores de la conversación, pues Margarita les había expresado que los retratos de ella sola prefería que se tomaran mientras platicaban para sentirse menos cohibida.

Hablaron de lo que a los Calderón Zavala les esperaba como familia y de lo difícil que sería manejar esos seis años con sus hijos —Margarita quería que salieran aterrizados de ese trance porque estaba consciente de que, terminando su periodo, regresarían a su casa de siempre en Las Águilas, al sur de la Ciudad de México—, de que no querían ser una carga para el erario y de que ella estaba ahí para apoyar a su marido, no para ser el blanco de los reflectores. Una vez apagada la grabadora, charlaron sobre las críticas de las que era objeto por su arreglo personal, las cuales para ella no tenían la menor importancia. No tenía ninguna intención de cambiar su forma de ser ni de vestir. Es más, seguiría usando sus rebozos con orgullo, representaban sus raíces y los portaría así los odiara el mismísimo Karl Lagerfeld; por ella podían decir misa. A eso se le llama una mujer segura de sí misma.

La hora que tenían para hacer el reportaje se había alargado aproximadamente treinta minutos más. Eso quería decir que Margarita se había sentido a gusto. Tenían material suficiente, ahora venía lo más difícil: convencerla de salir en la portada.

"De la vista nace el amor", pensó Diana, así que decidió enviarle a Margarita un boceto de la portada con su foto con el objetivo de enamorarla. Un rotundo no fue lo que obtuvo a cambio. Volvió a mandarle vía correo electrónico otro boceto, esta vez con su foto en un pequeño recuadro inferior y no como nota principal. De nuevo vino un no como respuesta que no admitía discusión.

Al tiempo que mails iban y venían entre Margarita y Diana, quien no quitaba el dedo del renglón para llevarla en portada, Beto regresaba exitoso de su misión "Chica Dorada". Traía material exclusivo de la preboda, había presenciado cuando Pau se había subido a una mesa de cristal a bailar una noche antes del gran día, feliz de estar con su gente y celebrando al máximo, y ésta no había aguantado el peso y había estallado en pedacitos. Diez puntos de sutura en la pierna había sido el saldo del festejo para la cantante. Beto también había logrado entrar a la boda con su cámara escondida en lo más recóndito de su cuerpo y, aunque no traía fotos porque era tal la cantidad de personal de seguridad en el evento que no se animó a sacarla, sí traía la crónica de primera mano. Hasta había bailado a morir al lado de su ídolo cual un invitado más. Ésa fue una de sus noches más memorables como periodista, la que quedaría para contarla un día a sus nietos o a quien quisiera leerla.

218

La primera quincena de mayo de 2007, justo cuando *Quién* cumplía su séptimo aniversario de nacida y lo celebraba con nueva imagen, la boda de Paulina Rubio y Colate fue el recuadro inferior de portada. No superaba la exclusiva del *¡Hola!*, pero de que competía más que dignamente, eso que ni qué.

La entrevista con Margarita Zavala se publicó la quincena siguiente. El mayor ruido que se le hizo fue con un pequeño "balazo" de portada sin foto. Fue lo único que Diana pudo conseguir. Perdió la batalla y no dejaba de reprocharse haber desperdiciado la oportunidad de oro de haberla tenido enfrente una semana atrás, cuando se la encontró repartiendo flores en Polanco, y no haber intentado convencerla de ser la portada.

No hubo poder humano que hiciera a Margarita cambiar de opinión. Se mantuvo fiel a su respuesta inicial cuando aceptó la entrevista con *Quién* ("Pero ¡de ninguna manera quiero salir en la portada!") y congruente con lo que se había propuesto: "Yo no voy a ser la primera dama, voy a ser la esposa del presidente".

Los rebozos de la discordia

Margarita Zavala se mantuvo fiel a los rebozos y a su autenticidad durante todo el periodo en que su marido, Felipe Calderón Hinojosa, ejerció como presidente de México. Lo que fue uno de los primeros motivos de crítica en cuanto su esposo comenzó a sonar como aspirante a dirigir el país acabó convirtiéndose en su distintivo personal. Lo que en los círculos de la "gente bien" era un motivo de vergüenza (en algunas ocasiones el malinchismo puede ser sinónimo de abolengo) y de identificación clasista, terminó por ser un icono de orgullo nacional.

Las señoras de apellidos "tú las traes" solían sacar su "pashmina" mexicana en las fiestas patrias y celebraciones por el estilo, jactándose de sus orígenes en verde, blanco y rojo, pero de eso a llevarla en un evento en el que se codearían con príncipes, reyes y primeros ministros de Estado como lo hizo Margarita, había un mundo de diferencia.

Desafiando incluso el consejo que le había dado su tocaya Margarita White de que se quitara el rebozo, la señora de Calderón se negó tajantemente a prescindir de su apreciada prenda: "No me lo voy a quitar. Entiende que es parte de mi personalidad". Margarita White, esposa de quien fuera secretario de Hacienda durante el gobierno de Vicente Fox, Francisco Gil Díaz, era la experta en imagen que su equipo de asesores le había contratado cuando Felipe fue nombrado candidato por el PAN para la presidencia de México por allá en 2005.

Y Margarita Zavala se mantuvo firme a su mantra contra el viento y marea que provocaban aquellas a quienes molestaba su exagerada sencillez en el vestir, porque en el ámbito de la alta sociedad mexicana se espera

221

que la primera dama del país se maneje con decoro, sea discreta, sonriente, inteligente, trabaje por los más necesitados, que no sea ostentosa ni derrochadora, pero al mismo tiempo sea elegante y bien vestida: tampoco hay que irse al otro extremo y caer en la simpleza. O sea, casi nada.

Sin embargo, Margarita era consciente de que no se puede ser monedita de oro para caerle bien a todos, y lo que pensaran los demás de las cuestiones que para ella eran banales la tenía sin cuidado.

Una cosa había que concederle: los rebozos se fueron sofisticando, y conforme fue pasando el tiempo, la crítica evolucionó de "que se quite el rebozo" a "es una prenda muy conveniente para una primera dama, pero que aprenda a usarlo, es un desastre".

Poco a poco Margarita se fue ilustrando sobre cómo lucirlos mejor; cómo combinarlos, apelar a texturas diferentes dependiendo si los usaría de día o de noche, qué colores eran los más adecuados… Pasó de ponérselo en la cintura de manera un tanto desafortunada en su primera ceremonia del Grito de Independencia, a portarlo como un accesorio chic en las últimas, de la mano de Macario Jiménez, su diseñador de cabecera.

Estaban en el cuarto año del periodo presidencial de Calderón y a media trayectoria de la consolidación del rebozo como prenda insignia de la primera dama del país, cuando en una de las acostumbradas juntas de lluvia de ideas del equipo de *Quién* salió a relucir el tema de los rebozos. "¿Y si le pedimos que nos pose con ellos?", surgió la propuesta. "No, no creo que acepte", fue la reacción inmediata de muchos. En realidad la sugerencia no tenía por qué caer en saco roto. "Es buenísimo tema", contestó Diana Penagos, quien como editora general de la revista decidía en qué sí y en qué no valía la pena invertir tiempo, dinero y esfuerzo. "De hecho, el ángulo del reportaje sería lo versátil y maravilloso que puede ser un rebozo, la gran labor artesanal que implica, pero sobre todo, lo representativo que es de nuestro país, de nuestras raíces. Si se lo planteamos así, no tiene por qué decir que no."

Diana había dicho estas palabras con intención de decreto; en el fondo sabía por experiencia propia que no sería fácil convencer a Margarita, quien en esos cuatro años que llevaban cubriéndola se había mostrado siempre más que rejega ante la idea de salir en las revistas más allá de los actos estrictamente oficiales. La última portada que habían sacado de ella había sido en noviembre de 2007, tres años antes, y había sido contra su voluntad, cuando fuertes lluvias provocaron el desbordamiento de los ríos que cruzan los estados de Tabasco y Chiapas, dando paso a una emergencia nacional. En esa ocasión, se mostraba a una Margarita ayudadora, con el impermeable amarillo y las botas de hule que usan los que trabajan en esas circunstancias, cero poses, bajo el titular "México saca la casta" y como frase secundaria: "La primera dama solidaria con la tragedia". Desde entonces, sólo habían hecho reportajes menores sobre ella.

La elegida para hacer el artículo era Nuria Díaz Masó, que tenía poco menos de un año de haber sido nombrada editora de política y cultura de la revista en sustitución de Alberto Tavira, después de que éste había sido ascendido a editor adjunto de la misma. Nuria tenía una trayectoria de varios años en *Quién*. Había empezado como colaboradora externa en su natal Veracruz, cubriendo a la familia Alemán durante la gubernatura de Miguel Alemán Velasco. Luchona como era, sus ansias de crecimiento la llevaron a lanzarse a la Ciudad de México. Al poco tiempo de su llegada se convirtió en reportera *multitask* de la revista, lo que le permitió integrarse a los diversos círculos sociales de la capital y a conocer a todo el mundo. Pronto fue la autora de importantes reportajes especiales, como las entrevistas a la viuda de Juan Camilo Mouriño[*] y al magnate Carlos Slim Helú.

—Dianis, que a Margarita no le encanta la idea —fue la respuesta inicial que obtuvo Nuria y que le comunicó a su jefa, tal como habían esperado. Sin embargo, no todo estaba perdido, no era un no rotundo, había un pequeño espacio de duda que les daba un dejo de esperanza—. Karin quiere hablar contigo.

—Diana, platícame bien cómo estaría el asunto —le dijo vía telefónica Karin Oechler, encargada de comunicación de Margarita.

—Karin, por favor dile a Margarita que nuestra intención es que nos muestre sus rebozos y que cuente las historias detrás de ellos. Seguro

[*] Ver "De viuda a viuda", en *Quién confiesa, op. cit.*, p. 187.

hay anécdotas bien padres. La idea es reforzar el rebozo como el símbolo mexicano que es —le explicó Diana lo más entusiasmada que pudo, tratando de contagiarle sus ganas de mostrar al mundo las "joyas de la corona" del armario de la primera dama y de que visualizara lo mejor posible lo que ella esbozaba en su mente.

—¿Quién haría el reportaje, esta chica Nuria? —dado el poco tiempo que tenía como editora de política, en Presidencia aún no ubicaban a Nuria, y eso les causaba algo de resquemor.

—Sí, Nuria. Sé que no la conocen, pero es buenísima.

—A Margarita le preocupa que no vayas tú.

—Dile que confíe en que le voy a mandar a alguien superprofesional. Ella me conoce, sabe cómo trabajamos en *Quién*. Yo personalmente voy a supervisar la edición, ¿va? —Diana quería que Nuria fuera haciendo callo en la fuente de política, de ahí su decisión de no ir y sólo fungir como un apoyo.

Después de esa conversación, Margarita todavía tardó unos días en darles el tan ansiado sí. Tras un par de llamadas más por parte de Diana para ejercer presión, por fin aceptó. Le pareció que podían transmitir un mensaje positivo.

A Los Pinos fueron Nuria y Viviana Cárdenas, la editora de arte de la revista, comandando al mínimo de equipo indispensable para el *shoot*. Afortunadamente ya tenían experiencia en sesiones de foto con Margarita y sabían que si iba un gentío se sentiría invadida y eso podría crear tensión. Si de por sí costaba trabajo derribar sus barreras, cualquier movimiento en falso podría ser el detonador para que las levantara de nuevo y ya no habría manera de traspasarlas.

Ese día les sacó de su clóset una buena cantidad de rebozos de los cien que Nuria calculó que tenía. Les confesó que en realidad no poseía una gran colección como sostenía la creencia general, y que muchos se los habían regalado en las diferentes ciudades que había visitado. Les platicó que su amor por los rebozos había nacido en su adolescencia porque su madre los usaba; después se dio cuenta de su utilidad, porque podía ponerse el mismo vestido varias veces y se vería distinto con sólo cambiar el rebozo.

Todo había salido muy bien, las fotos muy lindas, y Margarita había sido muy cooperativa. Con ese tesoro en las manos regresaron de Los Pinos Nuria y Viviana.

Al no ser un reportaje coyuntural, por angas o por mangas, Diana fue posponiendo su publicación. Siempre había un motivo para que no entrara en tal o cual número, ya fuera por espacio o porque alguien los había sorprendido con una boda, una muerte o alguna otra noticia de ocho columnas, como se dice en los periódicos.

"Dianis, ¿todavía no va a salir el reportaje de los rebozos?", le insistía Nuria cada vez, y cada vez recibía la misma despreocupada respuesta: "Tú no te agobies, Nuris, puede esperar, al fin es atemporal. No pasa nada si lo recorremos un poquito".

Así pasaron unas tres o cuatro ediciones. Diana estaba confiadísima en que sería un as bajo la manga en el momento indicado y en el bajo perfil que solía manejar la primera dama. Pecó de ingenua.

El 24 de agosto de ese 2010, la revista *¡Hola!* publicaba en la portada de su edición mexicana el festejo del cumpleaños número 48 de Felipe Calderón, y dada la importancia de la nota, anunciaba con bombo y platillo que ese número se adelantaba y saldría un día antes de su fecha acostumbrada. En la imagen principal aparecía el presidente frente a su pastel, acompañado de su esposa y sus tres hijos, en un momento por demás íntimo. Cuando Diana la vio, su primera reacción fue de ardor: "¡Chin, qué coraje! ¡Cómo no lo tuvimos nosotros!". Luego pasó al enojo, no podía evitar sentirse algo así como traicionada: "¡Tanto que Margarita nos la hace de tos para salir y velos!". Y finalmente a la resignación: "Bueno, tendremos que sacar ya el reportaje de los rebozos". Al menos tenían eso para compensar.

Diana ya había dado órdenes de que se armara el artículo cuando, al día siguiente de que el *¡Hola!* había salido con el presidente muy contento celebrando su natalicio, recibió una llamada imprevista.

—Diana, te hablo para que por favor no saques el reportaje de los rebozos —era Karin Oechler.

—¿¡Poooooor!? —preguntó Diana sorprendida. Jamás imaginó que el *¡Hola!* pudiera ser la causa del "compló", como diría López Obrador.

—La portada del *¡Hola!* no ha sido precisamente bien recibida, y no es el momento. Margarita sabe que la decisión es tuya, pero te lo pide de favor. De verdad lo siente muchísimo… Espera que comprendas… Quizá más adelante…

Ahí estaba Diana pagando los platos rotos, porque sí, aunque no solía tomarse las cosas como una afrenta personal, esta vez sí lo sentía como un gancho a su hígado.

Pero como bien reza el dicho, en el pecado se lleva la penitencia. El haber salido en la revista del corazón por excelencia había traído consigo una avalancha de reacciones negativas. Se les había ido encima la opinión pública. Todo lo que Margarita había hecho durante esos cuatro años como primera dama para mantener el bajo perfil parecía que no había valido de nada. Con esa sola foto, en un abrir y cerrar de ojos, estaba a punto de ser borrado de un plumazo.

Ese día del festejo en Los Pinos con carnitas, aguas frescas y tequila, la agenda del presidente se había reportado oficialmente para actividades personales. No obstante, la revista española de la llamada prensa rosa había tenido acceso al primer mandatario en un momento en que alzaban cada vez más la voz los cuestionamientos por la lucha contra el narcotráfico que su administración había enarbolado como bandera.

Para entonces, la violencia desatada por la guerra entre y contra los cárteles era ya un tema álgido. El saldo de muertos, víctimas del fuego amigo y enemigo, de civiles y no civiles, continuaba en ascenso. Para aquellos que le reprochaban a Calderón haber picado el avispero, el que hubiera salido en una revista "frívola" reflejaba una total falta de sensibilidad de su parte. Lo que menos quería Margarita era alimentar esa percepción. Y para colmo, no había faltado una que otra comparación con el gusto por los reflectores de su antecesora, Marta Sahagún de Fox, cosa que la señora de Calderón había evitado a toda costa. El juicio lapidario de "siempre se acaban poniendo" había logrado colarse.

Aunque el diablito periodístico le hablaba seductoramente al oído y Diana estaba tentada a no ceder —total, tenían las fotos y el reportaje *on the record*—, no era cosa de enemistarse con la primera dama por unos rebozos. Seguía fresco en su memoria el episodio vivido con

Calderón tras las elecciones de 2006.* Siempre habría oportunidad de publicar más adelante.

Nuria apenas podía contener la frustración cuando supo que el artículo de Margarita y sus rebozos quedaba suspendido hasta nuevo aviso. Era inevitable sentir coraje hacia su jefa, ¡tanto que le había insistido! Si no hubieran esperado tanto... Diana lo entendía; ella misma estaba furiosa consigo misma. Había estirado la liga de más y ésta se había reventado. Se había confiado, y el tiempo que había tenido el reportaje en espera era el que lo había sepultado en el fondo de un cajón.

Para terminar con la autoflagelación se refugió en la esperanza de que un día, tarde o temprano, los rebozos de Margarita verían la luz en las páginas de *Quién*.

Qué equivocada estaba. Ese día nunca llegó, al menos no en su tiempo en la revista. En diciembre de 2010 llegó a su fin su ciclo en Grupo Expansión y el artículo quedó para los anales de la publicación.

Nuria, sin embargo, pudo dar consuelo a su frustración, pues un año después, en agosto de 2011, cuando ya apostaba por su proyecto personal, pudo publicar en su blog, llamado "El blog de Nuria", su encuentro con Margarita y sus rebozos. Ahí quedó el testimonio.

* Ver "El dedazo de Calderón".

VII
LOS PEÑA

Tequileando con el verdadero
"góber precioso"

De todo lo que se había dicho de Enrique Peña Nieto durante la elección para gobernador del Estado de México en 2005, al menos una cosa era cierta: era el Luis Miguel de la política. Así lo había bautizado Alberto Tavira desde que el miembro del Partido Revolucionario Institucional estaba en campaña y el entonces editor de política de la revista *Quién* había confirmado personalmente el poder de atracción que el candidato priista despertaba tanto en mujeres como en hombres. En las primeras por el atractivo físico, nada frecuente en los funcionarios públicos, mientras que en los segundos, por la imagen que proyectaba de hombre joven, rico y poderoso: una ecuación tan apetitosa como peligrosa.

Sabedora de ese capital erótico, Mónica Pretelini Sáenz —la mujer con la que Peña Nieto contrajo matrimonio el 12 de febrero de 1994 en la iglesia de Santa Teresita, en las Lomas de Chapultepec, con tan sólo ocho meses de noviazgo— durante la contienda electoral creó y encabezó un club de fans de su esposo, el que en gran medida fue el motor de las cinco mil promotoras del voto femenino en los 125 municipios del estado. Con las admiradoras hicieron su arribo los piropos para el aspirante al gobierno local: "Enrique, bombón, te quiero en mi colchón", "Enrique, mi amor, serás gobernador", "¡Enrique, mangazo, contigo me embarazo!".

La fórmula tuvo éxito. El sufragio de las mexiquenses superó las expectativas de los orquestadores. A los 39 años de edad, Enrique Peña Nieto se convirtió en el gobernador más joven del Estado de México para el periodo de 2005 a 2011, sucediendo en el "trono" al también priista

Arturo Montiel Rojas, quien, además de haber sido su mentor político, era su tío lejano, pues estaba emparentado con él a través del abuelo materno de Enrique, un hombre llamado Constantino Enrique Nieto Montiel. Fue tanto el aprecio que Peña Nieto sentía por Montiel Rojas, que incluso lo incluyó en los agradecimientos de su tesis de licenciatura en la Universidad Panamericana, titulada *El presidencialismo mexicano y Álvaro Obregón*. A Arturo Montiel Rojas le dedicó estas siete palabras: "Por su ejemplo de tenacidad y trabajo".

A sus casi cuatro décadas, acababa de nacer un personaje con todas las características necesarias para convertirse en protagonista frecuente de las páginas de la revista *Quién*. Apenas rindió protesta como gobernador del Estado de México (el 15 de septiembre de 2005), Peña Nieto se volvió la obsesión de las capitanas del barco: Blanca Gómez Morera y Diana Penagos Mason, editora general y editora adjunta de la publicación respectivamente, quienes, con el olfato periodístico que las caracterizaba, invistieron a Beto Tavira para que hiciera seguimiento puntual del personaje. "Ese 'Luis Miguel' va a dar mucho de qué hablar", le dijeron.

El reportero entró en pláticas desde el minuto uno con los encargados de comunicación del recién nombrado gobernador, con la consigna de tratar de conseguir la primera entrevista ya en la silla de primer mandatario, pues, para ardor de la redacción, como candidato le había abierto las puertas de su casa familiar a la revista *Caras* —en la edición de junio de 2005—, donde había posado con su esposa y sus tres hijos. En aquella edición de Editorial Televisa, el priista aparecía en la portada pero no como nota principal, sino secundaria, con su foto en un recuadro en el lado inferior izquierdo, con el titular: "Enrique Peña Nieto. El político más guapo del momento".

Ya había un antecedente en la competencia. De tal suerte que el editor de política debía reaccionar de manera expedita. Pero el cortejo de los Quiénes con los Peñanietistas no fue fácil. Tomó su tiempo. De inicio incluso fue hostil por parte del equipo que llegó a la Coordinación de Comunicación Social del Estado de México, comandado por David López Gutiérrez, con quien, de plano, Beto Tavira no pudo hablar durante lo que restó de 2005. "El licenciado está en gira"; "El licenciado está en una reunión, al término de ésta se lo reporto"; "El licenciado está de viaje con el gobernador, yo le digo que usted llamó", le decía la asistente de David López, María Eugenia Navarrete, a Beto, quien llamaba por lo menos cada quince días para concertar una cita directamente con el señor López.

A lo largo del año 2006 se repitió la escena. En algunas ocasiones Beto tuvo mejor suerte: David sí tomaba o respondía a su llamada pero, en estricto sentido, se traducía simplemente en una cortesía por parte del funcionario público. A pesar de que Beto utilizaba sus mejores argumentos para gestionar la entrevista con el gobernador, eso no sucedió en el corto plazo.

Esto no significaba que la revista dejara de generar contenido sobre los Peña Pretelini. Mediante imágenes procedentes de agencias de fotos o paparazzi cubría lo que tuviera que ver con el perfil de *Quién*. Pero la entrevista exclusiva con el gobernador no se concretaba.

Y llegaron las fiestas navideñas. Beto aprovechó las dos semanas de vacaciones invernales que tomaba la redacción para juntar algunos días de descanso acumulados que no había tomado durante el año y que le correspondían por ley de acuerdo con su antigüedad en la empresa, de tal forma que para las primeras semanas de 2007 se encontraba descansando en la playa. En Acapulco, Guerrero, específicamente.

La tranquilidad del mar alcanzó su fecha de caducidad el 11 de enero, cuando recibió una llamada a su celular procedente del de Diana Penagos, quien marcaba para darle una noticia que lo dejó sin aire, como le había sucedido al resto del país a través de diversos medios de comunicación: "Murió la esposa de Peña Nieto". A pesar de que el rumor comenzó a esparcirse desde el mediodía de ese jueves, fue hacia las tres de la tarde que el periodista Carlos Loret de Mola lo dio por confirmado en su programa de radio: Mónica Pretelini había fallecido en el Hospital ABC de Santa Fe.

Diana era muy respetuosa de los días de descanso de su equipo, pero en esta ocasión era inevitable la llamada a su editor de política. Primero lo consultó sobre lo que recomendaba hacer y luego le preguntó si eso que sugería lo quería realizar él o prefería que ella destinara a alguien más. El periodista, con toda la sangre hirviendo por ir tras la nota, debió declinar, dado que había reservado con antelación en un prestigiado hotel hasta el domingo 14 de enero, mismo día que tenía su vuelo de regreso a la Ciudad de México. Con el fin de que la revista cumpliera con su fecha de salida del 2 de febrero, el *deadline* que tenían por parte del área de producción para cerrarla era el lunes 15. Ilustraba la portada una fotografía de Paulina, la hija mayor de Mónica Pretelini, cargando la urna con las cenizas de su mamá, acompañada de su hermano Alejandro y, detrás de ellos, su papá. El titular era: "Peña Nieto de luto. La sorpresiva y trágica muerte de su esposa y quiénes fueron a despedirla".

Fue una prueba de fuego superada para la revista. Tras el tsunami de publicaciones donde se especuló sobre las causas de la muerte de la primera dama del Estado de México, *Quién* se mantuvo, como siempre y sobre todo en estos casos, con una sana objetividad. La crónica fotográfica de los asistentes al funeral se complementaba con un breve perfil biográfico de la hasta entonces presidenta del DIF estatal. Sin duda fue un ejemplar impactante para unos, doloroso para otros, pero inevitable en una revista del corazón.

Con la viudez de Peña Nieto se agudizó la obsesión de Blanca Gómez y Diana Penagos por que su primer testimonio luego de la muerte de su mujer fuera en exclusiva para *Quién*. Con la misma intensidad con la que atosigaban a Beto, éste acosaba a la oficina de Comunicación Social del gobierno del estado y, paralelamente, a los celulares de David López. Si bien es cierto que el sinaloense se había vuelto más amable luego de haber comprobado la ética periodística de la publicación, tuvieron que pasar por lo menos ocho meses más para que se sentara con los representantes de la misma.

No fue un acontecimiento fortuito. Tras el terremoto que provocó la portada de *Quién* que mostraba la vida después de Los Pinos de Vicente Fox y Marta Sahagún en el rancho San Cristóbal* (publicada el 14 de septiembre de 2007), no fue necesario que Beto Tavira llamara a Da-

* Ver "El *Foxgate*".

234

vid López. Esta vez fue él quien lo buscó directamente y, además de felicitarlo por su entrevista al expresidente de México, le planteó que se reunieran a comer en los próximos días. Ironías de la vida: de alguna manera Vicente Fox había llevado a Peña Nieto a *Quién*.

Ahora era el turno de Beto de darse su taco y no precisamente por divo, aunque a veces ese espíritu se apoderaba de él. El escándalo generado a nivel político y mediático por el reportaje del rancho de Fox había mantenido ocupado a Beto en una serie de participaciones en medios de comunicación para hablar del tema que, por decir poco, lo tenía rebasado. Ese mismo efecto multiplicador le había dado un reflector al joven reportero que, obviamente, no estaba dispuesto a desaprovechar; incluso le serviría para concretar sus próximas portadas.

La cita con David López se acordó para el lunes 8 de octubre de 2007 a las 15:00 horas. Beto Tavira llegó al restaurante del Club Piso 51, ubicado en la Torre Mayor, en Paseo de la Reforma, acompañado de Diana Penagos, pues el propio David le había pedido que la invitara porque quería conocer personalmente a quien ya se había convertido en editora general de *Quién*.

Cuando los periodistas hicieron su aparición, él ya estaba ahí, vestido con traje oscuro y corbata, y llevando una carpeta negra con la leyenda del gobierno del Estado de México en la mano. Los saludó con una familiaridad que no corresponde a quienes nunca se han visto pero, como le advirtió previamente Beto a Diana, David López era un viejo lobo de mar.

Y vaya que se lo hizo saber. Luego de los temas comodines que siempre sirven de antesala ante cualquier encuentro, Diana, David y Beto ordenaron sus respectivos platillos, así como una botella de vino tinto consensuada entre todos. Bastó una simple pregunta por parte de la editora para que el diálogo se convirtiera en monólogo: "¿Y tú dónde estabas antes de que llegaras con Peña Nieto?". El espíritu de Fidel Castro en sus discursos se apoderó de David López: no dejó de hablar ni un minuto de sus estudios en el Instituto Politécnico Nacional; de su trabajo como coordinador de Comunicación Social en los gobiernos de Alfredo del Mazo González y Emilio Chuayffet Chemor en el Estado de México;

de cuando se fue a trabajar con Renato Vega al gobierno de Sinaloa —la tierra que lo vio nacer—; de sus escalas en la Secretaría de Gobernación y bla, bla, bla, bla. Una cosa era que la Penagos le hubiera preguntado sus cartas credenciales y otra que López se aventara su *curriculum vitae* durante las dos horas que duró la comida sin darle juego a hacer preguntas a sus interlocutores.

Hacia el momento del postre, Diana y Beto aprovecharon que "El Jefe López" —como se referían a él algunos de sus colaboradores— se levantó al baño para, primero, quejarse por su falta de empatía, y luego para acordar ir al grano del encuentro: sentar a Peña Nieto a hablar con *Quién*. "Yo los voy a ayudar", les dijo David prácticamente a la hora que llegó la cuenta, la cual, por cierto, Diana no permitió que pagara, argumentando que eran políticas de la empresa para la que trabajaban ella y Beto. Se despidieron en la mesa, pues David les indicó que todavía tenía que atender otro asunto en ese lugar.

Los periodistas salieron echando lumbre. Pero un par de días después la lumbre se extinguió. David López llamó a Beto para darle fecha del encuentro con el gobernador, el cual se realizaría un par de semanas después. Con los años, el editor de política de *Quién* confirmaría que lo que David prometía a la revista, siempre se cumplía en tiempo y forma.

La cita fue el 25 de octubre de 2007 a las 13:00 horas en la casa de gobierno del Estado de México. Conscientes de la complejidad que implicaba una producción fuera del entonces Distrito Federal, los representantes del medio de comunicación salieron al menos con cinco horas de anticipación de las oficinas de Grupo Expansión (ubicadas en avenida Constituyentes 956, colonia Lomas Altas). Es decir, hacia las ocho de la mañana el grupo se enfiló en caravana de tres vehículos rumbo al territorio mexiquense. Había que considerar el tiempo del traslado, pero también debían calcular llegar por lo menos un par de horas antes de la cita para poder montar las luces, cámaras, set de maquillaje y peinado, así como acomodar la ropa que le habían llevado a los hijos del gobernador, prestada por marcas como Burberry y Lacoste.

El equipo de la revista *Quién* estaba conformado por el editor de política, Alberto Tavira; la editora de arte, Viviana Cárdenas; la fotógrafa externa Valeria Ascencio; la coordinadora de vestuario, Daniela Urrea, así como peinadores y maquillistas contratados ex profeso para ese *shoot*, que evidentemente sería la portada de la revista.

Alrededor de las diez horas finalmente llegaron a la propiedad destinada para el gobernador en turno del Estado de México, también llamada Casa de Colón debido a que se ubica en el número 305 del Paseo Colón, en la colonia Residencial Colón, en la ciudad de Toluca. La barda de ladrillos rojos tenía una protagónica placa en la fachada con el letrero "Casa Estado de México", la cual confirmó a los visitantes que habían llegado a su destino. Los coches ingresaron a la bahía que conducía al portón principal de color café. Todavía no frenaban del todo, cuando salieron apresuradamente de la caseta de vigilancia tres elementos de seguridad con *walkie-talkies* en la mano. No se caracterizaron por su amabilidad. Luego de que Beto les indicó que eran representantes de la revista *Quién* y que acudían a una entrevista con el gobernador, les solicitaron una identificación oficial y otra del medio de comunicación. Uno de ellos llevó ambas credenciales al interior de la caseta donde, seguramente, hizo alguna llamada telefónica para que le dieran información al respecto, porque todo parecía indicar que no tenían ni idea de la visita de los periodistas.

Pasaron varios minutos para que los policías les indicaran a los Quiénes que ahí no contaban con autorización para su acceso. Les señalaron que tenían que dar la vuelta a la manzana y, exactamente en la calle de atrás, encontrarían otra puerta en la que había otros elementos de seguridad que les darían informes. Así lo hicieron. Sobre la calle de Jesús Carranza volvieron a llegar a un bardeado con ladrillos de las mismas características que los anteriores. También se notaban las cámaras de seguridad profesionales. Las patrullas del gobierno del estado estacionadas afuera constituyeron la referencia de que habían llegado al lugar. Se repitió el ritual, sólo que ahora sin tanto estrés por parte de los policías. Luego de otros varios minutos, la respuesta fue similar: ahí no era. El acceso se localizaba pocos metros más adelante, en la siguiente puerta, la marcada con el número cuatro según el Google Maps.

Finalmente se abrieron las puertas de la casa de gobierno del Estado de México: una propiedad con una extensión aproximada de 10 mil metros cuadrados, rodeada por muros de ladrillo rojo. Ocupaba casi toda una manzana y entre los predios que la conformaban sumaban siete entradas. En el interior, además de la casa principal, había oficinas de gobierno y un cuartel para los cuerpos de seguridad del gobernador. También contaba con amplios jardines, diversos espacios de estacionamiento, alberca techada y canchas de tenis. En lo que respecta a la casa principal, había sido diseñada por los arquitectos Pedro R. Span y José M. Enríquez.

Una vez que los Quiénes descendieron de sus vehículos, los elementos de seguridad pidieron sus identificaciones a cada uno de ellos. Luego solicitaron que se registraran en unas bitácoras, revisaron los automóviles y les pidieron que los estacionaran en unos cajones destinados para las visitas. Después del protocolo de seguridad los recibió Margarita Neyra González, entonces directora de imagen de Enrique Peña Nieto. A partir de ese momento hizo su arribo la cordialidad. Margarita sabía perfectamente quién era Beto y, sobre todo, la importancia del medio de comunicación para el que trabajaba. Él también la conocía de tiempo atrás debido a que la misma Margarita había sido el enlace entre él y Maude Versini, la segunda esposa de Arturo Montiel.

La última vez que Beto había estado en la casa de gobierno del Estado de México había sido en julio de 2005, justamente para entrevistar a Maude Versini de Montiel a propósito del embarazo de su tercer hijo con el político del PRI: el pequeño Alexi, quien llegó después de los mellizos Sofía y Adrián (que nacieron en marzo de 2004). Aquella entrevista y sesión de fotos se habían publicado en el ejemplar 95 de *Quién*. Como dice la canción de Juan Gabriel, Beto Tavira estaba "en el mismo lugar y con la misma gente", al menos en lo que se refería a Margarita Neyra.

Una vez que recibió al equipo de la revista, fue ella quien los guio al cuarto de juegos, localizado en la planta baja de la casa principal. Ya ahí, cada uno de los Quiénes eligió un área para instalarse y esperar, esperar, esperar... A pesar de que la cita se había pactado a la una de la tarde, el equipo de *Quién* tuvo que aguardar poco más de 45 minutos para que el protagonista hiciera su arribo. Para entonces, ya todo estaba montado. Incluso, Valeria Ascencio ya había seleccionado dónde haría la foto para la portada y había tenido tiempo suficiente para hacer pruebas de luz con la ayuda de su asistente.

De pronto apareció una mujer joven, de gustos conservadores y dicción autoritaria. Margarita se la presentó a Beto. Se llamaba Clara Freyre López. Más tarde supo que era la administradora de la casa de gobierno del Estado de México, desde el año 2005, cuando los Peña Pretelini se mudaron ahí. Clara, como lo indicaban algunas de sus funciones, mandó al cuarto de juegos a un par de meseros con charolas en las que se encontraban acomodados varios refrescos de lata, aguas embotelladas, café y galletas. Las colocaron en una mesa dispuesta en el lugar. Durante la espera el reportero aprovechó para hacer preguntas que ayudarían a describir el sitio donde más tarde entrevistaría a Peña Nieto. Entonces se le indicó que de los dos niveles con los que contaba la casa, la parte de abajo se había mantenido prácticamente como la había dejado su antecesor: con los muebles de finas maderas y telas, así como piezas de arte catalogadas. Enrique Peña solamente había mandado a colgar un par de cuadros en la entrada del vestíbulo principal, cuyas paredes eran de madera: una fotografía de él con la bandera nacional y un retrato de su esposa Mónica Pretelini Sáenz, quien, para esas fechas, estaba por cumplir un año de fallecida (11 de enero de 2007).

En el segundo piso se habían instalado los muebles de la casa familiar de los Peña Pretelini con el objetivo de que "los niños no resintieran tanto el cambio". Las camas, la sala, el cuarto de televisión, así como los objetos decorativos de la planta alta los venían acompañando desde la casa en el Estado de México donde habían pasado sus primeros años de matrimonio Mónica y Enrique, el mismo hogar en el que habían dado la bienvenida a sus tres hijos.

Aproximadamente a las 14:00 horas, Clara le informó a Margarita que había llegado el gobernador. Ésta se lo hizo saber a los Quiénes como si pretendiera tensar los músculos que tenían relajados. Todos en el salón de juegos se pusieron de pie. Margarita llevó a Beto hacia el vestíbulo para presentarlo con el primer mandatario mexiquense y darle la bienvenida. Esa escena quedó consignada en el primer párrafo de la entrevista a Peña Nieto publicada en la edición de *Quién* del 21 de diciembre de 2007:

Se rompe el silencio. Enrique Peña Nieto entra a la casa de gobierno del Estado de México, ubicada en Toluca, enfundado en un traje negro y corbata de rayas color vino. Sus zapatos, que parecen lustrados hasta la suela, chocan con fuerza sobre el mármol blanco. Con su séquito de ayudantes detrás, cruza el vestíbulo […] De cerca, Enrique Peña Nieto no es tan alto. Mide 1.72 metros que reparte en 69 kilos. Tiene ojos café enmarcados por unas inmensas pestañas, nariz respingada sin poros abiertos, boca pequeña que retuerce cuando se sonroja y el pelo perfectamente relamido —el mismo peinado desde hace 20 años.

De inicio fue encantador. El político priista echó mano de todos los conocimientos adquiridos a lo largo del servicio público para generar empatía y simpatía en todos los que estuvieran frente a él. En cuanto entró al salón de juegos se aproximó a cada uno de los miembros del equipo de *Quién* para saludarlos, de beso en la mejilla a ellas y de apretón de mano a ellos. A todos los llamó por su nombre después de que se presentaban, y a uno que otro le lanzó algún comentario positivo, tal y como lo dictan tanto los libros de relaciones públicas como los de buenos modales y reglas de urbanidad.

"Tenemos muy poco tiempo para la entrevista —le dijo a Beto David López, quien se encontraba entre el séquito de Peña—, el gobernador tiene que tomar un helicóptero a la Ciudad de México para asistir a la cena de gala de la Cruz Roja en el Castillo de Chapultepec." "¡Pero si acaban de llegar!", le refutó éste, haciendo alusión a que se habían retrasado prácticamente una hora. Pero ése no era el único factor en contra de la producción. Después de la llegada de Peña Nieto, aparecieron sus hijos, provenientes de la escuela. Saludaron a su papá, quien les indicó que subieran a cambiarse el uniforme del colegio para que se sentaran a la mesa a comer con él.

"¡¡¡¿A comeeeeeeeeeer?!!!", le preguntó sorprendido pero discreto Beto a David tras la advertencia de que tenían el tiempo en contra. Además de haber llegado tarde, el gobernador se disponía a comer. Un levantamiento de hombros y un gesto de resignación por parte del Jefe López le dejaron saber a Beto que eso era lo que había, así que tendrían que actuar de manera exprés. Sin duda, aquélla no sería ni la primera ni la última vez que había que operar el asunto —como se dice en el argot político— con el tiempo en contra. De inmediato Beto le pidió a Valeria que por favor tomara algunos retratos de Peña mientras los niños se cambiaban de ropa. El mandatario estatal, enfundado en una chamarra de piel color chocolate y camisa blanca con rayas color vino y gris, se colocó frente al espacio con fondo blanco. Posó con su mejor sonrisa. Ante los disparos de la cámara se incrementaba la intensidad de las luces previamente colocadas. "Ya bajaron los niños", se escuchó decir dentro de la habitación. Vale pidió una toma más antes de cambiar de locación. Con la ayuda de su asistente, trasladó las luces a otra pared con fondo oscuro y pidió a un Peña Nieto complaciente que se quitara la chamarra. En unos cuantos clics Valeria tuvo la toma esperada.

El gobernador salió del cuarto de juegos rumbo al comedor. La mesa estaba puesta. Era redonda —pero no era la principal del kilométrico comedor de maderas finas—, y estaba montada para cuatro personas con impecable mantelería blanca. Ahí se encontraban Paulina, entonces de doce años de edad, Alejandro de diez y Nicole de siete. Beto le preguntó a Enrique si no tenía inconveniente en responder algunas preguntas entre bocado y bocado. Éste aceptó, no sin antes lanzar la advertencia a sus tres hijos: "Todo lo que digan podrá ser utilizado en su contra". Y no estaba bromeando. El encendido de la grabadora del reportero puso en alerta al político, pero los niños, al fin niños, le dejaron saber su opinión, sin filtros:

—Dijiste que ya no íbamos a dar entrevistas —le reclama Alejandro entre dientes y molesto.

—No, si ustedes no van a dar ninguna entrevista. Ellos me vienen a entrevistar a mí. Ahorita sólo nos van a tomar fotos mientras comemos —responde sereno el gobernador.

—Y tampoco fotos —le dice Paulina.

—Bueno, pues si no quieren salir en las fotos no salgan. No los voy a obligar. Apúrate a comer el espagueti que se va a enfriar.

241

—Yo sí quiero, papi. Contigo, contigo, contigo… —exclama entusiasmada Nicole, con lo que arranca la sonrisa de su papá.

—Pues sí, pero mira, ya se te cayó la cátsup en la playera. Límpiate con cuidado, mi amor, ¿o así quieres salir en las fotos?

—Sí —responde tiernamente Nicole.

En la periferia de la mesa estaba el menor número de personas posible. Del equipo de Enrique Peña se encontraban David López y Margarita Neyra, quienes celebraban y se enternecían con el reclamo auténtico de los niños. Por parte de *Quién*, estaban Valeria Ascencio, quien capturaba con su cámara detalles en la hora del pan y la sal, y Beto Tavira, que, en la medida de lo posible, lanzaba las preguntas más generales y menos comprometedoras.

Era evidente que los chicos no estaban contentos con la prensa metida en la casa que habitaban. La sentían como una intrusa. Y, por si no fuera suficiente el trato con extraños, aún estaban en el proceso de duelo por la muerte de su mamá. Así que era comprensible su poca amabilidad, sobre todo por parte de Alejandro, quien era el más renuente para todo: para comer, para ponerse la ropa que le había llevado la producción de *Quién*, para interactuar con el equipo, para responder a las preguntas de su papá… para todo. Clara Freyre más tarde le explicaría a Beto: "Cuando ganó la elección para gobernador [en julio de 2005] falleció su papá [Enrique Peña del Mazo]. Para los niños la muerte de su abuelito fue el primer golpe duro; el cambio de casa también les afectó y por si fuera poco, después del primer año de gobierno, pierden a su mamá. Es lógico que quieran vivir su dolor a solas. Por eso muchas veces les incomoda la gente que no conocen".

Durante la comida, Peña Nieto apenas probó bocado. Entre lo que hablaba con sus hijos y lo que contestaba a la grabadora, con trabajos se llevaba a la boca las uvas, los quesos y el jamón serrano que estaban en la mesa como entradas. Los niños comieron espagueti y tomaron agua de jamaica. Por su parte, el gobernador pidió una Coca-Cola al tiempo que respondía cómo sobrellevaba esa nueva etapa como papá soltero: "Lo que más me duele es que no dispongo de todo el tiempo que

quiero para estar con mis hijos". Habló de que sus suegros, Hugo Pretelini Hernández y Olga Sáenz Jiménez, se habían mudado a la casa de gobierno para ayudarlo con el cuidado de los niños. Ante la pregunta de
qué hacía cuando estaba con sus hijos, contó que "los fines de semana
procuramos irnos a partir del mediodía del sábado a Ixtapan de la Sal,
donde tenemos una propiedad". Y sobre su temperamento con los suyos,
dijo: "Se me ha complicado porque la que ordenaba y era más firme en
la educación de mis hijos era su mamá. Ahora a mí me toca hacer los dos
papeles y unas veces ellos me aplauden y otras se enojan".

Llegó el momento de la sesión de fotos con los niños. Tanto Valeria como Beto acordaron que se realizaría en el jardín, debido a que ahí
estarían más cómodos y divertidos. Así se lo hicieron saber a Peña Nieto,
quien subió a su vestidor a cambiarse de ropa. Parte del equipo acompañó al gobernador con el fin de ayudarle a seleccionar algo casual, que
fuera acorde con la escena que se quería retratar. Peña volvió con pantalones de mezclilla, una camisa de vestir en tono azul pastel y una casaca
de gamuza en color tabaco. Las chicas de *Quién* que regresaron con él no
podían ocultar su cara de asombro. Beto luego luego imaginó que el gobernador se había cambiado de ropa frente a ellas o algo así de provoca-
dor. Sin embargo, el chisme no alcanzaba tales niveles. Tan sólo las había
deslumbrado el kilométrico clóset en el que habían visto perfectamente ordenados, por color, decenas de trajes de vestir. Le platicaron que en
otro apartado del vestidor había otro ejército, pero de zapatos, entre los
que predominaban, como era de suponerse, los de vestir en color negro.
Nunca supieron de cuál calzaba Enrique.

Cuando Peña bajó de su habitación, sus hijos ya lo esperaban en
el jardín con sus respectivos objetos de deseo: Paulina eligió una pelo-
ta, Alejandro un patín del diablo y su bicicleta, mientras que "Nicoleta",
como le decía de cariño Peña Nieto a su hija menor, prefirió al que hasta
el momento era el integrante consentido de la familia, un cachorro shih
tzu de tres meses llamado Príncipe Terrier, al que de cariño le decían PT.
Los rostros de los niños se habían transformado. Su actitud era otra. Estaban frente a uno de los momentos más escasos en sus vidas pero que
les provocaba mayores dosis de felicidad: jugar con su padre.

A pesar de que todo el personal del gobernador y de la revista estaban como espectadores, los tres Peña Pretelini no se amilanaron y se volcaron a lo suyo: a correr, a gritar, a tirarse al pasto unos a otros y de pronto… de pronto los tres hermanos se coludieron para planear una travesura. Formaron un círculo y aproximaron sus cabezas abrazándose para que nadie supiera lo que estaban tramando. Acto seguido, se aproximaron a su padre con la intención de derribarlo. Paulina le saltó por la espalda, Alejandro lo jalaba del brazo, Nicole trataba de ponerle el pie con el fin de que se tropezara… Lo intentaban una y otra vez con sus sonrisas pícaras, mientras la cámara de Valeria Ascencio no dejaba de captar cada movimiento. Pero la misión quedó en intento. El hombre que en aquel 2007 estaba al frente del estado más poblado de la República mexicana sabía que bajo ninguna circunstancia podía mostrarse abatido. Una fotografía de él en el suelo podría tener entre sus críticos una lectura más negativa que divertida. Así que el político de 41 años de edad apretó con firmeza las piernas y mantuvo el equilibrio. Su arma para salir avante al ataque infantil fue una sobredosis de cosquillas a los suyos con el fin de que fueran ellos los que aterrizaran en el césped perfectamente podado. Enrique Peña Nieto no tocó el pasto ni con las manos.

El apremio del tiempo no daba tregua, así que procedieron al punto central del encuentro: la entrevista. Beto Tavira había preparado con varios días de anterioridad un cuestionario —tal como lo dicta el *Manual de periodismo* de Vicente Leñero y Carlos Marín— con el fin de investigar lo que Peña Nieto ya había dicho sobre su vida privada pero, sobre todo, detectar lo que no había dicho y todo mundo quería saber: las causas de la muerte de su esposa Mónica Pretelini Sáenz; si era cierta su supuesta relación sentimental con la conductora de Televisa, Galilea Montijo; lo que consideraba como lo más complicado de ser papá soltero y, a casi un año de haber enviudado, cuál era su estatus en los asuntos del amor.

Entonces hubo cambio de escenario. Debido a que ya no sería necesario el equipo de arte y de producción, todos ellos volvieron al salón de juegos. El "góber precioso" y Beto Tavira se instalaron nuevamente en el área del comedor, aunque ahora se sentaron a una mesa solamente para dos personas. Cercanos a su jefe, pero al menos a unos cinco metros de distancia, estaban David López y Margarita Neyra, pendientes de lo que se fuera a ofrecer en términos de información. Los meseros de la casa de gobierno solícitos preguntaron si deseaban algo. Enrique, quien había interrumpido su comida, aceptó el chile relleno de queso panela que le ofreció el camarero. Y pidió un tequila derecho. Le convidó uno a Beto, a quien en su casa le habían enseñado que, por empatía con el anfitrión, debía aceptar tomar lo mismo que él. No obstante, en la revista le tenían prohibido beber en horas laborales, máxime en una entrevista con un gobernador. Pero Beto le hizo caso a su mamá: pidió un Herradura reposado "sencillo con cara de doble", como lo hacía en los restaurantes para beber más y pagar menos. Le hizo la suficiente gracia al mandatario mexiquense como para romper el hielo y entrar de lleno a lo relevante.

Luego de chocar los caballitos y dar un pequeño trago al tequila, Beto encendió su grabadora de audio digital de la marca Olympus. La gente de Peña también colocó una grabadora en la mesa para registrar la conversación, publicada en el número 95 de *Quién*:

¿Cómo fueron los últimos momentos que pasaste al lado de tu esposa?
Hablé con ella cuando iba del D.F. hacia la casa de gobierno [el miércoles 10 de enero de 2007]. Le dije que llegaba en media hora. Yo estaba en Santa Fe. En cuanto llegué, subí a nuestro cuarto. Entré al baño, preparé la ropa del día siguiente y cuando me acerqué a la cama, Mónica estaba en completo paro respiratorio. Salí como loco pidiendo auxilio, llegó la ambulancia y nos fuimos de emergencia al Centro Médico de Toluca. Los doctores lograron que recuperara sus signos vitales, pero al momento de hacer la tomografía encontraron que tenía muerte cerebral. La trasladaron al Hospital ABC de Santa Fe, donde el doctor Paul Shkurovich confirmó que ya no había ninguna esperanza.

¿Cómo le diste la noticia a tus hijos de que su mamá había fallecido?
Cuando se confirmó la muerte de Mónica [el jueves 11 de enero] regresé a Toluca. Llamé para que los niños no fueran a la escuela. Desayunamos

juntos y les dije que su mamá estaba muy delicada y no sabía qué iba a pasar; que era muy probable que Diosito se la llevara. Ya te imaginarás el llanto, el dolor, la impotencia… Me los llevé al D.F. y estuvieron el transcurso del día en casa de su tía Claudia [Pretelini Sáenz].

Después ocurrió todo lo demás. A Mónica le extrajeron los seis órganos que donó y cuando nos entregaron el cuerpo, en lo que lo trasladaban hacia Toluca, fui a casa de mi cuñada y les dije a mis hijos: "¿Se acuerdan de que hoy en la mañana hablamos de que su mamá estaba muy delicada y que Diosito se la podría llevar? [mientras platica, Peña Nieto disminuye el volumen de voz]. Pues finalmente decidió llevársela [se le enrojecen los ojos]".

En la noche la velamos aquí en la casa familiares y amigos cercanos. La llevamos a la habitación donde dormíamos juntos, la sacamos de su caja y la acostamos sobre la cama para que mis hijos la vieran. Estuvieron con ella toda la noche. Al día siguiente la llevamos a la Funeraria López y, antes de que ingresara al crematorio, nos despedimos de ella.

[…]

En algunos medios de comunicación se difundieron otras versiones sobre la muerte de la primera dama del Estado de México.
Cuando estás en la política, cualquier tema que pueda ser aprovechado por tus adversarios para golpearte, lastimarte o desgastarte se va a utilizar. Lamentablemente ésas son las reglas de la política. Quienes buscaron lastimarme con la muerte de Mónica se excedieron, porque lastimaron la dignidad de mi esposa, y eso ni en política ni en ninguna materia se vale. Después del fallecimiento de mi mujer comenzaron a decir mentira y media. Te puedo decir muchas cosas que se han dicho sobre mí y que son absolutas mentiras…

¿Como cuáles, por ejemplo?
Pues de mi vida personal se dijo que tuve una relación con la conductora Galilea Montijo, lo cual no es cierto. A ella la conocí cuando estuve en campaña (en 2004) porque mi equipo contrató un espectáculo

donde participó junto con otros actores. Obviamente yo estuve en el escenario, pero no hubo más. Luego asistí, también en campaña, al programa *Vida TV* que ella conducía y ya. Han sido las únicas dos veces que la he visto personalmente.

También se mencionó que Mónica murió por una sobredosis de antidepresivos.
Se dijo barbaridad y media. Mónica no se suicidó. Es caer en las mentiras que generaron algunos medios de manera ofensiva y lastimosa, no tanto para tu servidor sino para mi familia. El parte médico ahí está, es algo irrefutable.

Enviudaste hace casi un año. ¿Cómo andas en los asuntos del amor?
No ando. La verdad es que no me he repuesto del duelo. Tampoco puedo decir que todos los días estoy en el dolor, pero sí tengo episodios de lo ocurrido, y eso sólo se procesa con el tiempo. Por ahora me anima dedicarme fundamentalmente a mis hijos. El tiempo dirá. No me veo solo, sin embargo en este momento no tengo el ánimo de tener una relación. Puede llegar el momento de estar con alguien, no sé si en el corto, mediano o largo plazo.

Llegó el momento más temido hasta entonces. Peña Nieto se tenía que ir, literalmente volando, rumbo a la Ciudad de México. Su asistente personal, Jorge Corona Méndez, se acercó al político y le entregó una tarjeta indicándole que ya era momento de despedirse. El priista preguntó si ya estaba el helicóptero "con esas personas" —de las que no se mencionaron sus nombres—, a lo que Corona respondió de manera afirmativa. Beto no estaba dispuesto a apagar la grabadora, faltaban detalles, escenas, notas de color para ilustrar el reportaje, pero no dijo nada. No era el dueño del tiempo del gobernador. Sin embargo, como sucedía en los momentos necesarios, hubo música para los oídos del joven reportero de treinta años de edad. David López se acercó a su jefe para decirle que le acababan de informar que había una manifestación sobre la avenida Paseo de la Reforma y que sería muy complicado llegar al evento en el Castillo de Chapultepec. Enrique giró instrucciones para que lo disculparan, ya no acudiría. Asimismo, solicitó que le pidieran a las personas que estaban en la aeronave que lo esperaran un rato más, obviamente afuera del helicóptero.

Beto Tavira siempre había sido un reportero con suerte. Y esta vez nuevamente estaba de su lado. Quiso pedir otro tequila Herradura reposado para brindar, pero en esta ocasión hizo caso de las reglas de la revista, así que requirió al mesero, al igual que su interlocutor, un café americano. Prácticamente faltaban los detalles de la historia. Se dio el momento para ello. Volvieron a estar sin gente cerca así que hablaron de las simples cosas que hacía el jefe del ejecutivo estatal fuera del reflector: se levantaba alrededor de las siete y media de la mañana y se dormía pasada la medianoche; aunque generalmente lo despertaba su reloj biológico, también era común que su hija Paulina lo hiciera debido a que, como entraba a las siete de la mañana a la escuela, era costumbre que desde las 6:30 pasara a despedirse de su padre.

Enrique dijo darle gracias a Dios por tener vida y salud antes de salir de la cama. Frente a la pregunta de si era muy religioso, contestó: "Soy católico, es la religión en la que crecí. Voy cada domingo a misa, pero no me gusta hacer manifestación pública de mi fe. Creo que la práctica de la religión debe ser algo muy íntimo". Lo que no le pareció tan íntimo fue confesar con quién dormía. Y es que según le dijo a Beto, tras la muerte de su esposa Mónica Pretelini mandó poner en su recámara dos camas matrimoniales para que sus tres hijos compartieran el cuarto con él. "Once meses después Paulina regresó a su habitación; Alejandro duerme con su abuelita y Nicole es la que todavía se queda conmigo. Son de esas cosas que no tienen precio, porque definitivamente son tiempos que no van a volver."

Se apagaron las grabadoras. Peña Nieto se despidió de Beto Tavira no sin antes señalarle que le había dado varias exclusivas. El reportero le respondió algo así como que no esperaba menos y se dieron un abrazo. El gobernador caminó hacia fuera del comedor y el editor de política de *Quién* supo que la misión había sido cumplida. La de Enrique Peña Nieto era una entrevista sumamente reveladora. El factor tiempo que desde el inicio parecía estar en contra se convirtió en una broma luego de las casi cinco horas que el político mexiquense destinó a esa producción.

El resultado fue evidente. Por primera vez el gobernador del Estado de México hablaba para una revista del corazón sobre amor y muerte; sobre lo que tenía a la expectativa al país entero; sobre lo que se decía en muchas mesas de café en todos los códigos postales del territorio nacional. La que ahí había era una primicia que, como siempre lo sospecharon los editores, tuvo una resonancia en diversos medios de comunicación y, sin duda, contribuyeron a que la revista con la portada de "El viudo de oro" cerrara engalanando ese 2007.

EL NIDO VACÍO DE ANGÉLICA RIVERA

"Sigo en duelo, pero no me veo solo a futuro": ésa fue una de las frases más reveladoras de la primera entrevista que concedió Enrique Peña Nieto para la revista *Quién* a finales de 2007. El entonces gobernador del Estado de México tenía 41 años de edad y casi un año de haber enviudado de la que fuera su esposa durante casi catorce años, Mónica Pretelini Sáenz. En ese mismo encuentro habló de su duelo y del de los tres hijos que tuvo con ella: Paulina (entonces de 12 años), Alejandro (de 10) y Nicole (de 7); reveló los detalles de la muerte de su mujer y cómo les dio la noticia a sus hijos; señaló el "daño" que le hicieron algunos medios al publicar información "falsa" sobre el fallecimiento de Mónica; hizo confesiones sobre su vida como papá soltero y, sobre todo, de cómo se visualizaba en el amor.

Era oficial: se había convertido en uno de los hombres más cotizados de México para cualquier mujer casadera y, como tal, todos en la redacción de *Quién* sabían que no tardaría mucho en que hubiera una nueva dueña de sus quincenas.

En ese contexto, también se había vuelto una suculenta presa de investigación para cualquier publicación dedicada a la prensa rosa.

No hubo día durante los meses de 2008 que no se pusiera sobre la mesa en las juntas editoriales de *Quién* la interrogante de con quién andaría Peña Nieto.

Indudablemente, un hombre poderoso no puede durar mucho tiempo solo. Y vaya que Peña Nieto cumplió con esta máxima en el corto plazo. El 21 de febrero de 2008, el periódico *Reforma* publicó, en la sección

"Gente", una fotografía del gobernador mexiquense acompañado de la conductora de televisión Rebecca Solano durante el homenaje al empresario regiomontano Eugenio Garza Lagüera, en el Tec de Monterrey, en Nuevo León. "Enrique es un buen amigo", declaró la regia al diario sobre su relación.

Años más tarde, la propia Rebecca Solano revelaría en el libro *Las mujeres de Peña Nieto*[*] que, aunque en estricto sentido en esa fecha no eran oficialmente novios, el político priista la cortejaba desde mediados de 2007. Es decir, seis meses antes de que Enrique le dijera a Beto Tavira en entrevista que seguía en duelo.

Luego de su relación con Rebecca Solano, Peña Nieto comenzó a salir con Nora Soto Campa González, con quien el 28 de junio de 2008 llegó a la boda del político Pablo Escudero con Sylvana Beltrones, la hija del priista Manlio Fabio Beltrones. Trascendió que Nora era administradora de empresas graduada de la Universidad Iberoamericana, tenía 38 años y había heredado un boyante negocio maderero. Pero, como escribió Beto Tavira en su libro: "Luego de algunos encuentros con el gobernador, la empresaria reafirmó que el ambiente político no era lo suyo, por lo que el romance llegó a su fin en muy poco tiempo".

A decir de Rebecca Solano en ese mismo libro, dos meses antes de salir con Nora, Enrique había conocido a una mujer a la que la regia señaló como la verdadera causa por la que su noviazgo con él no había prosperado: Angélica Rivera Hurtado. Sin embargo, públicamente, los indicios de que existía un vínculo personal entre la actriz de Televisa y el gobernador del Estado de México surgieron hasta julio y agosto de 2008, cuando se les vio juntos primero en el restaurante San Ángel Inn, donde fueron *paparazzeados*, y luego en el Philippe, ambos en la Ciudad de México.

Una vez que el nuevo romance de Peña Nieto alcanzó el reflector de los medios, la consigna de Beto Tavira de obtener la entrevista para *Quién* con la Gaviota —así apodada por el personaje que interpretó en la telenovela *Destilando amor*— se convirtió en la cruz de David López

---

[*] Alberto Tavira, *Las mujeres de Peña Nieto*, México, Editorial Océano, 2012, pp. 85-112.

Gutiérrez, el coordinador de prensa del gobierno del Estado de México, a quien Beto llamaba religiosamente cada semana para dar seguimiento a la solicitud. El editor de política de *Quién* atosigaba de igual forma a la asistente de David López, al chofer de David López, al escolta de David López, a las asistentes de la oficina del gobernador, a la hermana menor del gobernador, Ana Cecilia Peña Nieto...

Luego de casi un año de buscar la entrevista —incluso Beto ascendió a editor adjunto de *Quién*—, David López llamó a su celular para informarle que, finalmente, se llevaría a cabo el tan ansiado encuentro con Angélica Rivera. El periodista no cabía en sí de la felicidad. Comenzó a girar 360 grados sobre su propio eje en la silla en la que estaba sentado en la oficina. Mientras hablaba el "Jefe López" —como le llamaban algunos de sus subalternos—, a Beto se le subía a la cabeza la muletilla que se adueñaba de su pensamiento en ese tipo de sorpresas: "¡No mames, no mames, no mames!". Por fin la Gaviota estaría en la portada de *Quién*, como lo habían planeado tantas veces los integrantes del equipo desde que había salido a la luz pública el noviazgo con el gobernador mexiquense.

—Ahora sí que tú dinos para cuándo haríamos la entrevista. Nada más acuérdate que ya te había solicitado que las fotos tienen que ser con los hijos de Peña y las hijas de ella —le dijo Beto Tavira a David López.

—¿Cuándo es el cierre de este número? —preguntó él.

—No, no, no. Este número ya está cerrado, mi estimado —respondió el periodista—. De hecho toda la edición ya está en la imprenta, tendría que ser para el siguiente número.

—¿Pero qué fecha tiene este número? —insistió David.

—¿El de la imprenta? Ah, caray. Pues ahora mismo no sabría decirte, David. Pero la siguiente edición, la primera de julio de 2009, es donde llevaríamos la entrevista con Angélica. ¡Va a ser un portadón! ¡Un *hitazo*!

—¿Entonces ésta es la edición de junio?

David López preguntaba con tanta insistencia sobre las fechas exactas, que Beto se levantó de su lugar con el celular en la mano y se dirigió a otro cubículo de la redacción de *Quién* donde estuvieran el calendario de las ediciones a la mano. Lo encontró en la isla del equipo de arte y desde ahí respondió al que le manejaba la prensa al primer mandatario del Estado de México.

—Este número que se está imprimiendo ahora mismo es la edición 193, tiene fecha de portada el 26 de junio de 2009. Es decir que comenzará a repartirse en los puntos de venta quizá unos cuatro días antes de la fecha que te acabo de mencionar —le explicó.

—¡Ésta es donde tiene que salir la entrevista! —dijo David López sin titubear.

—Pero esta revista ya está en la imprenta, David —respondía Beto, temeroso de que con la explicación se cancelara toda la posibilidad de obtener el primer testimonio de Angélica Rivera.

—¿Por qué no hablas con nuestra amiga Diana para ver qué posibilidad hay de que sea para este número? Luego ya va a ser muy complicado.

—Muy bien. Dame unos minutos y te vuelvo a llamar —dijo Beto, sabedor de que estaba frente a la única condición del gobierno mexiquense y no habría más negociación.

El joven Tavira irrumpió en el cubículo de Diana Penagos, la editora general de *Quién*, sin previo aviso. Sin permiso, a punto del colapso nervioso, como si fuera una escena en teatro de la actriz Susana Alexander.

—Dianis, tengo algo muy importante que decirte: me acaba de llamar David López para confirmarme que ya tenemos la entrevista con la Gaviota… pero que tiene que entrar en este número.

—¡Vaya, por fin aceptaron! ¿Pero cómo que en este número? ¿En el que viene, no? En el de la primera quincena de julio.

—No, Dianis. En esta edición, en la que está en la imprenta.

—¡¡¿Pero cómo?!! ¡No es posible! ¡Ya está en la imprenta! ¡La mayor parte de la revista ya está impresa!

—Yo lo entiendo perfectamente, pero David no. Y, en cierta forma, creo que estamos condicionados. O es en este número o no habrá primicia con la Gaviota.

—Pero ¿por qué quieren que sea forzosamente en este número? Habrá que ver si los de producción no han mandado el artículo de portada, pero hoy por hoy ya debería estarse imprimiendo —balbució Diana, tratando de guardar la calma y de mantener la cabeza fría para pensar en posibles soluciones.

—No me lo dijo David. Ni siquiera lo insinuó, pero estoy seguro de que esto debe responder a las elecciones, a las intermedias del Estado de México.

—¡No, bueno! ¿Y cuándo son las elecciones?

—Los primeros días de julio.

Las elecciones locales del Estado de México para renovar presidentes municipales y regidores de 125 ayuntamientos, así como 75 diputados al Congreso del Estado,* estaban programadas para el domingo 5 de julio de 2009. La insistencia de David López por que Angélica Rivera apareciera en la edición de finales de junio no era un capricho aislado suyo ni de su jefe ni de la novia de su jefe. En la guerra, en el amor y en las elecciones, (casi) todo se vale, y había que recordarle a los mexiquenses que la protagonista de la telenovela de Televisa *Destilando amor* —la cual en el capítulo final del 16 de septiembre de 2007 había alcanzado 42.4 puntos de *rating*—, la misma que había sido la imagen de la campaña que mostraba los trescientos compromisos cumplidos del gobernador del Estado de México en 2008, ahora era la mujer que se había ganado el corazón de Enrique Peña Nieto. El equipo del primer mandatario estatal tenía la esperanza de que los fans de la Gaviota en facultad de votar emitieran su sufragio a favor del partido cuyos colores llevaba en su pecho la atractiva pareja.

Tanto Diana Penagos como Beto Tavira olfatearon perfectamente el juego en el que los estaban incitando a jugar. Estaban conscientes de que, de acceder a las condiciones que ponía David, podrían señalarlos por hacerle propaganda a Peña Nieto; pero también tenían claro que habían perseguido esa primicia como un perro persigue su cola y lo que conseguirla significaba para la revista, la cual, a lo largo de su historia, había publicado personajes de todo tipo, colores, sabores y partidos, siempre y cuando cumplieran con el perfil requerido para aparecer en

---

* En los resultados de las elecciones estatales del Estado de México en 2009 la coalición PRI, PVEM, Nueva Alianza, PSD y PFD ganó 97 de 125 ayuntamientos. *Fuente*: Instituto Electoral del Estado de México.

sus páginas. Sabedores de que en algunas ocasiones las oportunidades llegan con ciertos requisitos, aceptaron... Pero reviraron e igual pusieron las suyas: era obligatorio que posaran todos los descendientes de los flamantes novios.

Diana le pidió a su asistente que por favor la comunicara con Jorge Juárez, el gerente de producción y vínculo con la Impresora Transcontinental México, para conocer el estatus exacto de los pliegos que contenían el reportaje de la portada en turno. En cuestión de minutos se desató la reacción en cadena. Éste llamó a la imprenta para conocer en detalle la situación y tener la absoluta certeza de lo que informaría a Diana. Su respuesta hizo pensar a la Penagos que los milagros de vez en cuando existían: "Todavía no entra el reportaje de portada. ¿Quieres que lo paremos?", preguntó un Jorge que, dicho sea de paso, siempre estaba del lado de la noticia, del *breaking news* que, por extraño que pudiera parecer, era una constante en *Quién*.

Diana y Jorge calcularon cuánto tiempo podría permanecer parada la imprenta y cuánto costaría eso a la revista. Con los dígitos en la cabeza, la editora general de *Quién* fue sumamente honesta con su adjunto: "Tenemos solamente cuarenta y ocho horas, Beto, para hacer la entrevista, la sesión de fotos, la edición y el diseño del reportaje. Pregúntale a David si ellos pueden lograr poner a la Gaviota y los niños en ese tiempo. Te tiene que resolver en este segundo y sólo entonces pediré que paren la imprenta".

Beto Tavira ya iba raudo y veloz de vuelta a su cubículo cuando oyó a Diana gritar tras él: "Y que David le advierta a la Gaviota que no puede hablar con ningún medio hasta que la revista con su entrevista salga a circulación. Digo, que valga la pena tanto desmadre". Diana Penagos sabía perfectamente las entrelíneas del significado de una negociación: ceder para ganar.

"Mañana mismo se podría hacer la entrevista con Angélica", indicó David López a Beto Tavira. Sin embargo, según el funcionario, la sesión de fotografías tendría que esperar un día más debido a las agendas escolares de los seis chamacos (los tres de Enrique y las tres de Angélica), quienes también estarían en la sesión de fotos conforme lo solicitado.

Se cerró el trato. Se paró la imprenta, con la que afortunadamente se logró un día más de gracia. Se volvió loca la redacción.

Las primeras semanas de junio de 2009 Alberto Tavira se apersonó alrededor de las once horas de la mañana en el domicilio señalado por David López como la locación donde se llevaría a cabo la entrevista. Llegó solo porque el *shoot* se realizaría hasta el día siguiente. Era una residencia en la avenida Paseo de las Palmas 1325, en las Lomas de Chapultepec, en la Ciudad de México. Llegó en su auto a la entrada del garaje, se bajó y se presentó en la caseta de vigilancia como periodista de la revista *Quién*. Dijo a los oficiales con uniformes de la policía del Estado de México que tenía cita con la señora Angélica Rivera. Le requirieron su identificación, confirmaron su nombre en su bitácora y, hecho esto, le indicaron que no contaban con estacionamiento para visitas, así que abordó nuevamente su coche y lo estacionó en una calle cercana.

Regresó a la casa a pie. Cruzó por la puerta principal, la cual contaba con una caseta de vigilancia a un costado. Se registró en otra bitácora, dejó su credencial de elector y se sometió a una revisión sumamente estricta que incluía pasar por debajo de un arco detector de metales, así como un minucioso escrutinio de sus objetos personales por parte del cuerpo policiaco mexiquense suficientemente armado.

Una vez superado el retén, lo recibió en la entrada la rubísima Maritza Rivera Hurtado, una de las cuatro hermanas de Angélica,[*] quien durante años había fungido como representante de la otrora actriz de telenovelas. Le dio la bienvenida y lo guio hacia el estudio, localizado a un lado del vestíbulo, en la planta baja de la casa. Lo invitó a sentarse y le ofreció algo de tomar. Beto pidió sólo agua. Maritza salió personalmente en busca de ella y le indicó que en unos momentos más bajaría Angélica.

Mientras la esperaba, Beto Tavira se percató de lo novísimo del lugar. En las paredes habitaba un amplio librero de finas maderas en diseños contemporáneos y color chocolate, pero prácticamente sin libros. La mesa

---

[*] Además de sus cuatro hermanas (Adriana, Carolina, Maritza y Elisa), Angélica Rivera tiene un medio hermano: Manuel Rivera. Ver "Papá Gaviota".

redonda y sillas, también de madera, denotaban ser de reciente adquisición. Las paredes delataban con su aroma que habían sido recientemente pintadas. Todo lucía con la pulcritud que trae consigo lo nuevo. Maritza regresó con el vaso de vidrio lleno de agua natural. Lo colocó sobre un portavaso en la mesa redonda donde aguardaron sentados frente a ella hasta que llegó la Gaviota.

Angélica Rivera ingresó a paso firme haciendo retumbar la duela, que claramente sonaba a madera de la buena. Mientras se dirigía hacia su invitado, lo miró fijamente a los ojos y, sonriente, lo saludó por su nombre, tomándolo de la mano primero y luego con un beso en la mejilla de los que en realidad se truenan en el aire. La oficialísima novia de Peña Nieto traía un traje sastre de pantalón en color arena. Se había despedido de los rubios platinados y de los flecos marcados con cepillos redondos para darle la bienvenida a los castaños ligeramente ondulados en las puntas con la tenaza caliente. El maquillaje era prudente, *ad hoc* a las horas de la mañana. La sonrisa constante dejaba ver una dentadura perfectamente alineada y lo suficientemente blanca sin llegar al azul que delata el exceso de sesiones de blanqueamiento a través de láser. La mirada era brillante y se encontraba amurallada por unas kilométricas pestañas que por su tamaño y grosor hacían dudar de su autenticidad.

—Qué bonita casa —comentó Beto para llenar el silencio en lo que Angélica se acomodaba.

—Muchas gracias. Disculpa el caos. Nos acabamos de cambiar —le respondió ella y le explicó que anteriormente había vivido en casa de Verónica Castro, hermana de su exmarido, Alberto "el Güero" Castro, y que cuando se divorció de él, se había mudado con sus hijas a una propiedad que había comprado en Miami. Como no tenía dónde vivir en México, hacía dos años que había adquirido la casa donde ahora se encontraban, "con el esfuerzo de dos décadas de trabajo". Jamás hubiera imaginado Beto en ese momento que de esa residencia de Paseo de las Palmas saldría Peña Nieto, el 1 de diciembre de 2012, para tomar protesta como presidente de la República, y que años después, en 2014, estaría involucrada en el famoso escándalo de la llamada Casa Blanca, ubicada en el número 150 de la calle Sierra Gorda, con la que estaba comunicada a través de un pasillo por la parte de atrás.*

A sus treinta y nueve años de edad, la Gaviota habló con Beto Tavira frente a un par de grabadoras (una de ella y la otra del representante de *Quién*) sobre lo que todos querían saber: la génesis de su historia de amor con Enrique y el máximo de los detalles, así como el apocalipsis de su divorcio del Güero Castro, con quien, a lo largo de dieciséis años de relación, tuvo tres hijas: Sofía, Fernanda y Regina. De esto, el interés público también quería detalles.

Sentada frente a la mesa redonda de madera, Angélica Rivera —siempre acompañada de su hermana Maritza— respondió durante un par de horas al bombardeo de cuestionamientos que lo mismo abordaban su afiliación priista de toda la vida, si estaba dispuesta a abandonar su carrera de actriz si Enrique se lo pidiera, y la pregunta más incómoda hasta el final: "Algunas personas aseguran que el romance entre Peña Nieto y tú es un montaje para atraer más popularidad al gobernador, quien supuestamente pretende ser presidente de México en el 2012". Éste era el tipo de preguntas ante las que, antes de contestar, Angélica tomaba agua natural en un vaso de vidrio que, cuando se llevaba a la boca, al alzar su muñeca, hacía asomar su reloj Cartier.

Al día siguiente de la entrevista, alrededor de la una de la tarde, se llevaría a cabo la sesión fotográfica, también en la casa de Angélica en Paseo de las Palmas. En esta ocasión, Beto no iría, pues se dedicaría de lleno a escribir el texto. Había que dividirse y administrar cada segundo, ya que tenían el tiempo encima.

A la propiedad en Las Lomas llegó el equipo de *Quién* comandado por Viviana Cárdenas Gutiérrez, editora de arte de la publicación, y conformado por la fotógrafa Valeria Ascencio, contratada ex profeso por la revista para la sesión; el coordinador de moda José Ramón Hernández,

* Ver el reportaje especial "La casa blanca de Enrique Peña Nieto", presentado en Aristegui Noticias el 9 de noviembre de 2014.

elegido previamente por la misma Angélica, e Israel Hernández, coordinador de producciones de *Quién*. En lo que respecta al maquillaje y peinado, debido a que la Gaviota se empecinó en que el responsable fuera el cotizado *make up artist* Alfonso Waithsman y sus honorarios estaban por encima del presupuesto con el que contaba la revista para ese rubro, optó por cubrirlos ella misma.

En cuanto Viviana cruzó la puerta principal, lo primero que vio en el recibidor fue un arreglo de rosas rojas inmenso con la tarjeta de Enrique Peña Nieto. Maritza Rivera, quien los había recibido sin presentarse, le explicó que las flores las había mandado ese mismo día el gobernador y que querían que salieran en las fotos. Vivi sonrió de manera forzada apretando las mandíbulas. Si algo le chocaba era que una perfecta desconocida —que hasta ese momento creía que era la asistente personal de la Gaviota— le diera instrucciones de cómo hacer su trabajo. Siguió su camino hacia la estancia principal. Ahí Maritza le indicó que se instalaran; que en unos minutos bajaría su hermana. Fue hasta entonces que Viviana se enteró del parentesco.

Mientras Valeria y su asistente montaban el equipo, la editora de arte de *Quién* hizo un recorrido por los espacios y observó, como lo había hecho Beto el día anterior, que todo parecía ser nuevo. Más adelante confirmó que no era apariencia: los muebles, los floreros, las lámparas, los portarretratos tenían etiqueta. De distintas tiendas, pero todos los objetos estaban etiquetados como si los hubieran ido a comprar ese mismo día y los hubieran colocado especialmente para la sesión de fotos.

Maritza Rivera le pidió a Vivi que subiera al primer piso, exactamente a la habitación de Angélica para, primero, saludarla y, segundo, ayudarle a escoger la ropa que usaría para las diferentes tomas. En un *rack*, José Ramón había acomodado los *outfits* que usaría la Gaviota.

Mientras la exactriz se probaba la ropa en el vestidor, Viviana caía en la cuenta de que también en la habitación todo era nuevo: había marcos con fotografías de Angélica y sus hijas, con precio; otros con imágenes de Angélica Rivera y Peña Nieto, con precio; lámparas en los burós de madera, con precio; las sábanas de la cama tenían todavía las huellas de los dobleces que indicaban que acababan de ser sacadas de su empaque; la alfombra despedía olor a nuevo. "Esa casa estaba montada para la sesión de fotos de *Quién*", relataría después Viviana Cárdenas a todos en la redacción de la revista. Angélica Rivera le había dicho a Beto que "la había comprado dos años antes", pero a los ojos de todos los testigos lucía como si nadie la hubiera habitado.

El *photoshoot* transcurrió con todas las complejidades que puede presentar una sesión no con uno ni dos ni tres, sino seis niños, ¡seis-niños! De entrada, llegaron en tiempos diferentes. Primero lo hicieron las hijas de Angélica: Sofía, Fernanda y Regina, esta última de pésimo humor y negándose por completo a cambiarse de ropa para las fotos. Más tarde hicieron su aparición los tres hijos de Enrique: Paulina, Alejandro y Nicole, ésta sin la menor intención de ponerse la ropa que tenía los mismos estampados que la que iban a utilizar las hijas de la novia de su papá. A los Quiénes les quedó claro que no había buena relación entre las dos familias y que, más obligados que encantados, los seis niños participarían, pero a su manera.

De pronto irrumpió Maritza Rivera para decirle a los integrantes de la revista que debían retirarse por un momento, que los niños iban a comer y que era necesario que salieran de la propiedad para que tuvieran privacidad; que incluso les recomendaba que fueran a comer algo. El equipo de *Quién* quedó anonadado. No entendía por qué lo habían citado prácticamente a la hora de la comida si lo iban a cortar e invitar a retirarse. Pero no había opciones y así lo hicieron, excepto Viviana, quien, debido a los nervios, no tenía una pizca de hambre. Caminó a la esquina donde había estacionado su camioneta y se metió a ella a esperar. De repente, desde ahí vio llegar un fuerte dispositivo de patrullas con escoltas y con policías del Estado de México.

Alrededor de las tres y media de la tarde, los Quiénes volvieron a la casa y se encontraron con la novedad que Viviana sospechaba: ahí estaba Enrique Peña Nieto. Había ido a comer con su novia, sus hijos y las hijas de ella. El equipo de producción lo saludó. El gobernador se retiró de la sala donde se había improvisado el estudio fotográfico. Y comenzó el vía crucis: el *staff* de la revista padeció la falta de concentración de los niños, el jugueteo, el desarreglo en sus cambios de ropa, los gritos,

261

los jaloneos… hasta que todo eso desembocó en el berrinche de la pequeña Regina, quien no paraba de llorar porque quería que le compraran un hámster. "¿Un hámster?", preguntó Vivi en medio del barullo. "¡Sí, un hámster!", respondió la Gaviota quien, luego de negociar con su hija, acordó que mandaría a un chofer a comprar el animalito a la sucursal más cercana de Maskota, pero que, mientras llegaba, tenía que cooperar y posar para las fotos. Y así fue. En lo que no cedió Regina fue en dejarse pasar un cepillo por el pelo.

A pesar del caos, finalmente se logró la toma planeada para ilustrar la portada: una imagen con Angélica Rivera al centro, sentada y rodeada por los tres hijos de Enrique y las tres hijas de ella. En eso estaban, cuando de pronto José Ramón, el coordinador de moda, entró en crisis porque no llevaba una corbata roja que en ese momento se le había antojado al gobernador. De no se sabe dónde apareció una con detalles en color vino, que era lo más cercano a lo que quería Peña Nieto para aparecer en una foto con los suyos. A todos les sorprendió la inesperada decisión. En ningún momento se había contemplado su aparición en las fotos, pero era lo mejor que le podía pasar a la revista. Hasta ese momento no había habido una fotografía posada de Angélica y Enrique con toda su prole en ningún medio de comunicación. Era LA exclusiva.

Entonces Nicole, la consentida de Enrique, pidió un poco de tiempo para cambiarse de ropa por el vestidito a cuadros blancos y rojos que haría juego con la ropa que traían las hijas de Angélica. Finalmente había accedido a unificarse. Viviana aprovechó ese espacio en el aquelarre para llamar por su celular a Diana e informarle que Peña Nieto había accedido a salir en las fotos. "¡Tómenlo, tómenlo, tómenlo con la Gaviota y los niños! ¡Ésa es la foto de portada!", dijo la Penagos tan entusiasmada como si se hubiera sacado la lotería.

Nicole se incorporó a la escena y, de pronto, ahí estaban todos, coordinados en blanco y un rojo que a todas luces pretendía hacer referencia a uno de los colores emblemáticos del PRI. Se notaba el poder del hombre de la casa. Con su sola presencia los niños se transformaron en dóciles modelos que respondían a lo que se les indicaba. Se necesitaron pocos disparos de la cámara para tener la foto perfecta. "Listo. Ya estamos", dijo como punto final Valeria, encantada. Pero el gusto le duró muy poco. Súbitamente intervino Peña Nieto echando las ilusiones de todos por tierra: "Ésas no son para publicarse, las fotos conmigo son sólo para nosotros. Mándamelas, por favor, Vale", ordenó Enrique a la fotógrafa, a quien ya conocía y con quien ya se sentía en confianza debido a que había sido ella misma la que lo había retratado para *Quién* anteriormente.

Viviana no podía creer lo que oía. Como leona que sale en defensa de su cría, alzó la voz, sin amilanarse ante el poderoso personaje que tenía enfrente: "Esas fotos son de la revista". Todos rieron por un momento restándole importancia a sus palabras. Enrique, sin inmutarse, desapareció de la escena.

El mundo se le vino encima, en cámara lenta y a grandes pedazos, a una Viviana Cárdenas obsesiva del orden y perfeccionista hasta la médula. Si la editora general de la revista había dicho que ésa era la foto para la portada, ÉSA era la foto para la portada, aunque el hombre que gobernaba el estado con mayor población en todo el país dijera lo contrario. Sin embargo, la editora de arte de *Quién* no emitió ningún comentario en público. Las reglas de urbanidad aprendidas la obligaron a guardar silencio. Se tragó su descontento y, sonriente, dio paso a los siguientes cambios de ropa para las fotos por venir.

La sesión fotográfica se prolongó más de lo esperado. El equipo de *Quién* salió de la casa de la Gaviota alrededor de las nueve de la noche. Se dirigieron hacia sus respectivos vehículos con la promesa de que al siguiente día, a más tardar a las diez de la mañana, Valeria mandaría a la redacción de *Quién* una batería con las fotografías preseleccionadas por ella con el objetivo de que Viviana y Diana eligieran las definitivas, mismas que serían retocadas por la propia Valeria para la entrega final. Antes de despedirse, Viviana, insistente como era, le reiteró a la fotógrafa que le tenía que mandar la imagen con Peña Nieto sí o sí, porque los altos mandos de la empresa ya habían definido que ésa sería la foto de la portada. Valeria se comprometió a enviársela.

Al día siguiente, Valeria mandó a las oficinas de *Quién* el CD con las fotos en baja resolución mediante un asistente. En el monitor de la Mac de Israel Hernández, uno de los tres coordinadores de fotografía de la revista, no había una sola foto en la que apareciera Peña Nieto. De inmediato Viviana llamó por teléfono a la fotógrafa para pedirle el material. Ésta le aseguró que lo enviaría más tarde. El tiempo apremiaba, pero a Vivi no le quedó otra más que ceder. Las horas transcurrían y la bendita imagen no llegaba. Viviana volvió a llamar a Valeria para saber por qué no enviaba la dichosa foto y se topó con la menos esperada de las respuestas: Vale se sentía en una encrucijada. No quería tener una mala relación con *Quién*, pero tampoco estaba dispuesta a desobedecer al gobernador, por lo tanto había decidido que le mandaría su foto a Peña y no se la daría a la revista. Alegaba que ella era la propietaria de esa imagen, que no entraba dentro de su cuota, y por lo tanto era ella quien decidiría cómo proceder.

Ante tan obstinada actitud y lo que Vivi consideraba como una gravísima indisciplina, la cosas escalaron hasta Guillermo Caballero, entonces director creativo y de operaciones de contenido, y responsable de todos los departamentos de arte de todas las revistas de Grupo Expansión. Memo conocía a Valeria de mucho tiempo atrás. Había sido él quien la había traído a trabajar a Expansión, así que apelando a esos años de amistad y a su estatus de líder la llamó por teléfono para solicitarle el material en el que aparecía Peña Nieto con toda su familia: "Esa entrevista y ese *shoot* lo consiguió Beto Tavira para *Quién*; lo dirigió Viviana para *Quién*; te contrató *Quién* y te va a pagar *Quién*; se hizo con los recursos de la revista". Ningún argumento valió. No hubo poder humano que hiciera cambiar de opinión a Valeria.

A Memo lo arropaba la razón absoluta. La política de Time Inc., corporativo al que pertenecía Expansión, era que los fotógrafos contratados de manera externa tenían que firmar un contrato en el que, además de comprometerse a la confidencialidad de los proyectos, cedían a la empresa los derechos de uso sobre todo lo fotografiado en el tiempo y/o proyecto para el que habían sido contratados por Expansión. No había lugar a equívocos: las celebridades, políticos o empresarios aceptaban posar ante los maestros de la lente para aparecer en las páginas del medio que les ofrecía el espacio, en este caso la revista *Quién*. Si lo que querían era un *book* personal, tenían todo el derecho de contratar, con sus propios recursos económicos y en otro momento, al fotógrafo que les agradara. En pocas palabras: Peña Nieto no tenía por qué decidir sobre el futuro de las imágenes tomadas por la fotógrafa contratada por *Quién*, para una producción organizada por *Quién*, en un reportaje planeado por *Quién*.

Paralelamente a esa tensa disputa, la imprenta le indicaba a Jorge Juárez que el tiempo de espera estaba llegando a su fin. Extenderlo implicaba otro gasto para la revista, y además Valeria ya había dejado clara su postura. Únicamente quedaba una alternativa: que la imagen de portada fuera en la que sólo aparecía Angélica Rivera con los seis niños, sin Peña Nieto.

Sin duda fue un mal sabor de boca. Valeria Ascencio, una de las fotógrafas de mayor prestigio en México, había hecho las fotos de varias de las portadas más importantes de la revista *Quién*, incluida la que llevó por título "Los Fox, su vida después de Los Pinos", que le mereció a Alberto Tavira y a la revista una mención especial en el Premio Nacional de Periodismo en el año 2007.[*] Incluso, a finales de ese mismo año, fue ella quien tomó las fotos que ilustraron el reportaje, también de portada, titulado "El viudo de oro". Con todo y su gran currículum, los directivos de la empresa giraron la instrucción de que no se le volviera a contratar.

La edición 193 de *Quién* salió de la imprenta en tiempo y forma con el titular: "Mamá Gaviota. Revela los secretos de su romance y cómo conviven sus hijas con los de Peña Nieto". Misión cumplida. La primera vez que Angélica Rivera hablaba de su relación con Peña Nieto había quedado consignada en las nueve páginas destinadas al reportaje.

Habían pasado pocos días de que la revista había sido distribuida en su totalidad. Diana saboreaba la satisfacción de la exclusiva en la recuperada calma de su oficina cuando sonó su extensión. Su asistente le anunciaba una llamada de parte de la oficina de Enrique Peña Nieto. La editora

* Ver "El *Foxgate*".

general de *Quién* la tomó en estado de alerta. No sabía si era para agradecer o para reclamar algo inimaginable para ella. Las reacciones de los personajes al ver publicado un reportaje suyo solían ser impredecibles.

—¿Hablo con Diana Penagos? —era la voz de una mujer.

—Sí, ella habla… ¿En qué puedo servirle?

—Mire, sólo queríamos hacerle saber que estamos muy apenados por el problema que se suscitó con la fotógrafa Valeria Ascencio. El gobernador le pide disculpas por los inconvenientes que pudo haber causado.

—Se agradece la atención, pero entenderán que todas las imágenes tomadas ese día pertenecen a la revista *Quién*, pues Valeria estaba contratada por nosotros.

—Entendemos. Si es necesario, estamos dispuestos a pagar por ellas.

—Realmente, más que el dinero, lo que nos gustaría es poder usar las fotos donde aparece el gobernador con la familia —Diana cruzó los dedos ante la oportunidad que se le presentaba.

—Eso no va a ser posible, pero reiteramos nuestra disposición a solucionar esto de la mejor manera —dijo la mujer con un tono que no admitía discusión alguna.

Viendo que no llegarían a nada y que de ahí la conversación no pasaría, Diana se percató de que lo único que le quedaba era tratar de proteger el nombre de la revista y aprovechar para mínimo asegurar presencia de marca. Ya veía venir que esas fotos tarde o temprano saldrían a la luz en otros medios y nadie sabría que eran de *Quién*.

—Bueno… Solamente le pediría que no repartan esas fotografías a la prensa y que no las usen con otros fines que no sean para su álbum personal.

—Así será —se comprometió la mujer.

Fue un compromiso no cumplido. No pasó mucho tiempo antes de que Diana viera la foto de la discordia en otras publicaciones… Y claro, sin el crédito correspondiente. Evidentemente, sólo había podido salir de un sitio: la oficina de Peña. Se acabó convirtiendo en lo que ella tanto había temido: la foto oficial para la prensa.

Al cabo de los años, Valeria comprobó que había tomado la decisión más conveniente para ella. Terminó por integrarse al equipo de Enrique Peña Nieto como parte del *staff* de fotógrafos oficiales. Viajaba a cada gira, plasmaba para la posteridad cada acto y era la encargada de retratar personalmente a la familia, en especial a la Gaviota. Ella sí pudo decir que perdió lo menos por lo más.

Papá Gaviota

La junta para preparar la cobertura de la boda del año, la de Enrique Peña Nieto, en ese entonces gobernador del Estado de México, y la actriz Angélica Rivera Hurtado, se llevó a cabo con dos meses de anticipación. El objetivo era hacer un número especial que saldría inmediatamente después y que conviviría en el anaquel con el número corriente de diciembre de 2010. Además del servicio al lector, significaba una gran oportunidad competitiva para *Quién*, pues tendría dos ediciones en *newsstand* justo cuando la gente se lleva de vacaciones sus lecturas de ocio, lo que resultaría en incremento de *pass-along* (número de personas que lee la misma revista) y, por ende, mayor audiencia para los anunciantes.

El especial demandaba la participación de casi todo el equipo de *Quién*, ya que involucraba tanto la fuente de espectáculos, como la de política y la de sociales para cubrir el mero día. Así que ese sábado 27 de noviembre de 2010 trabajaría prácticamente toda la redacción. El equipo de diseño, comandado por Viviana Cárdenas, tenía que enviar la revista a imprenta esa misma noche.

Dentro de la información que contendría que se podía preparar con antelación estaban los perfiles biográficos de los dos —que abarcarían sus infancias, la carrera política y la carrera artística respectivamente, sus anteriores parejas y los hijos de cada uno—, su historia de amor, una entrevista con el diseñador mexicano Macario Jiménez (creador del vestido de la novia), el cambio de imagen de Angélica desde sus inicios en el mundo de la farándula hasta su refinamiento rumbo a convertirse en la primera dama del Edomex, y un reportaje sobre otros políticos y miembros de la realeza que acabaron casándose con actrices o modelos.

A Jessica Sáenz, ya para entonces editora de espectáculos, le tocaba hacer la investigación sobre la familia y la niñez de Angélica Rivera. Con la larga trayectoria artística que tenía, sobre ella había información a borbotones en internet, pero no se trataba de hacer un *copy-paste*. Para esas alturas de sus años en *Quién*, Jessica sabía de sobra que tenía que conseguir algo inédito.

Mucho se había hablado en los medios de los hermanos de Angélica, Carolina, Maritza, Adriana, Elisa y Manuel, y de su mamá María Eugenia Hurtado, pero muy poco de su papá.

Los papás de Angélica estaban divorciados y él casi no figuraba en las entrevistas de la actriz. Todo indicaba que en la familia Rivera Hurtado existía un matriarcado. Por suerte, en su exhaustiva búsqueda, Jess había dado con una de las muy pocas entrevistas en las que la Gaviota hacía mención de su papá, y en ella había leído que el consultorio del oftalmólogo Manuel Rivera se localizaba muy cerca del departamento familiar, en la colonia Lindavista, donde Angélica había vivido gran parte de su infancia y juventud, incomparable con la tan mentada "Casa Blanca".

Jessica investigó en varios directorios los datos de consultorios oftalmológicos en Lindavista, imprimió el mapa de la *Guía Roji* y marcó con un plumón rojo los tres o cuatro que existían en la zona. Con esa información, decidió que lo mejor era empezar por el papá. Así, un lunes por la mañana, se hizo acompañar por uno de los fotógrafos de la revista y se lanzó tras la nota.

Cruzaron la ciudad hasta llegar a su extremo norte, superando el clásico tráfico capitalino. Lo detallista y previsora que era Jessica le rindieron frutos, pues el primer consultorio que visitaron fue el bueno. Estaba en la calle de Payta, atrás de un súper y al lado de una pequeña papelería. Un letrero sobre la puerta lo identificaba: "Clínica oftalmológica y óptica". La entrada era muy sencilla, una puerta angosta de herrería con cristal opaco. Jess tocó el timbre. Abrió un joven que se le quedó viendo con cara de interrogación, como diciéndole "¿Asunto?", sin pronunciar palabra. "Vengo a ver al doctor Rivera", le dijo ella, muy segura.

Su compañero había guardado la cámara en la mochila; ella hizo lo mismo con la suya y con su grabadora. El muchacho de pelo castaño y complexión media los dejó pasar a la sala de espera. Una vez en ella, les preguntó si tenían cita, al tiempo que se acercaba a un escritorio donde estaba una libreta; seguramente en la que anotaban el nombre de los pacientes que tenían cita. La sala de espera estaba vacía, no había ni recepcionista. Jessica le respondió que no, pero que necesitaba hablar con el doctor Rivera. Entonces, de uno de los dos consultorios que había salió un señor en sus setenta, que caminaba lento, de pelo blanco —el poco que tenía—, vestido con una bata de igual color con su nombre bordado en la bolsa en letra manuscrita: "Dr. Manuel Rivera". Era gordito y de aspecto bonachón. Sí, tenía más que ese aire familiar; era la Gaviota en hombre y mucho mayor.

No había tiempo que perder. Jess dejó al joven hablando solo y se dirigió al señor: "Doctor, soy Jessica Sáenz, vengo de la revista *Quién* y me encantaría que platicara con nosotros sobre la infancia de su hija Angélica. Estamos haciendo un número especial y yo estoy escribiendo sobre sus primeros años". Acto seguido, el muchacho que les había dado acceso se puso frente a ella, cortándole el paso hacia el doctor, muy alterado.

—¡Salgan de la clínica ahorita mismo! ¡El doctor no da entrevistas! —dijo, alzando la voz.

—Cálmate, hijo —volteó hacia él don Manuel, mucho más ecuánime, y muy amablemente los invitó a pasar a su consultorio y cerró la puerta. Poco faltó para que les ofreciera cafecito y galletas. Así que el joven era el medio hermano de Angélica.

El consultorio era de buen tamaño. Adornaban las paredes múltiples diplomas y reconocimientos, como sucede en cualquier oficina de médico. Se sentía frío y olía a desinfectante. Cada palabra que pronunciaban hacía eco.

Ligeramente nervioso, el doctor Rivera bajó la voz y miró a Jessica fijamente a los ojos.

—Mire, señorita, yo no le puedo dar entrevistas sin consultarlo con mis hijas, no quiero que vaya a haber un problema —dijo refiriéndose, además de a Angélica, seguramente a Maritza, quien era la representante artística de la Gaviota.

—No, doctor, no creo que lo haya. Yo he estado buscando a su hija Maritza y no me contesta ni el celular ni el correo electrónico. Imagino que deben estar todos muy ocupados con los preparativos de la boda, pero yo tengo que hacer mi trabajo, por eso me animé a buscarlo. No lo quiero comprometer, sólo dígame cómo era Angélica de chiquita, su testimonio como papá nos va a ser muy útil.

El señor juntó sus manos y se las puso en la barbilla, recargando los codos en el escritorio. Se tomó unos segundos para contestar. Los ojos se le humedecieron y su tono de voz cambió a uno más dulce y nostálgico.

—Angie siempre fue muy bonita, desde niña. Aquí en el Colegio Las Rosas, donde estudió, era frecuente que la eligieran para representar a la Virgen María en las pastorelas de fin de año. Esa inquietud artística se le notaba desde que era muy chica. A mí no me encantaba la idea, pero pues si eso era lo que la hacía feliz, ni hablar.

—¿Y cómo se siente por la próxima boda de su niña? —le preguntó Jess, aprovechando el momento.

El doctor dirigió la mirada hacia arriba y volvió a bajar el tono, no se veía muy contento y hasta se percibía cierta tristeza en su voz.

—Mire, prefiero no hablar del tema. Mis hijas me pidieron que no diera información a los medios, y de hecho hasta creo que tenemos intervenidos los teléfonos de la clínica. Usted sabe, por el tamaño de personaje que es mi futuro yerno, pues tienen todo muy vigilado. Por eso mi hijo, el que los recibió, estaba tan nervioso. Así que le repito, no quisiera tener un problema, mejor hable primero con mis hijas y ya luego platicamos.

Jess se dio cuenta de que no podía estirar más la liga. Bastante había hecho don Manuel con recibirlos a ella y al fotógrafo tan amablemente. Al menos ya había hecho un primer contacto. En una de ésas, ¿quién sabe?, igual y podría buscarlo de nuevo. De tomarle foto, ni hablar. Las cámaras no pudieron salir de sus mochilas.

Jessica y el fotógrafo se levantaron de sus asientos.

—Muchas gracias, doctor —se despidió Jess—, ojalá más adelante podamos platicar más.

—Muchas gracias a ustedes. Aprecio su interés en mí. Dígale a mis hijas, y si le dicen que sí, yo con mucho gusto.

Ya se dirigían Jessica y el fotógrafo a la puerta, cuando una última petición del doctor los hizo voltear:

—¿Usted podría conseguirme la foto tan linda que publicaron en su portada con mi hija, mis nietas y los hijos de Enrique? —se refería a la portada de *Quién* titulada "Mamá Gaviota", publicada en junio de 2009, en la que el editor de política, Alberto Tavira, había entrevistado a Angélica y en donde ella posaba con sus tres hijas (Sofía, Fernanda y Regina) y los tres hijos de Peña (Paulina, Nicole y Alejandro)—. Me gustaron mucho las fotos de ese reportaje, ¿me podría conseguir una para enmarcarla?

—Claro que sí, doctor. Yo misma se la voy a traer impresa. Cuente con ello —prometió Jess.

Como dictan las buenas costumbres, don Manuel les abrió personalmente la puerta del consultorio y se despidió por última vez.

Afuera, con cara de pocos amigos, esperaba ansioso el medio hermano de Angélica. Al verlos salir, ni la palabra les dirigió, pero se cercioró de que al salir de la clínica, se subieran a su coche y se alejaran de ahí. Asomado desde la puerta entreabierta de la clínica, no cerró hasta estar seguro de su partida.

De la poca información que habían obtenido del doctor Rivera, habían conseguido el nombre de la escuela donde había estudiado Angélica: el Colegio Las Rosas, ubicado a unas cuantas cuadras de donde estaban, exactamente en el número 123 de la calle de Garrido, a unas calles de la Basílica de Guadalupe. Ya habían desafiado el tráfico mañanero de lunes y todavía tenían tiempo de lanzarse a la escuela en horario de atención.

Unos minutos después ya estaban ante las altas bardas color rosa y vino del colegio. Jess y el fotógrafo recorrieron la zona en busca de un lugar para estacionarse. Imposible. Hasta que por fin un franelero les ofreció echarle ojo al coche mediante módica cuota; "ahí lo que sea su *voluntá*, güerita".

Una vez estacionado el auto, caminaron hasta la entrada principal. Las puertas y ventanas estaban protegidas con rejas color rojo. Jessica tocó el timbre. Una monja de avanzada edad abrió la puerta.

—Muy buenos días, madre. Venimos a pedir informes —indicó. No estaba mintiendo, sólo omitió de qué tipo.

—Adelante, pasen, muchachos —dijo la monja franqueándoles el paso.

Jessica y el fotógrafo ya habían cruzado la primera barrera. Siguieron a la monja. Recorrieron algunos de los pasillos de la escuela hasta llegar con la señorita Rocío Loza, quien muy amablemente escuchó su petición.

—Buenos días, quisiera que me informara con quién puedo platicar acerca de una entrevista. La señora Angélica Rivera, futura esposa del gobernador del Estado de México, estudió aquí y nos gustaría que sus profesores nos dieran sus testimonios, así como tomar algunas fotos del colegio —solicitó Jess.

—La indicada para la entrevista es la madre Aurora, ella fue maestra de Angélica, pero en estos momentos se encuentra en Cuautla, en un retiro espiritual —contestó pensativa.

—¿Y no podría hablar con alguien más, no sé, con la madre superiora? —insistió Jessica.

—Mmm… Mire, la directora es la madre Lorena Sánchez Guillén, pero no sabría decirle si ella le puede dar entrevista. Se encuentra muy ocupada con los preparativos del aniversario 75 del colegio, que será el 26 de enero del año que viene, pero la madre Aurora seguro que se la da, llámeme en dos semanas y le doy razón —la señorita Rocío Loza no cedió.

Mientras tanto, el fotógrafo, sin pena alguna, se tomó la libertad de sacar su cámara y empezó a tomar algunas fotos del patio y de los salones por fuera. Había que llevar algo de información a la oficina, y esas fotos eran básicas para al menos mostrar cómo era la atmósfera donde había pasado su infancia la próxima primera dama del Edomex; cómo era el patio donde había jugado de niña y comido su lunch la mujer que tenía todas las probabilidades de llegar a ser incluso la primera dama del país.

Como buen colegio de monjas —éstas del Sagrado Corazón—, todo estaba muy limpio y en orden. Las paredes de los salones estaban pintadas en colores pastel, azul y rosa, y las puertas en color verde. Sobre uno de los muros había una manta en la que se invitaba a los alumnos de preescolar y primaria a participar en el "1er. Encuentro Deportivo José Ma. Cazares y Martínez".

Sin más material salieron de ahí Jessica y el fotógrafo. No podían esperar a que la madre Aurora regresara de su retiro espiritual. Lástima. No había tiempo. Tenían un *deadline* que cumplir, y mientras ella rezaba en Cuautla, su alumna Angélica Rivera estaría haciendo su entrada triunfal en la catedral de Toluca.

Al día siguiente de la misión "Papá Gaviota", a muy temprana hora, Jessica recibió una llamada en su celular. Era Maritza, la hermana-manager de Angélica.

Jessica ya tenía su historia con Maritza. Unos meses atrás, había tratado de negociar con ella una entrevista con la Gaviota sobre su noviazgo con el gobernador del Estado de México. En aquel momento, después de muchas llamadas, había logrado convencerla de reunirse con ella. Se vieron en el Café Ó, en la calle de Monte Líbano, en las Lomas de Chapultepec. Maritza no negaba el apellido. De pelo rubio y con flequillo abombado, tenía facciones muy parecidas a las de su hermana.

Jess iba muy segura de que conseguiría dicha entrevista. ¡Oh, desilusión!

—Bueno, Jess, ¿de cuántos ceros estamos hablando? —le soltó así, en frío, derecha la flecha.

Jessica casi escupe el *chai latte* que había pedido.

—¿Así de plano? Temo decirte que *Quién* nunca paga a los personajes para que se pongan en la revista.

—Entenderás que para mi hermana es trabajo, y como tal, hay que pagárselo.

—Déjame verlo con mi jefa, pero de antemano te digo que es política de la empresa y lo veo casi imposible —contestó Jess frustrada.

—Pues yo también veo muy complicado que mi hermana acepte posar gratis.

Y así fue. Angélica no aceptó. Con lo que Maritza no contaba era con que la jefa de Jess, Diana Penagos, editora general de la revista, y Alberto Tavira, ya para entonces editor adjunto, llevaban largo rato en contacto con la gente de Peña precisamente solicitando esa portada. Habían abordado ese reportaje por todos los frentes. Y fue así como el futuro esposo de Angélica le pidió, sin lugar a discusión, que posara con "los tuyos, los míos y todavía no nuestros" para la revista *Quién* sin un peso de por medio. La Gaviota tendría que empezar a acostumbrarse a que no estaría bien visto que la mujer de un político de tan alto cargo cobrara por salir en las revistas.

Cuando Maritza se enteró de que sí o sí Angélica posaría para *Quién*, tuvo que dar su brazo a torcer. El resultado fue precisamente esa portada que había encantado a don Manuel Rivera.

Pues bien, la historia de Jessica con Maritza todavía no se acababa de escribir. En esa llamada a su celular al día siguiente de su visita a don Manuel, la voz furibunda que salió del altavoz casi dejó sorda a Jessica.

—¡¡Cómo te atreves a molestar a mi papá!! —era Maritza enfurecida.

—Yo no…

—¡¡¿De dónde sacaste la dirección de la clínica?!! ¡¡Te le fuiste sin decir agua va!! —Maritza no la dejó hablar.

Jess muy mansita tampoco era.

—¿Me dejas hablar? En todo momento me identifiqué con tu papá. Le dije para qué medio trabajo. No estoy haciendo las cosas por debajo del agua ni mucho menos —intervino, sin perder el estilo, cuando ella hizo una pausa para tomar aire y seguir con la retahíla de reproches.

—¡¡Me saltaste!! De ahora en adelante, cualquier cosa que quieras con mi hermana lo vas a tener que ver a través de la oficina de Peña Nieto.

Si con eso pretendía amedrentar a Jess, tuvo el efecto contrario. La gente de Peña era mucho más accesible.

—Te busqué hasta el cansancio, Maritza. Tú no cooperaste, y yo tenía que hacer mi trabajo —dijo Jess educada pero firme.

—Es la última vez que te lo digo. ¡¡Deja a mi papá en paz!! —y colgó.

Luego de esa "cordial" llamada, Jessica prefirió no meter al doctor en apuros y esperar a que se calmaran las aguas. "Ya encontraré alguna ocasión para lanzarme hasta Lindavista y llevarle las fotos al doc", pensó.

Y llegó el gran día. Para ese sábado 27 de noviembre, el especial sobre la boda de Enrique Peña Nieto y su Gaviota estaba casi listo. Los pocos detalles que el doctor Rivera había dado a Jess sobre su hija habían resultado valiosísimos para enriquecer el perfil biográfico de Angélica. Y aunque la madre Aurora no llegó a tiempo para dar su testimonio sobre su exalumna, la foto del colegio donde había estudiado la futura señora de Peña ilustraba el reportaje en la parte de su infancia.

Para ilustrar la niñez de Enrique, también habían conseguido material inédito, hasta para el mismo Peña. La reportera de política de aquel entonces, Nayeli Cortés Cano, había dado, casi casi tocando de casa en casa, con una tía de él que todavía vivía en Atlacomulco. Una señora ya grande que la recibió amablemente, la invitó a sentarse en la sala de su casa y feliz le dio una foto del pequeño Enrique, de unos ocho o nueve años, con su suéter de botones cerrado y la camisa cerrada hasta el último botón del cuello, peinado de raya de lado, paradito junto a un primo que estaba montado en un caballo de juguete, muy serio, viendo de frente a la cámara. Era una foto que ni el mismo Peña sabía que existía y que vio hasta que tuvo el especial en sus manos. Hasta al mismo protagonista de la nota sorprendió *Quién*.

Sólo faltaba la cobertura del mero día. Para ésa, la revista desplegó todo su arsenal. A la catedral de Toluca se fueron Añú Cervantes, editora de sociales, y Érika Roa, coordinadora de proyecto, vestidas para la ocasión, emperifolladísimas, elegantísimas, con vestido y tocados a lo Kate Middleton que habían comprado *ex profeso*. Con la intención de colarse como invitadas, consiguieron un auto Lincoln último modelo con chofer a la puerta incluido. Cuando llegaron allá, con demasiado tiempo de anticipación, se dieron cuenta de que el perímetro cerrado con vallas era mucho más amplio de lo que habían calculado y que a los invitados los habían citado en un enorme estacionamiento cercano desde donde los trasladarían en autobuses a la catedral, precisamente para evitar a los *wedding crashers*. Ellas muy seguras, con su auto *ad hoc* y su chofer al volante, intentaron pasar, y justo cuando estaban a punto de que les levantaran la cadena, decidieron que faltaba demasiado para la ceremonia y se verían muy expuestas llegando tan temprano, sin poder mezclarse con los invitados para pasar desapercibidas. Decidieron irse a dar la vuelta para volver después. Dejaron ir la oportunidad de oro. Más tarde ya no pudieron pasar y así, de pipa y guante, se fueron a desayunar molletes al Sanborns más cercano, desde donde vieron pasar a los novios y su cortejo nupcial, saboreando unos ricos frijolitos toluqueños.

Allá también se fueron Jessica, Brisa Granados (reportera de espectáculos), Nayeli y la plantilla de fotógrafos completa de *Quién*. Ellos trabajaron todo el día. Cubrieron la ceremonia religiosa y después el banquete en la Casa de Gobierno hasta bastante entrada la noche. Fueron transmitiendo el material en tiempo real mientras que en la oficina en el D.F., el resto del equipo lo recibía, organizaba, escogía y diseñaba conforme iba llegando.

Para el especial además habían conseguido una entrevista telefónica exclusiva con Peña la noche previa a su boda, y su gente de comunicación les había enviado, en cuanto pudo, fotos de las mujeres de la familia arreglándose. Imágenes que nadie más tuvo de Sofía y Fernanda Castro, y Nicole y Paulina Peña, poniéndose guapas en la privacidad de la Casa de Gobierno, así como de la novia preparándose con la ayuda de su inseparable hermana Maritza y recibiendo la bendición de su mamá, María Eugenia Hurtado.

Esa edición de ochenta y cuatro páginas, titulada "La Gaviota y Peña Nieto. La boda más esperada", salió tan sólo unos días después. Fue la última gran cobertura de ese equipo de *Quién*.

Para mediados de 2011, la mayoría de los que conformaban la revista ya habían salido de Grupo Editorial Expansión, incluida Jessica, y casi siete meses después de la boda, el doctor Manuel Rivera falleció víctima de un infarto, a los setenta y cuatro años de edad, en el hospital ABC de la Ciudad de México. Jessica nunca pudo cumplir su promesa.

Agradecimientos

No hubiéramos podido asomarnos debajo de las sábanas del poder sin estar cubiertos por el prestigio de la revista *Quién*. Fue a ella a la que, de inicio y en la mayoría de los casos, abrieron las puertas de su intimidad los actores de la política mexicana. Las entrevistas y las sesiones de fotos en las que participaron los hombres y las mujeres más influyentes del país tenían el objetivo último de aparecer y pertenecer a la publicación que fue definida por Carlos Monsiváis como "la más importante crónica visual de la sociedad que ostenta el poder". A todos los entrevistados es nuestro primer agradecimiento. Por sus palabras. Por su confianza. Por habernos llamado por teléfono después de ver sus caras en las páginas de papel couché y compartirnos su beneplácito, en las más de las veces. En otras, hubo arrepentimiento por haber aceptado hablar frente a nuestras grabadoras. Aun así les damos las gracias por su valioso tiempo.

Este libro no hubiera llegado a la imprenta sin la confianza que puso Rogelio Villarreal Cueva en las anécdotas que se tejen detrás de las historias del poder. Desde la primera reunión para hablar de este proyecto, sentado en la silla más importante de Editorial Océano de México, Rogelio levantó ambas cejas ante los testimonios de los tres autores que estábamos frente a él y comprendió que había que contar esa cercanía que habíamos vivido (y padecido) con las familias presidenciales de nuestro país.

En aquella reunión también se encontraba presente Pablo Martínez Lozada, quien, al concluir el encuentro, se "autodestapó" como el

279

editor de nuestros textos y, desde entonces, no dejó de hacer lecturas entusiastas de los primeros y últimos escritos. Sus aportaciones nos ayudaron a darle mejor forma a cada uno de los capítulos. Su paciencia y profesionalismo para atender las manías de cada integrante de esta tríada amerita una mención especial.

Durante la escritura sólo fue posible reconstruir ciertas escenas detalladamente entrevistando a otras protagonistas que también formaron parte de la redacción de la revista *Quién*: Érika Roa, Añú Cervantes y Viviana Cárdenas. Ellas no sólo compartieron con nosotros sus anécdotas, sino que le pusieron buen humor a los momentos en los que pensábamos que a las historias les faltaba ese tono irreverente y divertido que se volvió una especie de código que sólo entendíamos los que trabajábamos en la *Quién* de la primera década del siglo XXI. Gracias infinitas a los fotógrafos, diseñadores gráficos, correctores de estilo, jefes de redacción, reporteros, editores de sección y a toda la cadena de producción que paría cada catorce días una nueva edición de la revista de Grupo Expansión. Procuramos recrear sus diálogos e interpretaciones en estos textos. Muchos aparecen con nombres y apellidos en estas páginas; faltaba más. De igual forma extendemos nuestro agradecimiento a quienes aportaron información sumamente valiosa pero que solicitaron el anonimato; algunas de esas fuentes forman parte de las misteriosas integrantes del CISEN (Comadres que Investigan Sobre la Élite Nacional) de Beto Tavira.

Merece la pena consignar que el reconocimiento más emotivo es para nuestras respectivas familias, que cedieron parte del tiempo que compartimos con ellas para que cada uno de los autores pudiéramos sentarnos durante varios meses, frente al teclado de la computadora, a auscultar en nuestros recuerdos y escribir las vivencias con aquellos personajes políticos del pasado que se niegan al olvido y buscan ferozmente su lugar en el presente.

Foto: Cortesía de Alberto Tavira

Esta obra se imprimió y encuadernó
en el mes de marzo de 2017,
en los talleres de Impregráfica Digital, S.A. de C.V.,
Calle España 385, Col. San Nicolás Tolentino,
C.P. 09850, Iztapalapa, Ciudad de México.